Rainer Liepold
Gut aufgestellt für die zweite Halbzeit

RAINER LIEPOLD

Gut aufgestellt für die zweite Halbzeit

Die zweite Lebenshälfte – worauf es wirklich ankommt

CLAUDIUS

DR. RAINER LIEPOLD

Der Pep Guardiola unter den Lebensberatern:
Experte für „pro aging", der Kunst, durch
die aktive Gestaltung des Älterwerdens
selbstbewusst und glücklich zu leben.
Vortragstätigkeit und Coaching zum Thema.

MIX
Papier aus verantwor-
tungsvollen Quellen
FSC
www.fsc.org   FSC® C014496

Climate Partner °
klimaneutral

Druck | ID: 53248-1402-1001

Bibliografische Informationen Der Deutschen Nationalbibliothek
Die Deutsche Nationalbibliothek verzeichnet diese Publikation in der
Deutschen Nationalbibliografie; detaillierte bibliografische Daten
sind im Internet über http://dnb.d-nb.de abrufbar.

© Claudius Verlag München 2014
Birkerstraße 22, 80636 München
www.claudius.de

Umschlaggestaltung, Layout und Satz: Mario Moths, Marl
Druck: GGP Media GmbH, Pößneck

ISBN 978-3-532-62456-2

„Ich freu' mich für mich!"

EDMONT KAPPLANI, KARLSRUHER STÜRMER,

NACH DEM ENDE SEINER TORFLAUTE

Inhalt

1. Anpfiff zur zweiten Halbzeit

Zwischen Anpfiff und Abpfiff liegen beim Fußball 90 Minuten. Nach 45 Minuten ist Halbzeit. Die Spieler gehen in die Kabine, verschnaufen kurz und bereiten sich auf die zweite Spielhälfte vor. Zu diesem Zeitpunkt scheint manches Spiel bereits entschieden zu sein, andere bleiben bis zur letzten Sekunde spannend.

Zwischen Geburt und Tod liegen ungefähr 90 Jahre. Mit zunehmendem Alter geraten Menschen immer wieder in Situationen, in denen sie Zwischenbilanz ziehen: Ist jetzt schon alles entschieden? Hört es irgendwann auf, spannend zu sein?

Wer 90 Minuten Fußball spielt, muss einfach nur durchhalten. Keinen Ball verloren geben, sich immer wieder freilaufen, aus den zunehmend müde werdenden Beinen das Letzte herausholen. Was sich in der ersten Spielhälfte bewährt hat, möglichst bis zur letzten Spielminute durchzuhalten ist das Ziel.

Was passiert, wenn Sie mit dem gleichen Anspruch in die zweite Hälfte Ihres Lebens gehen? Sie werden spüren: 90 Jahre sind etwas anders als 90 Minuten. Mit Blick darauf, dass Sie wahrscheinlich ungefähr 90 Jahre lang leben werden, sollten Sie sich sinnvolle Ziele setzen.

Im Spiel Ihres Lebens geht es darum, sich zu entwickeln. Sie stehen vor der Herausforderung, immer wieder neue Aufgaben, Chancen und Genüsse, passende Rollen und Strategien für sich zu entdecken. Wenn Sie sich selbst als Persönlichkeit durchhalten wollen, dann wären Sie schlecht beraten, gegen das Alter anzuspielen.

Zu einer spielerischen Lebensanalyse lädt dieses Buch Sie ein: Was macht Sie zu einem starken und in sich ruhenden Menschen? Welche

Entscheidungen, Fähigkeiten und Erfolge haben Sie geprägt und weitergebracht? Mit welcher Einstellung und welchen Verhaltensmustern laufen Sie in der zweiten Spielhälfte Ihres Lebens zur persönlichen Höchstform auf? Was können Sie tun, um weiterhin gerne und selbstbewusst am Ball zu bleiben?

Jeder Mensch ist sein eigener Spielmacher und Experte für die Erfahrungen, die er macht. Wenn man Profifußballern unmittelbar nach dem Match ein Mikrofon vor die Nase hält, haben sie immer etwas zu sagen. Ihre Äußerungen sind oft noch ganz von der atemlosen Dynamik des Spiels geprägt: „Da krieg ich so den Ball und das ist ja immer mein Problem", räsoniert zum Beispiel Gerald Asamoah, damals FC Schalke 04. Wenn er die Reporterfragen zum Spielverlauf und zu seiner persönlichen Form sinnvoll beantworten wollte, müsste er sich eigentlich erst mal innerlich sortieren und das Spiel mit ein bisschen Abstand überdenken.

Wie ist das bei Ihnen? Nehmen Sie sich im Spiel Ihres Lebens manchmal eine Auszeit, um mit sich ins Reine zu kommen? Eine Auszeit zum Nachdenken und zum Vordenken? Dazu will dieses Buch Ihnen Lust machen!

Fußballer liefern im Folgenden die Steilvorlagen für das Spiel der Gedanken. Dann müssen sie den Ball aber schnell an Experten weitergeben. Wissenschaftler, Statistiker, Philosophen und Weise setzen das Spiel fort. Deren Einsichten über die Potenziale, Chancen und Probleme der zweiten Lebenshälfte füllen die meisten Seiten dieses Buches.

Und am Ende landet der Ball bei den Leserinnen und Lesern: Sie sind aufgefordert, über sich selbst nachzudenken und – wo Sie Lust dazu haben – an sich zu arbeiten.

Wie alt sind Sie? 53 Jahre alt war Franz Beckenbauer, als er über das junge Nachwuchstalent Berkant Göktan sagte: „Er ist erst siebzehn. Wenn er Glück hat, wird er nächsten Monat achtzehn." Dieses Buch richtet sich an Menschen, die von sich sagen können: Da habe ich aber schon eine ganze Menge Glück gehabt ...!

2. Das Spiel des Lebens geht weiter – und Sie bleiben am Ball

Was bedeutet es für Sie, älter zu werden?

Welche Aufgaben und Lebensinhalte werden im Alter für Sie bedeutsam sein?

Wodurch bleiben Sie selber in jedem Lebensalter für andere bedeutsam?

Schwierige Fragen ...! Versuchen wir, das Gedankenspiel zunächst mit ein paar Querpässen in Bewegung zu bringen!

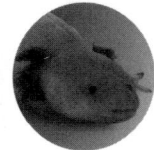

Im folgenden Kapitel erfahren Sie unter anderem,

- welches Lied Menschen erst ab 50 richtig
  schön singen können,
- welche mentalen Nebenwirkungen Viagra und
  Botox haben können,
- wie man vom Tafelberg in Südafrika gut wieder runterkommt,
- warum es sinnvoll sein kann, in der Taxischlange
  nach einem älteren Fahrer Ausschau zu halten,
- was Ihre Generation mit der Magnetschwebebahn
  gemeinsam hat,
- welchen Vorteil es für den Fadenwurm hat,
  eine strenge Diät zu machen, und
- was mit Mäusen passiert, die mehrfach
  täglich schwimmen gehen.

Das alles sind Fragen, die Sie sich noch nie gestellt haben? Dann lassen Sie sich trotzdem überraschen! Durch die Antworten werden Sie nämlich einiges über sich selbst erfahren ...

 „Ab der 60. Minute wird Fußball erst richtig schön. Aber da bin ich immer schon unter der Dusche."

2.1 Warum das Lebensspiel bis zu Schluss spannend bleibt

Aus Sicht der Biografieforschung ist Ihr Leben ein Weg. Im Laufe Ihrer Lebensgeschichte machen Sie eine Vielzahl von Entwicklungsprozessen durch. Jedes Lebensalter hat seine eigenen Chancen, Herausforderungen und Krisen. Auch als Sie mit ca. 19 Jahren Ihre endgültige Körpergröße erreicht hatten, haben Sie nicht aufgehört, weiter zu wachsen. Das Credo der modernen Biografieforschung lautet: Innere Entwicklung findet ein Leben lang statt.

Stellen Sie sich Ihr Leben wie einen Weg durch eine vielseitige Hügellandschaft vor. Die Höhe- und Tiefpunkte sind über die ganze Länge des Lebensweges verteilt. Jede Wegbiegung gibt den Blick auf neue Überraschungen frei. Alle Passagen auf dem Lebensweg haben jeweils ihre eigenen Anforderungen, Reize und Chancen. Die Freude, Ihren Weg zu gehen, muss keinesfalls mit der Dauer der Wanderung nachlassen.

Die Jugend als Blütezeit? Mit Blick auf den Körper ist das so. Doch für die Befürchtung, dass der Mensch danach am Verblühen sei, besteht kein Anlass. Immer neue, an die Jugend sich anschließende „Blütezeiten" hat die Lebensverlaufsforschung in den letzten Jahren entdeckt.

Wenn Sie nicht ganz anders sind als die von Wissenschaftlern untersuchten Menschen, dann sind die Jahre zwischen 40 und 50 Ihre „kulturelle Blütezeit". In diesem Alter verbinden sich in idealer Weise Auffassungsgabe und Erfahrungswissen. Sie können besser argumentieren und geschickter kommunizieren als in den vorherigen

Lebensabschnitten. Bei der Durchsetzung Ihrer Interessen sind Sie in diesem Alter besonders gewandt. Dadurch gelingt es Ihnen gut, den leichten Rückgang bei der körperlichen Leistungsfähigkeit zu kompensieren.

Danach, zwischen dem 60. und 70. Lebensjahr, kommt dann oft die Blüte der „emotionalen Intelligenz" zu ihrer schönsten Entfaltung. Mit emotionaler Intelligenz ist die Fähigkeit gemeint, Gefühle wie Hass, Liebe oder Furcht von ihren Ursachen her zu verstehen. In diesem Lebensalter wird es Ihnen wahrscheinlich besonders gut gelingen, Strategien zu finden, um emotionale Konflikte zu vermeiden oder klug mit ihnen umzugehen. Sie werden voraussichtlich ein tieferes Verständnis vom Wert persönlicher Beziehung haben und sich stärker auf deren Pflege konzentrieren.

Der spanische Cellist und Humanist Pablo Casals war über 90 Jahre alt, als er folgendes persönliches Resümee zog: „Altern ist etwas Relatives. Wenn man empfänglich bleibt für die Schönheit der Welt, die uns umgibt, dann entdeckt man, dass Alter nicht notwendigerweise Altern bedeutet, wenigstens nicht Altern im landläufigen Sinne. Ich empfinde heute viele Dinge intensiver als je zuvor und das Leben fasziniert mich immer mehr."

Es kann also durch das ganze Leben hindurch kräftig weiterblühen! Freiheit, Erfahrung, Selbstbewusstsein, materieller Wohlstand, Zeit, Souveränität, Witz, Selbsterkenntnis, Tiefe – diese Blumenpracht zeigt sich oft erst in den späteren Lebensjahrzehnten in voller Schönheit. „In diesem Sinne können ältere Menschen die Leistungsskala sogar anführen, etwa in Kategorien wie emotionale Intelligenz und Weisheit, in denen sich die Vorteile von Lebenserfahrung kristallisieren", stellt Ihnen Paul B. Baltes in Aussicht. Ihm können Sie glauben, denn er hat sein ganzes Wissenschaftlerleben der Bildungs- und Lebensverlaufsforschung gewidmet.

Nicht schlecht, diese Aussicht! Gesetzt den Fall, Sie lassen sich darauf ein, Ihr Älterwerden innerlich als Entwicklungsprozess zu bejahen? Dann werden Sie in Ihrer Identität – das heißt dem Gefühl, in allen Veränderungen ein unverwechselbares Individuum zu sein – bestätigt! Mit jedem neuen Lebensjahr werden Sie immer besser einstimmen in die weltbekannte Melodie von Frank Sinatras „I did it my way".

Übrigens: **Frank Sinatra** war bereits 54 Jahre alt, als er diesen Song zu seiner persönlichen Erkennungsmelodie machte.

Seine Lebensgeschichte war einigermaßen bewegt. Er begann seine Laufbahn als Künstler mit spektakulären Anfangserfolgen. Doch später, im Alter von 35 Jahren, wurde aus dem allseits beliebten Saubermann ein ganz schlimmer Finger: Affären, Abstürze, Flops, Mafiakontakte. „Frankie Boy" enttäuschte seine Fans und war aus dem Geschäft.

Dass Sinatra nach diesem Absturz noch einmal ein Neubeginn möglich wurde, verdankt er angeblich der Mafia. Sie soll seiner Bewerbung um eine Filmrolle Nachdruck verliehen habe. Der italienische Pate hat sich gelohnt. Ein fulminanter Karriereneustart begann. Sinatra sang sich wieder in die Herzen der Öffentlichkeit.

Zu Beginn seiner Karriere, als 22-Jähriger ohne Lebenserfahrung, hätte er wohl kaum den biografischen Resonanzkörper gehabt, um so überzeugend singen zu können: „I did it my way." Die Lebenserfahrung macht's!

Ach ja: Mit „Frankie Boy" ist jetzt jemand auf dem Spielfeld unserer Gedanken aufgelaufen, der nichts mit Fußball zu tun hat. Kapitel für Kapitel werden sich weitere Akteure zu ihm gesellen, die alle eines gemeinsam haben: Ihr Beispiel macht es Ihnen leichter, die verschiedenen Spieltechniken des Lebens zu analysieren.

Omnipotente Männer, glitschige Schwimmtiere, Bauernfrauen und Powerfrauen: vom Axolotl bis zu Zsa Zsa Gabor erwartet Sie ein kurioses Kabinett unverwechselbarer Persönlichkeiten. Nicht alle werden Sie sich zum Vorbild nehmen wollen. Aber alle sollen Ihnen Lust machen, den Rat des Philosophen Sören Kierkegaard zu befolgen: „Das Große ist nicht, dass einer ist, was andere von ihm erwarten, sondern dass er ganz er selbst ist. Und das kann jeder Mensch."

„Das Chancenplus war ausgeglichen."

LOTHAR MATTHÄUS

2.2 Weshalb Sie nach Ihrem eigenen Tempo spielen sollten

Wahrscheinlich merken Sie es manchmal: Von außen gesehen kommt das Alter nicht unbedingt gut weg. Deshalb heißt ja die Parole auch Anti-Aging. Mit dem Versprechen, das Alter zu *bekämpfen*, steigert vor allem die Kosmetikindustrie seit Langem ihren Umsatz. Hyaluronsäure, Kollagen, Botox. Vorgeführt von gertenschlanken 19-jährigen Topmodells. Risiken und Nebenwirkungen? Sehr wahrscheinlich ...! Altern wird durch diese Form von Werbung penetrant als negativ, als Schwinden von Attraktivität dargestellt. Eine solche Botschaft kann Spuren hinterlassen. Mit negativen Auswirkungen auf das Selbstwertgefühl alternder Mensch muss gerechnet werden.

Wie schätzen Sie den Erfolg dieser Kosmetikprodukte ein? Ein Dermatologe würden Ihnen sagen: Die Resultate sind im wahrsten Sinne des Wortes sehr oberflächlich! Die zur Anwendung kommenden Wirkstoffe wirken nur auf der Hautoberfläche. Wären sie in der Lage, in tiefere Hautschichten einzudringen, um dort substanziell etwas zu verändern, müssten sie als Arzneimittel vom Arzt verschrieben werden.

Es gibt natürlich auch rezeptpflichtige ärztliche Anti-Aging-Maßnahmen, die sehr viel tiefer in den Körper eingreifen, zum Beispiel Haartransplantationen, Fettabsaugungen, Schönheitsoperationen und Hormonprodukte. Ein boomender Markt! Über 500.000 Deutsche lassen sich im Jahr operativ „verschönern". Doppelt so viele hängen an der Nadel – bei Schönheitsfixierten die Botoxspritze. Jahr für Jahr werden es mehr. Wussten Sie, dass ca. 20 Prozent der plastischen Operationen ernsthafte Komplikationen nach sich ziehen?

Volles Rohr à la **Hugh Hefner**? Dank Viagra verfügt mancher Senior heute über eine Virilität, von der er als 20-Jähriger nur träumen konnte.

Trotzdem klagte der Gründer des „Playboy" im Alter von 82 Jahren in Interviews über eine akute Altersdepression. Der Grund? Eine seiner drei dauerblonden Dauerfreundinnen (23 Jahre, 28 Jahre, 35 Jahre) hatte sich von ihm getrennt. Als Begründung gab sie an, sie habe sich von Hefner nicht hinreichend respektiert und ernst genommen gefühlt.

An Hefners Beispiel werden die Grenzen des Potenzmittels deutlich. Wer auf äußerliche Verjüngung setzt, ohne zugleich eine altersgemäße geistige und emotionale Reife zu erlangen, läuft Gefahr, als zwar äußerlich perfekt polierte, aber charakterlose Mumie zu enden. „Sie können den Nachmittag des Lebens nicht nach demselben Programm leben wie den Morgen", schreibt Carl Gustav Jung, Mitbegründer der Psychoanalyse.

Natürlich sind Sie gut beraten, wenn Sie sich durch bewusste Ernährung, Sport sowie soziale und geistige Herausforderungen jung halten. Ein Segen auch, dass es Medikamente gibt, die einen Teil Ihrer alten Vitalität wiederherstellen können, wenn Sie unter einer Krankheit leiden. Und es steht außer Frage: Altersbedingte Defizite medizinisch zu verzögern oder zu lindern kann Ihr Leben sehr viel lebenswerter machen. *Anti*-Aging ist trotzdem ein Irrweg: Wenn Sie Ihr Älterwerden als etwas erleben, das bekämpft werden muss, kann es Ihnen damit auf Dauer nicht gutgehen.

Können Sie sich noch an die guten alten Zeiten erinnern, in denen das Alter geehrt wurde? Wohl kaum. Denn schon seit den 60er-Jahren ist unsere Gesellschaft spürbar jugendfixiert. Diese Fixierung auf die Jungen wirft allerdings heute angesichts des demografischen Wandels Fragen auf: ein Land, in dem der Anteil älterer Menschen zunimmt – das aber zugleich mental ganz auf die Jugend fixiert ist? Das passt nicht zusammen! Gerade eine immer stärker von alten Menschen geprägte Gesellschaft wird starke Alte brauchen, Menschen, die auch im Alter über ein starkes Selbst verfügen. Selbständig, selbstbewusst, selbstbestimmt, so lange wie möglich in der Lage, sich selbst – und möglichst auch anderen – zu helfen. Frank Schirrmacher, Mitherausgeber der FAZ, schreibt: „Unsere Gesellschaft kann nicht überleben, wenn ihre künftige Mehrheit als störend, verbraucht, vergesslich und als Boten des Todes denunziert wird."

Die Ressourcen der Natur zu respektieren und nachhaltig zu nutzen, das ist ein wichtiges Zukunftsthema. Sie gehören einer Generation an, die dies erkannt hat. Jetzt entdeckt diese Generation gerade, dass auch die wertvollste Ressource des Menschen, nämlich seine Lebenszeit, Achtung und Pflege verdient. Menschen in keiner Phase des Lebens aufgrund ihres Alters zu diskriminieren und sich selbst in jedem Lebensabschnitt zu bejahen ist das Ziel. Die Parole, die uns den Weg dorthin weist, lautet allerdings nicht *Anti-*, sondern *Pro-Aging.*

Wenn Sie Ihr Älterwerden immer weniger als chronische, sich stets verschlimmernde Krankheit betrachten, sondern immer mehr als Gewinn an Lebenserfahrung, Souveränität und Reife, dann sind Sie auf dem richtigen Weg. Und wer mit 50 souverän darüber lachen kann, dass ein 40-Jähriger pikiert reagiert, wenn Ü-30-Partys von 20-Jährigen als „Gammelfleischfeten" verspottet werden, hat seinen Weg gefunden.

 „Ich sehe da einen Tafelberg von Problemen auf
uns zukommen ...!"

UNBEKANNTER FAN BEI DER WM IN SÜDAFRIKA

2.3 Wie falsche Bilder vom Altern Ihnen das Leben schwermachen

Wenn Sie an das Älterwerden denken, welche Bilder entstehen in Ihrem Kopf? Was auch immer Ihnen Ihre Fantasie jetzt zeigt, Ihre Bilder sind überlagert von den gesellschaftlich verbreiteten Leitbildern. Sie können Ihre persönliche Fantasie nie ganz von dem befreien, wie „man" das Alter so sieht.

In der Biedermeierzeit hing in vielen guten Stuben das Bild einer „Lebenstreppe". Darauf war eine Treppe dargestellt, die bis zum fünfzigsten Geburtstag stufenweise ansteigt – und danach wieder nach unten führt. Jede Stufe symbolisiert ein Lebensjahrzehnt. Fünf Jahrzehnte lang geht es bergauf, danach ist der Höhepunkt erreicht und es geht bergab mit dem Leben. Auf dem Weg nach unten wird der abgebildete Mensch immer kleiner. Von der Last des Alters gebeugt, büßt er die Größe ein, zu der er davor Jahrzehnte lang herangewachsen ist.

Über Ihrem Sofa hängt wahrscheinlich kein Bild einer solchen „Lebenstreppe". Aber der darauf dargestellten Sichtweise können Sie sich trotzdem kaum ganz entziehen. Denn das darauf abgebildete „Erst-bergauf-dann-bergab-Modell" wurde lange Zeit auch von der Wissenschaft gezeichnet.

Bis in die 60er-Jahre hinein wurde die Altersforschung von Deutungen aus der Evolutionsbiologie dominiert. Deren damalige Vorstellung vom Lebensweg eines Menschen ähnelte dem Bild von der Lebenstreppe.

Wie Evolutionsbiologen früher die lebensgeschichtliche Entwicklung des Menschen gesehen haben, können Sie sich mit dem folgenden Bild vor Augen führen:

| 0-20 Jahre | 20 bis 45 Jahre | ab 45 Jahre |

Sie sehen den Tafelberg, nördlich von Kapstadt in Südafrika gelegen. Und mancher Wissenschaftler aus den 60er-Jahren hätte gesagt: „Sehen Sie sich die Form dieses Berges an! So sieht auch Ihr Lebensweg aus – ... leider!"

In jungen Jahren gab es zunächst einen Lebensabschnitt, in dem es sichtbar bergauf ging. Ihr Körper wuchs. Ihre Muskelmasse nahm zu. Jahr für Jahr verbesserte sich Ihre Ausdauer, Körperbeherrschung und Kombinationsfähigkeit, ebenso die Auffassungsgabe und die Schnelligkeit der Informationsverarbeitung. Ungefähr zu Ihrem 20. Geburtstag hatten Sie dann das Gipfelplateau erreicht. Wenn Sie nicht völlig aus dem Rahmen der üblichen Entwicklung fallen, hat Ihr Körper damit seinen Leistungshöhepunkt erreicht. Sofern Sie zu diesem Zeitpunkt als Fußballer oder Tennisspielerin noch nicht den Fuß in der Profiliga hatten, haben Sie gut daran getan, sich nach beruflichen Alternativen umsehen.

Im Weiteren können Sie nämlich nur noch hoffen, dass es nicht allzu schnell wieder bergab geht ...!

Ewige Jugend? Eine märchenhafte Vorstellung – als Traum geistert sie durch die Mythologien aller Kulturkreise. Aber der Evolutionsbiologe schüttelt bedauernd den Kopf. „Da müssten Sie sich schon in einen Axolotl verwandeln ..."

Axolotl? Das ist ein mexikanischer Schwanzlurch. Er ist während seines Lebens mehrfach in der Lage, beschädigte Gliedmaßen, Organe und sogar Gehirnteile komplett wiederherzustellen.

Auch mit Blick auf seinen Entwicklungsprozess ist er ein seltsames Tier: Während bei anderen Lurchen die Larvengestalt nur ein Entwicklungsstadium ist, bis sie geschlechtsreif werden und sich in Salamander oder Frösche verwandeln, verweigert der Mexikaner diese Metamorphose. Aus der Sicht seiner lurchigen Brüder repräsentiert er sozusagen die ewige Jugend im Tümpel.

Jetzt schauen Sie ihn sich einmal an und fragen Sie sich (wie vielleicht vorhin schon bei Hugh Hefner): Würden Sie es vorziehen, das Leben eines permanent pubertierenden Schwanzlurchs zu führen, oder wollen Sie doch lieber in menschlicher Würde und mit möglichst viel Genuss altern?

Kein Axolotl? Keine ewige Jugend! Ab einem Alter von 40, 45 Jahren drängt die Biologie Sie an den Rand des Gipfelplateaus Ihrer körperlichen Leistungsfähigkeit. Von dort sehen Sie in besorgniserregende Abgründe: Statt Muskelmasse baut der Körper ab jetzt lieber Fettreserven auf. Der Bauch wird dicker, das Haar dafür dünner. Die Sehschärfe und das Hörvermögen lassen nach. Deshalb könnte es sein, dass Sie ab jetzt empfindlich darauf reagieren, im Bildungsradio folgenden Satz zu hören: „Individuen müssen im Durchschnitt so lange leben, dass die Wahrscheinlichkeit für das Zeugen, Gebären und erfolgreiche Aufziehen eigener Kinder ausreichend groß ist. Demnach sollte ein Menschenleben bis ungefähr um die Vierzig dauern" (so gehört in einem Beitrag des Funkkollegs „Anthropologie – der Mensch heute").

Gott sei Dank zeigt Ihnen die Silhouette des Tafelbergs nicht Ihren Lebensweg! Sobald Sie sich eine Tageswanderung über den Tafelberg wirklich bildlich vorstellen, stimmt das Bild nicht mehr. Aus Ihrer eigenen Perspektive würde der Weg über diesen Berg nämlich ganz anders aussehen als aus der Seitenansicht. Sie wären wahrscheinlich heilfroh, wenn Sie den schweißtreibenden Aufstieg (das heißt, die Jugend) und die Mittags- und Nachmittagsstunden auf dem schattenlosen langgezogenen Gipfelplateau (den mittleren Lebensabschnitt) hinter sich gebracht hätten. Erst der Abstieg (das Alter) wäre der eigentliche Genuss. Bergab könnten Sie leichten Fußes die zuvor investierte Energie nutzen. Die Schönheit der Landschaft im Abendlicht und die Fotopausen auf dem Weg nach unten – jetzt wüssten Sie, warum Sie die Anstrengungen davor auf sich genommen haben.

Das ist der Weg, der weiterführt: Betrachten Sie Ihr Leben nicht von der Seite, sondern leben Sie es. Leben Sie es nach Ihren eigenen Maßstäben. Es ist gesund und gut, dass diese Maßstäbe sich mit Ihrem Lebensalter geändert haben und weiter ändern werden.

 „Die Spieler haben vielleicht ein Problem mit mir,
aber ich nicht mit ihnen."

WERNER LORANT

2.4 Warum Sie immer „werberelevant" sein werden

RTL, RTL, RTL – der Zug setzt sich in Bewegung. Und Sie stehen
am Bahnsteig und winken ihm nach. Deutschlands größter Privatsender, RTL, behauptet: Es ist egal, ob Sie mit an Bord – also vor
dem Bildschirm – sind. Seine Messung erfasst nämlich nur jüngere
Menschen, also Zuschauer zwischen ihrem 14. und 49. Lebensjahr,
als „werberelevante Zielgruppe".

Haben die Marketingexperten der Privatsender recht mit dieser
Einschätzung? Warum behaupten sie, Zuschauer in der zweiten Lebenshälfte seien nicht mehr umwerbenswert?

Uli Bellieno, ein ehemaliger leitender Mitarbeiter von RTL, hat die
Öffentlichkeit in die Karten schauen lassen. Er gibt zu: Diese Alters-
festlegung für die „werberelevante Zielgruppe" hätten die Privatsender
in eigenen Interesse durchgesetzt. Deren Programm spricht nämlich
überdurchschnittlich viele junge Zuschauer an. Und indem man einfach
alle Zuschauer ab dem 50. Geburtstag für irrelevant erklärt, wird ein
künstlich geschönter Eindruck vom Erfolg der Privatsender erzeugt.

Für den Tag, bevor dieses Kapitel geschrieben wurde, wurden folgende Quoten ermittelt: Von den angeblich „werberelevanten" 14-49-Jäh-
rigen sahen 19,4 Prozent RTL. Von der Gesamtzahl aller Zuschauer
hatten aber nur 14,3 Prozent den Kölner Sender eingeschaltet. Die
Nichtberücksichtigung der Älteren sei also ein „wunderbarer Ver-
marktungstrick" der Privatsender gewesen. Als eine „Verzweiflungs-
tat im Kampf um Werbekunden" begründet Bellieno diesen Trick.
Dafür haben Sie doch Verständnis, oder?

Gut möglich, dass Sie selber am Zustandekommen dieser Quote beteiligt waren: Seit über 25 Jahren können Sie auch auf die Programme von Privatsendern zurückgreifen. Wenn Sie sich diese Zeitspanne jetzt vor Augen führen, hat sich da mit zunehmendem Alter nicht auch Ihr persönlicher Programmmix geändert?

Ihre Kaufkraft dürfte sich in diesen 25 Jahren ebenfalls geändert haben. Und weil Menschen in der zweiten Lebenshälfte oft nicht ganz arm sind, sagt inzwischen auch der PR-Profi Bellieno, dass die gängige Definition der werberelevanten Zielgruppe „kein richtiger Schnitt" und „ziemlich unsinnig" sei. Aber interessiert es Sie wirklich, dass die Werbevermarkter mancher Sender deshalb inzwischen vorschlagen, die Altersgrenze der Werberelevanten in Richtung der 20- bis 59-Jährigen anzuheben?

Von einer geistreichen Frau oder einem charmanten Herrn umworben zu werden kann ein Genuss sein. Aber zum Beispiel vom pubertär pöbelnden Handyanbieter „congstar"? „Du willst es? Du kriegst es!" Wirklich?

Menschen in Ihrem Alter gelten auch deshalb als weniger „werberelevant", weil sie weniger verführbar und in ihren Urteilen gefestigter sind. Sie treffen ihre Entscheidungen reflektierter und souveräner. Sie lassen sich nicht so einfach für blöd verkaufen – was offensichtlich aber hilfreich wäre, um als „werberelevant" eingestuft zu werden.

Kaum eine Branche ist – oder gibt sich? – so jugendlich wie die Werbebranche. Das könnte in Zukunft zum Problem werden. Machen überwiegend junge PR-Profis eine Werbung, die die immer größer werdende Zielgruppe der Älteren anspricht? Was passiert, wenn Sie sich eines Tages von Produkten nicht mehr angesprochen fühlen, die mit der Botschaft beworben werden, dass vor allem die Jugend zählt?

„Pro age" heißt eine Produktlinie, die der Kosmetikhersteller „Dove" herausgebracht hat. Sie wird mit Damen beworben, deren Alter dem der Zielgruppe entspricht.

Die von der Starfotografin Annie Leibovitz aufgenommenen Fotos zeigen „echte" Frauen im Alter von 54 bis 62 – schön, selbstbewusst und unbekleidet. Eine wirklich ansehnliche Kampagne!

„Dove" hat übrigens begleitend eine „Initiative für wahre Schönheit" gestartet. Deren Ziel besteht darin, Menschen allen Alters von falschen Schönheitsidealen und belastenden Selbstzweifeln zu befreien. Dadurch steige ihr Selbstwertgefühl. Eine wirklich reife Einsicht für eine Firma aus der Beauty-Branche!

Und wir sehen uns bestätigt: Wenn Werber und Konzernstrategen sich auf die Maßstäbe älterer Zielgruppen einlassen, dann lässt sich das Ergebnis sehen.

Fragen Sie sich also nicht, ob Sie noch „werberelevant" sind. Lassen Sie lieber die Werber sich fragen, wie ihre Kampagnen zukünftig für Sie relevant werden könnten! Wer mit Menschen Ihres Alters nicht mehr rechnet, hat sich verrechnet.

Szenenwechsel. Wir belauschen ein Verkaufsgespräch im „Media Markt". Die Tasten des in Augenschein genommenen Handys sind winzig. Und dann auch noch das: Der Verkäufer, ungefähr 20 Jahre alt, spricht nur Englisch: Smartphone, Bluetooth, Maemo-Browser. Oder er spricht in Abkürzungen: WAP, UMTS, AMOLED. ÖHA? Und wozu blaue Zähne? Ein Kunde – er ist ein paar Jahre älter als Sie – lauscht den Erläuterungen. Erst aufmerksam. Dann zunehmend ratlos. Am Ende: genervt.

Wüssten Sie, was sich hinter den gerade genannten Anglizismen und Abkürzungen verbirgt? Hat Ihr Handy das? Brauchen Sie das?

Eine englische Studie zeigt: Wenn Menschen älter werden, kaufen sie immer noch genauso gerne ein wie junge. Erfreulich für die Firmen! Aber oft nur für eine Nacht – denn dann passiert es: Ältere Konsumenten bringen überdurchschnittlich oft das Gekaufte wieder zurück. An den Umtauschschaltern stehen auffallend viele Menschen über 60. Diese haben nicht nur das Geld, etwas zu kaufen. Sie haben auch die Zeit, es wieder zurückzubringen. Und sie haben das dafür nötige Selbstbewusstsein. Was sie beim näheren Hinsehen und Ausprobieren zu Hause nicht überzeugt, dafür wollen sie ihr Geld zurück.

Wenn Sie ein netter Mensch sind, haben Sie jetzt Mitleid mit dem jungen Media-Markt-Verkäufer. Er hat sich ja Mühe mit dem älteren Kunden gegeben – trotzdem findet er das Handy am übernächsten Tag wieder im Regal. Und den älteren Kunden davor. Ein Nightmare für den Smartseller im Redshirt! Oder nach vorne gedacht: ein Kommunikationsproblem. Firmen müssen lernen, auch auf die Bedürfnisse und Wünsche einzugehen, die Menschen in der zweiten Hälfte ihres oft über 90 Jahre währenden Lebens haben. Und seien Sie ohne Sorge: Sie werden es schnell lernen!

Natürlich gibt es in jedem Alter begeisterte Technikfreaks, die dem Gespräch mit einem jungen Fachverkäufer geradezu entgegenfiebern. Vielleicht sind Sie so einer? Oder vielleicht sind Sie zumindest so interessiert, dass Sie jetzt im Techniklexikon auf www.mediamarkt. de die zuvor verwendeten Anglizismen und Abkürzungen nachschlagen. Tun Sie es! Aber das ist dann Ihre freiwillige Entscheidung. Zur Voraussetzung, um ein Handy zu kaufen, darf es nicht werden.

Wenn sich auch Menschen jenseits der Lebensmitte selbstbewusst zu ihren Bedürfnissen und Maßstäben bekennen, profitiert unsere Gesellschaft davon. Dadurch wird das Wirtschaftsleben nicht langsamer, sondern nachhaltiger. Und die Werbung wird nicht langweiliger, sondern wertschätzender.

Mit zunehmendem Alter wird man als Kunde immer souveräner und kritischer? Tendenziell ist dies so, aber natürlich gibt es auch Gegenbeispiele. Versuchen Sie mal, einem 25-Jährigen auf einer Kaffeefahrt eine Lamafelldecke für 599 Euro anzudrehen. Schwierig! Und wie ist das bei Ihnen? Sie haben auch noch nie ein grotesk überteuertes, aber mit angeblich wunderwirkenden Magneten versehenes Lamafell erworben? Gut! Ihre kritische Souveränität bei Konsumentscheidungen kommt nicht nur Ihnen persönlich zugute, sondern auch unserer Gesellschaft, indem Wertschöpfung an Seriosität und Nachhaltigkeit gekoppelt wird.

> „Da stehen Spieler auf dem Spielfeld,
> gestandene Spieler."
>
> GÜNTER NETZER

2.5 Warum Sie Ihre Erfahrung ins Spiel bringen sollten

„Ich bin doch nicht blöd", ruft Ihnen die Werbung im Media Markt in Erinnerung. Recht hat sie! Menschen Ihres Alters haben oft die Reife, Entscheidungen souverän und reflektiert zu treffen. Die Erfahrungen, die sie im Lauf ihres Lebens gewonnen haben, kommen ihnen dabei zugute: Heiße Herdplatte? Kein guter Ort für die Finger. Anlageberater mit Föhnfrisur? Kein guter Rat fürs Portemonnaie. 2,1 Promille bei der Betriebsweihnachtsfeier? Kein Kommentar. Der Mensch lernt ein Leben lang dazu. Je älter Sie sind, desto mehr haben Sie gelernt.

Sie lernen unter anderem aus Ihren Fehlern. Das klingt etwas langweilig – ist es aber nicht. Wenn Sie klug sind, lernen Sie nämlich nicht, keine Fehler mehr zu machen, denn dann würden Sie ja aufhören, weiter zu lernen. Sie lernen vielmehr, den gleichen Fehler nicht noch einmal zu machen – oder zumindest nicht allzu oft. Oder Sie lernen, wie man mit den Folgen des Fehlers gut umgeht. Oder Sie lernen, welche Fehler es wert sind, gemacht zu werden.

Wenn Sie später, im hohen Alter, dann rückblickend von den Irrungen und Wirrungen Ihres Lebenswegs erzählen und eine heiße Herdplatte in der Küche Ihrer Eltern spielt dabei die Hauptrolle, dann haben Sie zu früh aufgehört, sich die Finger zu verbrennen.

Zugegeben, das klingt kaum nach der Art von pädagogischen Einsichten, die man Ihnen in Ihrer Jugend ins Poesiealbum geschrieben hat – es sei denn, Sie hatten das seltene Glück, dass der Philosoph Sir Karl Popper einen Eintrag verfasst hat.

Eben jener Sir Popper hat nämlich das Sich-korrigieren-Können zum Grundprinzip aller menschlichen Entwicklung geadelt. Seine Theorie, der „Falsifikationismus", besagt: Dauerhaft richtige Antworten gibt es nicht. Jede Einsicht kann durch andere, höhere, spätere Einsichten widerlegt werden. Theorien und Überzeugungen können sich zeitweise bewähren, aber nie dauerhaft und unumstößlich als wahr erweisen.

Popper hat seine Theorie eher für die Wissenschaft und die große Politik formuliert. Aber dies verbietet Ihnen nicht, daraus etwas für Ihren persönlichen Lebensweg zu lernen: Gehen Sie Ihre Aufgaben möglichst nicht mit der Einstellung an, Sie seien im Besitz der Wahrheit. Bleiben Sie vielmehr dafür offen, sich zu hinterfragen und falsche Entscheidungen zu korrigieren. Gestehen Sie sich das Recht zu, Entscheidungen zu treffen, die sich im Rückblick als falsch erweisen könnten. Machen Sie sich bewusst, dass Ihre vergangenen Misserfolge und Irrtümer zugleich auch Lernerfolge waren.

Ein bekennender Anhänger der Philosophie von Karl Popper ist **Helmut Schmidt**. Ganz egal ob es um den Weltfrieden oder um die EU-Eierverordnung geht, der Uraltbundeskanzler hinterfragt jeden Lösungsversuch mit scharfsinniger Skepsis. Aufgrund seiner vielen Erfahrungen hat er gelernt, was alles schief gehen kann.

Mit diesem Erfahrungsschatz kommt der allwissende Alte gut an. Bei einer Umfrage, wer ein Deutschland verkörpert, wie wir es uns wünschen würden, kam Helmut Schmidt auf den zweiten Platz. Warum genießt er so viel mehr Autorität als die vielen neunmalklugen Besserwisser, die Sie aus Talkshows kennen?

Die Antwort ist gesundheitsgefährdend. Zug um Zug führt Schmidt uns vor: Ich pfeife drauf, alles richtig zu machen – und ich bin trotzdem über 95 Jahre alt geworden! „Rauchen ist tödlich", steht fett gedruckt auch auf seinen Zigarettenpackungen. Sich so in Qualmwolken zu hüllen, dass sinnvolle Warnhinweise nicht mehr erkennbar sind, ist natürlich falsch. Aber es kann ganz schön lange gut gehen. Und Leute, die immer alles richtig machen wollen, kann man in der Pfeife rauchen.

Bevor dieses Buch einen uncharmanten Verlauf nimmt: Niemand will Ihnen unterstellen, Sie hätten *nur* aus Ihren *Fehlern* gelernt! Wenn Helmut Schmidt immer nur alles falsch gemacht hätte, wäre heute wahrscheinlich ein Hamburger Zigarettenautomat sein größter Fan. Ein an Erfahrungen erfülltes Leben bedeutet nicht, dass der Verbandskasten entsprechend leer sein muss. Übersicht, Wissen, Geschick, Erkennen von Zusammenhängen – vieles haben Sie auch gelernt, ohne dass es wehgetan hat.

Die besondere Kompetenz von älteren Menschen kann man anhand der Fähigkeiten von zwei Verkehrsteilnehmern beschreiben. Stellen Sie sich einen 25-Jährigen und einen 60-Jährigen vor. Jetzt setzten Sie die beiden in einer ihnen fremden Großstadt hinter das Steuer eines Autos. Mit einem Stadtplan sollen sie möglichst schnell von A nach B kommen. Ganz klar: Der Jüngere kann das besser. Der Jüngere kann fahren und Karten lesen zugleich. Er kann schneller optische Eindrücke erfassen und Informationen verarbeiten. Der 25-Jährige wird aufgrund seiner altersspezifischen Fähigkeiten – Flexibilität, Reaktionsgeschwindigkeit, Auffassungsgabe, Koordinationsvermögen – früher am Ziel sein.

So. Und jetzt stellen Sie die beiden Probanden noch mal vor die gleiche Aufgabe – aber dieses Mal in ihrer *Heimat*stadt. Sofort fällt die Bilanz anders aus. Der Ältere kennt die Schleichwege und Abkürzungen. Er weiß, wann und wo mit Staus zu rechnen ist. Er kennt die Ampelphasen und weiß, auf welcher Fahrspur der Stadtautobahn man zu welcher Tageszeit am schnellsten vorwärts kommt. Sogar die Stellen, an denen Radarfallen lauern, sind ihm bekannt. Aufgrund seiner Erfahrungen findet er schneller durch die ihm bekannte Umgebung. Dieses Mal hat der junge Fahrer das Nachsehen.

Wenn Sie mitten im Berufsverkehr mit dem Taxi quer durch die Stadt wollen, dann suchen Sie am Taxistand besser nach einem älteren Fahrer. Mit großer Wahrscheinlichkeit wird er Sie schneller zum Ziel bringen. Mit jedem Jahr Berufserfahrung hat er neue Schleichwege, Abkürzungen und vermeidbare Staustellen entdeckt.

Sie haben immer noch die Homepage mit dem Techniklexikon von Media Markt offen? Okay, dann machen wir uns die besondere Kompetenz Ihres Lebensalters jetzt mit einem Bild aus der Techniksprache bewusst: Um Ihre *Hardware* werden Jüngere Sie nicht mehr beneiden. Die neueren Computergenerationen haben schnellere Prozessoren. Aber Sie haben viel mehr *Software* auf der Festplatte. Und erst wenn auf einem Computer bewährte, stabil laufende und benutzerfreundliche Programme installiert sind, rattern die Bites in die richtige Richtung.

P.S.: Die meisten Computerprogramme sind übrigens erst als Update vom Update vom Update so richtig gut. Erst dann haben die Programmierer die Anfangsfehler in den Griff bekommen und sich überzeugend auf die Bedürfnisse der Nutzer eingestellt. Womit wir wieder beim Thema „Lernen aus Erfahrung" wären!

„Das ist Schnee von morgen."

JENS JEREMIES

2.6 Weshalb das Team Sie auch in Zukunft brauchen wird

„Sag, wer mag das Männlein sein, das da steht im Wald allein?"
Ein Kinderlied, das Sie sicher kennen. Aber sind Sie schon mal auf
die Idee gekommen, dass in Zukunft hochbetagten Deutschen genau
dies blühen könnte? Demografen und Biologen haben einen Trend
entdeckt: Zurück zur Natur. Na ja, eigentlich ist es eher andersherum: Die Natur kommt zurück. „Hello again", werden Elche und
Wölfe summen, wenn sie die sich ausdehnenden Waldgebiete unserer
Zukunft durchstreifen.

Die Bevölkerung in Deutschland wird laut UNO-Prognose bis
2050 um 12 Millionen Menschen abnehmen. 12 Millionen?! Um Ihnen die Dramatik dieser Zahl vor Augen zu führen: Das entspricht
der derzeitigen Einwohnerzahl von zusammengerechnet Berlin,
Hamburg, München, Köln, Frankfurt, Essen, Dortmund, Stuttgart,
Düsseldorf, Bremen, Hannover, Duisburg und Leipzig. Und es könnte sogar noch dramatischer kommen: Ohne Zuwanderung würde
die Bevölkerung innerhalb der nächsten 40 Jahre von heute 82 auf
dann 58,6 Millionen schrumpfen. Um sich einen derartigen Bevölkerungsrückgang vorzustellen, würde die Städteliste entschieden zu
lang. Also rechnen wir jetzt in Bundesländern: Niedersachsen, Bremen, Hessen, Rheinland-Pfalz, Schleswig-Holstein und das Saarland
wären dann menschenleer.

Der Geburtenrückgang schafft Platz für tierische Einwanderer.
Und die menschenscheuen Wölfe und Elche steuern vor allem den Osten Deutschlands an. Das Bundesamt für Statistik hat ihnen nämlich

verraten, dass der Bevölkerungsrückgang dort besonders stark ist und schnell vorwärtsschreitet. In der Oberlausitz (Sachsen) sowie in einsamen Gegenden von Brandenburg und Mecklenburg-Vorpommern könnten Sie bereits heute in der Abenddämmerung wieder hören, wie Wolf und Elch sich gute Nacht sagen. Acht Elche haben sich allein im Oder-Spree-Kreis (Brandenburg) dauerhaft angesiedelt; ca. 60 Wölfe leben derzeit in Deutschland in freier Wildbahn.

Ursula von der Leyen, siebenfache Mutter, war von 2005 bis 2009 Bundesfamilienministerin. Durch ihr Vorbild und die Einführung eines einkommensabhängigen Erziehungsgeldes wollte sie der bildungsbürgerlichen Mittelschicht Lust auf mehr Kinder machen.

Gerade die westdeutschen Akademikerinnen sind nämlich in Sachen Gebärfreudigkeit besonders zurückhaltend. Während insgesamt 21 Prozent aller Frauen zwischen 40 und 44 Jahren kinderlos waren, sind es in dieser Gruppe 44 Prozent. Im Durchschnitt hat jede Frau heute in Deutschland 1,41 Kinder. Um die Bevölkerungszahl stabil zu halten, müssten es 2,1 sein.

Leider hat von der Leyens Beispiel keine Schule gemacht und auch 66 Prozent Lohnfortzahlung in den ersten 14 Monaten nach der Entbindung konnten im akademischen Milieu keine neue Kinderlust wecken.

Angesichts unverändert geringer Geburtenzahlen ist also denkbar, dass im Lauf der nächsten Jahrzehnte immer mehr Bibliotheken des Bildungsbürgertums zu Ruinen werden, vor denen Bisons friedlich grasen. Tipp für die Berufspläne Ihrer zukünftigen Enkel: Revierförster ist definitiv ein Zukunftsberuf – Familienministerin eher nicht.

Bisons? So ein Quatsch! Die hat es hier noch nie gegeben, schnauben biologisch versierte Leser jetzt empört. Richtig. Aber früher gab es in Neuseeland auch keine Opossums. Heute bringen diese Vogeleier fressenden Beuteratten dort das natürliche Gleichgewicht durcheinander.

Wie unser Land zukünftig aussehen wird, wenn die Siedlungsdichte deutlich abgenommen hat, weiß heute noch niemand so genau. Die Schwarzmalerei der Rentenexperten darf aber ergänzt werden durch die Grünmalerei anderer Zukunftsforscher: Viele der durch den weltweiten Bevölkerungsanstieg verursachten Probleme werden in dem Maße, in dem die Größe der Bevölkerung zurückgeht, in unserem Land auch weniger intensiv zu spüren sein. Ein Deutschland mit 15 Prozent Menschen weniger? Dies bedeutet auch weniger Verkehr, weniger CO_2-Emissionen, weniger Flächenversiegelung – und zugleich mehr Raum für regenerative Energiegewinnung und biologische Landwirtschaft.

Europa ist ein in unglaublicher Weise begünstigter Natur- und Kulturraum. Der Bevölkerungsrückgang könnte sich durchaus in manchen Bereichen auch positiv auf die Lebensqualität auswirken.

Welche Folgen der Bevölkerungsrückgang haben wird, ist umstritten. Doch dass die Einwohnerzahl in Deutschland wirklich stark zurückgehen wird, ist sicher. Demografische Prognosen sind erwiesenermaßen die zuverlässigsten aller Prognosen.

Die Vorstellung, in einem durch Bevölkerungsrückgang geprägten Land in Zukunft friedlich vor der Terrasse grasende Auerochsen zu beobachten, hat also durchaus auch ihren Reiz. Aber es ist unwahrscheinlich, dass Sie dies persönlich noch erleben werden. Denn wer heute über 45 Jahre alt ist, gehört noch zu den geburtenstarken Jahrgängen. Zwischen 1955 und 1965 gab es einen regelrechten Geburtenboom. Die in diesem Zeitraum Geborenen werden deshalb als „Babyboomer" bezeichnet. Wenn diese Generation in absehbarer Zeit in den Ruhestand geht, wird ein „Seniorenboom" die Folge sein. Für Ihr persönliches Alter bedeutet dies: Sie werden sicher sehr viele Gleichaltrige um sich haben – kaum aber schon von der Einsamkeit angelockte Auerochsen.

Sie schwimmen also auf einer großen Welle von Menschen mit, die in 10 bis 25 Jahren das Rentenalter erreichen werden. Auf dieser großen Welle kann man toll surfen: Immer mehr immer älter werdende Menschen werden dafür sorgen, dass Altern in gesellschaftlicher Wertschätzung und zu humanen Bedingungen möglich ist. Eine große Welle kann aber auch brechen. Wenn es nicht zu einem faireren Ausgleich zwischen den Generationen kommt, wird Ihre Generation mitten im Sog der Konflikte stehen.

Gerade weil es zukünftig weniger junge Menschen gibt, werden die Älteren mehr zählen. Und zugleich müssen die Jüngeren auch mehr auf sie zählen können! Durch die demografischen Veränderungen bekommen die zukünftigen Alten mehr Gewicht: als Wähler, als Konsumenten, als Radiohörer – aber auch als Problemlöser, Mitentscheider, Spender, Zupacker.

Traditionell sieht sich die *Jugend* dem Verdacht ausgesetzt, ihre Zeit nutzlos zu vergammeln und auf Kosten anderer Generationen zu leben. Inzwischen genießen aber auch viele Senioren einen Zeitabschnitt, der der Jugend gar nicht unähnlich ist: Freiräume, Freizeit, Freiheit. Eines Tages wird das auch auf Sie zukommen. Freuen Sie sich auf diesen Lebensabschnitt – aber stellen Sie sich in Gedanken darauf ein, dass die Jüngeren Sie dann fragen werden, was Sie mit Ihrer Zeit Sinnvolles tun. Eine alternde Gesellschaft wird es sich nur dann leisten können, den Alten mit Wertschätzung zu begegnen, wenn diese Wege finden, wertvoll für andere zu bleiben.

Nie war die Gefahr geringer, im Alter an den Rand gedrängt oder „abgeschrieben" zu werden. Sie sind einer der Scouts in eine noch unentdeckte Welt des kollektiven Alterns: Ihre Fantasie, Ihre Kraft, Ihre Verantwortungsbereitschaft werden noch lange gebraucht werden. Ihr Wort wird noch lange Gewicht haben.

Sie stehen vor der Aufgabe, mit 65 nicht bedeutungslos zu werden. Wie werden Sie diese Herausforderung annehmen? Sie werden dabei nicht nur von den jüngeren treudeutsch blauen Augen aufmerksam beobachtet. Auch interessierte asiatische Mandelaugen sind auf Sie gerichtet. In China gibt es seit dem Jahr 1980 eine von der kommunistischen Regierung forcierte Ein-Kind-Politik. Heute kommen dort genau wie in Deutschland nur noch 1,4 Kinder auf eine Frau im gebärfähigen Alter. Der Trend zum homöopathisch dosierten Nachwuchs hat sich dort allerdings erst zehn Jahre später durchgesetzt als bei uns.

Die Chinesen haben sich gerne von uns zeigen lassen, wie man eine Magnetschwebebahn zum Laufen bringt. Noch viel neugieriger dürften sie verfolgen, wie wir ein dynamisches und faires Modell für das Miteinander der Generationen in einer alternden Gesellschaft entwickeln. In diesem Fall ist allerdings Voraussetzung, dass das Modell bei uns im Land auch wirklich läuft.

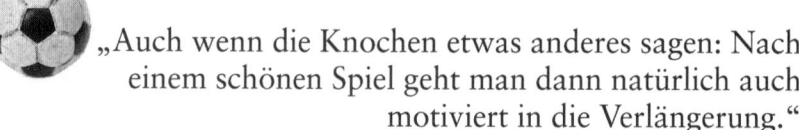 „Auch wenn die Knochen etwas anderes sagen: Nach
einem schönen Spiel geht man dann natürlich auch
motiviert in die Verlängerung. "

KARL-HEINZ RUMMENIGGE

2.7 Wie viel Zeit Ihnen noch bleibt

Manchmal ist es schön, wenn man sich verrechnet hat. Eigentlich
dachten Sie, an der Hotelrezeption 120 Euro berappen zu müssen.
Doch dann will man beim Auschecken nur 90 Euro von Ihnen. Den
Hinweis auf 25 Prozent „Weekend-Rabatt" hatten Sie einfach übersehen. Eine willkommene Überraschung, oder? Vielleicht freuen Sie
sich dann auch, wenn Sie jetzt entdecken, dass Sie sich mit Blick
auf die Zahl der Ihnen bleibenden Lebensjahre zu Ihren Ungunsten
verrechnet haben?

Das Statistische Bundesamt sagt: Im Durchschnitt werden in
Deutschland Männer 77 Jahre alt und Frauen 82 Jahre. Wer als Frau
heute 70 Jahre alt ist, könnte also auf den ersten Blick mit 12 weiteren Lebensjahren rechnen, ebenso ein durchschnittlicher 65-jähriger
Mann. Doch diese Rechnung stimmt nicht. Tatsächlich haben beide
noch ein ca. 25 Prozent längeres Leben vor sich: Auf die Frau warten
noch 16,2 Jahre und auf den Mann sogar volle 17 Jahre. Wie kommt
es zu diesem „Lifeend-Rabatt"?

Die Antwort ist logisch: In die Berechnung der durchschnittlichen
Lebensdauer fließen auch all die Risiken mit ein, die ältere Menschen
schon längst überlebt haben. Wenn Sie heute 50 Jahre alt sind, haben
Sie alle Geburten überlebt – inklusive der eigenen. Sie sind mit 19 nicht
an einem Motorradunfall gestorben und mit 40 keinem Schlaganfall
erlegen. Das bedeutet: Wer schon länger lebt als die anderen, hat
gute Chancen, auch älter zu werden als der Durchschnitt. So hat am
Ende ein 80-jähriger Mann noch 7,5 Lebensjahre vor sich und eine

85-jährige Frau noch 6,5 Jahre, obwohl ihre Zeit doch eigentlich längst „abgelaufen" ist.

Aber es kommt sogar noch besser: Auf den Bonus wird noch ein Bonus draufgelegt! Die durchschnittliche Lebenserwartung in Deutschland steigt. Sie steigt jedes Jahr um beachtliche drei Monate. Dies ist seit 170 Jahren so – ein nur durch Kriege unterbrochener, aber sonst erstaunlich kontinuierlicher Trend. Dass die Menschen immer älter werden, lässt sich übrigens in allen entwickelten Industrienationen beobachten. Egal ob Neuseeländer, Schweden, Japaner, Bayern – vor 20 Jahren sind sie im Durchschnitt fünf Jahre jünger gestorben. Und in 20 Jahren werden sie durchschnittlich noch weitere fünf Jahre länger leben.

Darin sind sich fast alle renommierten Altersforscher einig. „Dass es einen maximalen Wert der Lebenserwartung gäbe, an den man sich in manchen Ländern nun langsam annähern würde, ist nicht auszumachen", schreibt James W. Vaupel, Gründungsdirektor des Max-Planck-Instituts für demografische Forschung. Dies bedeutet für Sie: Während Sie leben, steigt die Lebenserwartung weiter. Jedes Jahr um drei Monate. Die Zeit spielt also nicht nur gegen Sie, sondern ein Stück weit auch *für* Sie!

Bevor Sie jetzt den Taschenrechner holen, um den durch die beiden unterschiedlichen Bonussysteme zu erwartenden Gewinn an Lebenszeit zu errechnen, hier die Daten:

So alt sind Sie heute	... als Frau leben Sie dann noch	... und als Mann
45 Jahre	47,9 Jahre	41,8 Jahre
50 Jahre	42,0 Jahre	36,3 Jahre
55 Jahre	36,3 Jahre	31,0 Jahre
60 Jahre	30,8 Jahre	25,9 Jahre
65 Jahre	25,5 Jahre	21,2 Jahre

Diese Werte berücksichtigen jeweils den zu erwartenden Anstieg der durchschnittlichen Lebensdauer während Ihres Lebens. Wären Sie ein kleines Mädchen, das gerade eingeschult wurde, würden die Altersforscher Ihnen übrigens in Aussicht stellen, dass Sie mit einer Wahrscheinlichkeit von über 30 Prozent Ihren 100. Geburtstag erleben werden.

Können Sie etwas dafür tun, um gesund über 100 Jahre alt zu werden?

Helen Reichert, 108 Jahre, spottet gerne über die Tipps, die ihr jüngerer Bruder Irving Kahn dazu gibt. „Gesunde Ernährung, viel Bewegung an der frischen Luft, keinen Alkohol trinken, nicht rauchen sowie ein lebendiges Interesse für Menschen und Aufgaben zeigen", rät der 104-Jährige.

Die ältere Schwester Helen muss darüber lachen. Sie ist zu ihrem Spitznamen „Happy" auch deswegen gekommen, weil sie noch nie einen Bogen um Cocktails, Wein und saftige Hamburger gemacht hat.

Wissenschaftliche Studien zur Langlebigkeit geben der älteren Schwester recht. Weder im Müslitopf noch im Jogginganzug findet sich das Geheimrezept, wie man über 100 Jahre alt wird. Man muss es einfach „in den Genen" haben. „Die üblichen Empfehlungen für ein gesundes Leben gelten nur für uns Durchschnittsmenschen, aber nicht für Hundertjährige. Die sind eine Klasse für sich", fasst der israelische Altersforscher Nir Barzilai den Stand der Forschung zusammen.

Trotzdem wäre es für uns Normalsterbliche klug, auf Irving, den jüngeren Bruder, zu hören. Der von ihm vorgeschlagene Lebenswandel kann nachweislich bewirken, dass Sie nicht schon mit 80, sondern erst mit 90 sterben. Und er trägt dazu bei, dass Ihnen so lange wie möglich ein Höchstmaß an Vitalität erhalten bleibt.

Was haben Sie vom Leben noch zu erwarten? „Mehr als Sie wahrscheinlich erwartet haben!", sagen die Zahlen. Aber halt! Letztendlich können Zahlen Ihnen diese Frage kaum befriedigend beantworten. Die Prognosen zur zukünftigen Lebensdauer führen Ihnen vor Augen, wie viel Zeit Sie möglicherweise noch haben. Wie Sie diese Zeit dann sinn- und genussvoll nutzen, ist eine ganz andere Frage. Eine – auch schon etwas in die Jahre gekommene – Glücksregel besagt: Leben Sie jeden Tag so, als ob es Ihr letzter sein wird – und eines Tages werden Sie recht haben.

Wird sich die durchschnittliche Lebenserwartung durch die medizinische Forschung in Zukunft noch weiter steigern lassen? Fast alle Experten erwarten dies. Umstritten bleibt eher die Frage, wo die theoretische Obergrenze der menschlichen Lebenserwartung liegen könnte.

Bei Fadenwürmern ist es den Forschern gelungen, die Lebenserwartung ganz erheblich zu verlängern. Durch genetische Eingriffe und gezielten Kalorienentzug wurde die Lebensdauer der Versuchstiere mehr als verdoppelt. Auch bei der Fruchtfliege und Mäusen hat dieses Verfahren deutlich lebensverlängernd gewirkt. Jetzt besteht die Aussicht, diese Erfolge auf Primaten zu übertragen. Wäre es denkbar, dass am Ende auch Sie noch in den Genuss einer Behandlung kommen, die Ihre Lebensspanne verdoppeln kann? Im Augenblick sieht es allerdings so aus, als wäre der Preis dafür hoch. Auf Menschen übertragen würde die bei Fadenwürmern lebensverlängernd wirkende Therapie bedeuten, dass Sie nur noch jeden dritten Tag etwas essen dürfen. Vielleicht waren es Kantinendüfte, unter deren Einfluss Peter Gruss, Biologe am Max-Planck-Institut, zu folgender Einsicht kam: „Es geht nicht um mehr Jahre im Leben, sondern um mehr Leben in den Jahren." Mahlzeit!

Die medizinische Forschung ist längst noch nicht am Ende ihrer lebensverlängernden Möglichkeiten angelangt. Mit Blick auf die Möglichkeiten der Gentechnik stehen wir noch ganz am Anfang. Dabei gilt es, immer klar zu sehen: Der Maßstab für Lebens*qualität* ist nicht die *Länge*, sondern die *Würde*. Hätten Sie als 20-Jähriger kastriert, in Frischhaltefolie gewickelt und künstlich ernährt werden wollen, nur weil das Ihre Aussicht gesteigert hätte, 200 zu werden? Na also!

„Es war eine lange, kraftraubende Saison und ich
werde mich erst mal regen..., regener... – also,
ich fahr erst mal in Urlaub."

KARL-HEINZ RIEDLE

2.8 Warum die Zeit, die Ihnen bleibt, gut sein kann

Die Lebenserwartung steigt. Sie steigt so schnell, dass Sie erwarten
können, dass sich dadurch auch Ihr eigenes Leben noch verlängern
wird. Aber ist das eine Nachricht, die Sie vorbehaltlos begrüßen?
Wenn Sie zum Pessimismus neigen, fragen Sie sich jetzt möglicherweise, wie oft der Rollator neu bereift werden muss. Die Aussicht,
sehr alt zu werden, ist für viele Menschen auch mit Sorgen verbunden. Wer sich heute als „Best Ager" bezeichnet, lässt damit bereits
anklingen, dass das, was danach kommt, vielleicht nicht mehr ganz
so gut sein könnte.

Leider ist diese Sorge nicht ganz unbegründet. Forscher, die die
Ältesten der Alten befragt haben, sind auf ernüchternde Antworten
gestoßen. Wer dem sogenannten „Vierten Alter" angehört, also über
85 Jahre alt ist, neigt dazu, dem Sprichwort recht zu geben, dass „aller
guten Dinge drei sind". Das „Dritte Alter" (60 bis 85 Jahre) bewertet
die Mehrzahl der Hochbetagten im Rückblick sehr positiv. In diesem
Lebensabschnitt wären sie gerne stehen geblieben, denn was danach
kommt, wird oft als weniger schön erlebt. Im „Vierten Alter" leiden
viele Menschen stärker unter gesundheitlichen Einschränkungen. Sie
klagen häufiger über Einsamkeit. Es bedrückt sie, weniger Kontrolle
über ihr Leben zu haben. Flexibilität, Lernfähigkeit und Optimismus
lassen spürbar nach.

Die Pflegestationen für Kassenpatienten sind nicht gerade der
Himmel auf Erden. Selbst wenn Familienangehörige und Pflegeperso-
nal sich liebevoll bemühen, alles Menschenmögliche zu tun, ihr Ver-

mögen stößt an Grenzen: Medikamente, die Alzheimer oder Demenz dauerhaft verhindern oder gar heilen können, gibt es noch nicht.

Außerdem ist die Geduld, die unsere Gesellschaft mit den Hochbetagten hat, begrenzt. Wussten Sie, dass ein Hochbetagter die Gesellschaft das 14-Fache dessen kostet, was für ein Kind aufgewendet wird? Haben Sie gelesen, dass unser Gesundheitssystem angeblich auf einen Schlag finanziell saniert wäre, wenn wir in der Intensivmedizin alle Geräte zwei Wochen früher abschalten würden? Auf solche Meldungen reagieren Menschen mit zunehmendem Alter empfindlicher. Wer eines Tages aufgrund seiner altersbedingten Hilflosigkeit eigentlich besonders auf Liebe und Wertschätzung angewiesen sein könnte, beginnt zu befürchten, dass er dann lieblos und abwertend behandelt wird. Die Angst, dies erleben zu müssen, wirft ihren Schatten: „So alt möchte ich gar nicht werden", seufzen immer mehr Menschen resigniert.

Was hilft ganz am Ende des Lebens? Ganz am Ende dieses Buches wollen wir danach ausführlicher fragen. Aber so weit sind wir noch nicht.

Nein, so weit sind wir noch lange nicht. Jetzt kommt nämlich die gute Nachricht: Sie haben die Aussicht, länger zu leben als früher, weil Menschen heute *länger gesund bleiben* als früher. Die Phase der Gebrechlichkeit hat sich unterm Strich weder verlängert noch verkürzt. Sie wurde parallel zum Anstieg der Lebenserwartung nach hinten verschoben. Demnach ist die Wahrscheinlichkeit groß, dass Sie nicht nur mehr Jahre, sondern auch mehr gute Jahre vor sich haben. Heute sind 70-Jährige ungefähr so fit, wie 65-Jährige es 1970 waren. Ein Pfarrer, der versucht, 70-Jährige für einen Seniorenklub zu gewinnen, erntet Kopfschütteln: „So alt bin ich noch nicht!" Wir leben nicht nur immer länger, sondern wir fühlen uns auch entsprechend später „so richtig alt". Deshalb ist gut denkbar, dass Sie sich in 30 Jahren als 80-Jähriger noch zu jung für den Seniorenklub fühlen werden.

Und gleich noch eine gute Nachricht: Es ist nie zu spät, daran zu arbeiten, dass das Leben lange lebenswert bleibt!

Fitnesstraining bei hochbetagten Gebrechlichen? Bringt das noch was? Eine amerikanische Forschungsgruppe hat dies untersucht. Patienten, die mindestens 85 Jahre alt waren, wurden mit Hanteln, Stretchbändern und Gymnastikbällen in Bewegung gebracht. Statt der Extraportion Sahnetorte gab es jeden Tag ein fachlich angeleitetes Fitnessprogramm. Das Ergebnis war fulminant. Muskelaufbautraining, Beweglichkeitsübungen und Diät zeigten in diesem Lebensalter genauso Erfolg wie bei Jüngeren. Senioren, die sich davor auf einen Rollator gestützt hatten, konnten auf einmal wieder ganz auf eigenen Beinen stehen und gehen. Viele bereits gut eingetragene Krücken sind im Keller verschwunden. Diese Resultate begeisterten nicht nur die Wissenschaftler, sondern vor allem auch die Probanden. Sie haben die ihnen abverlangten Anstrengungen im Nachhinein als sehr positiv bewertet.

Wenn Sie in Ihrem Leben mal an einen Punkt geraten, an dem Sie oft auf der Couch sitzen und darüber klagen, dass „es nicht mehr so geht wie früher", dann wissen Sie jetzt weiter: Sie sollten dann öfter mal aufstehen und gehen! Je mehr Sie gehen, desto mehr werden Sie entdecken, was auf einmal doch wieder alles geht.

Schwimmen wäre übrigens auch okay, wie folgendes Experiment zeigt: Zwei Gruppen von Mäusen wurden in Käfige gesetzt, in denen das Futter nach dem Erklingen eines Gongs nur durch ein Labyrinth zu erreichen war. Der eine Käfig wurde mehrfach täglich unter Wasser gesetzt, sodass die Mäuse jeweils zehn Minuten schwimmen mussten. Die Mäuse im Nachbarkäfig wurden nicht in dieser Weise zum Sport genötigt. Bald war zu beobachten, dass die Nager aus der bewegungsarmen Gruppe deutlich länger brauchten, um im Labyrinth zum Futter zu finden. Die Gedächtnisleistung ihrer sportelnden Artgenossen war erheblich besser. Zwischen körperlicher und geistiger Fitness gibt es also einen Zusammenhang. Welche Konsequenzen könnten Sie daraus ziehen? Wer sich zum regelmäßigen Schwimmen motivieren will, sollte seinen Kühlschrank in einem Labyrinth verstecken!

Durch Sport können Sie also nicht nur den Alterungsprozess verlangsamen, sondern sogar bereits verloren geglaubte Fähigkeiten reaktivieren. So ermutigend dies ist, entmutigende Erfahrungen würden Sie ab dem Moment machen, ab dem Sie versuchen, der Jugend hinterherzuhecheln. Zu den Herausforderungen des Älterwerdens gehört auch, zu lernen, mit den Grenzen der körperlichen Leistungsfähigkeit umzugehen.

„Und das Wichtigste im Leben: Gesundheit" – dass Geburtstagsgrüße mit dieser Phrase enden, ist fast so sicher wie das Amen in der

Kirche. Gesundheit ist das Wichtigste! Amen. Aber ist das wirklich so? Und fragen wir weiter: Wann sind Sie eigentlich gesund? Wenn jemand an einer Stauballergie oder an Heuschnupfen leidet, ist er dann krank? Wenn jemand mit 50 eine Brille und mit 70 ein Hörgerät braucht, ist es dann „vorbei mit der Gesundheit"?

„Ob jemand als krank oder gesund gilt, hat viel mit gesellschaftlichen Konventionen zu tun", schreibt Manfred Lütz, Dr. med. und Bestsellerautor. Er will damit sagen, dass es keine „objektiven" Kriterien dafür gibt, was als gesund oder als krank zu betrachten ist. Dieses Urteil wird durch Konventionen getroffen. Eine Konvention ist eine Übereinkunft. Gesund sind Sie demnach, wenn die Gesellschaft darüber übereingekommen ist: So, wie es Ihnen gerade geht, haben Sie keinen Grund, sich zu beschweren! Auch Ihr eigenes Urteil, ob Sie sich gesund fühlen, werden Sie entsprechend diesen gesellschaftlichen Maßstäben treffen.

Gesellschaftliche Übereinkünfte ändern sich nicht nur mit der Zeit, sondern auch mit ein paar Flugstunden. Das könnten Sie zum Beispiel 14.000 Kilometer östlich, in den Bergen Neuguineas, entdecken.

In schwer zugänglichen, dicht bewaldeten Höhenzügen leben dort die **Eipo**. Und dieser Bergstamm ist wirklich eine Reise wert – besonders wenn die Analyse von Stuhlproben zu Ihren bevorzugten Urlaubsvergnügen gehört. Das Mikroskop zeigt bei allen Eipo einen für unsere Augen erstaunlichen Cocktail an Spulwürmern, Hakenwürmern und Bandwürmern. Wenn unsereins derart verwurmt wäre, wir würden unseres Lebens nicht mehr froh. Bei den Eipo ist dies anders: Von Ärzten nach ihren Beschwerden befragt, sahen sie keinen Grund, sich zu beschweren.

Wie Menschen körperliche Beeinträchtigungen erleben und ob bzw. wie stark sie unter ihnen leiden, hängt eben immer auch davon ab, welche Maßstäbe in ihrer Kultur üblich sind.

Die englische Sprache kennt deswegen eine sinnvolle Unterscheidung: *Illness* bezeichnet die subjektiv empfundene Krankheit, die Befindlichkeit. *Disease* steht indessen für den medizinisch festgestellten krankhaften Befund.

Wenn Sie eine Arztpraxis verlassen, dann nie ohne medizinischen Befund. In einem alternden Körper gibt es immer etwas zum Untersuchen, zum Behandeln, zum Operieren – oder zumindest etwas, das ab jetzt in Form von regelmäßigen Arztbesuchen beobachtet werden könnte. Auf der Suche nach potenziellen Anlässen für zukünftige Beschwerden könnte der Arzt so lange etwas finden, wie ihm die Krankenkasse die Suche bezahlt.

Als Kontrastprogramm seien Ihnen deshalb zwei Ärzte empfohlen, die sich darauf spezialisiert haben, etwas *zum Lachen* zu finden. In den vergangenen Jahren haben zwei Mediziner es mit heilsamem Humor in die Bestsellerliste geschafft. Manfred Lütz und Eckart von Hirschhausen schreiben als Buchautoren erfolgreich dagegen an, den Gesundheitskult todernst zu nehmen. Eckart von Hirschhausen, sein Verlag preist ihn als „Deutschlands lustigsten Arzt", schreibt: „Nicht jeder, der gesund ist, ist glücklich. Und nicht jeder, der krank ist, ist unglücklich. Aber wer öfter glücklich ist, wird seltener krank."

Was bedeutet das für die vor Ihnen liegende Zeit? Erstens: Sie haben die gute Aussicht, länger gesund und vital zu bleiben als frühere Generationen. Zweitens: Sie können durch Bewegung und Sport selbst etwas dazu beitragen. Drittens: Es wird Ihnen guttun, wenn Sie die Maßstäbe, wann man gesund ist, in jedem Lebensalter neu definieren. Hecheln Sie nicht der Jungend hinterher, sondern pflegen und fordern Sie Ihren Körper passend zum jeweiligen Lebensabschnitt und genießen Sie seine jeweils altersgemäßen Möglichkeiten.

„Da kam dann das Elfmeterschießen. Wir hatten alle die Hosen voll, aber bei mir lief's ganz flüssig."

PAUL BREITNER

2.9 Neun gute Einsichten zum Weiterdenken

1. Schauen Sie wohlwollend in den Spiegel: Freuen Sie sich, wenn Sie dann einen Charakterdarsteller sehen und nicht eine durch unzählige Botoxbehandlungen unbeweglich gewordene Fratze aus dem Wachsfigurenkabinett der ewigen Jugend.

2. Überlegen Sie sich: Was können oder wissen Sie heute mehr; was strahlen Sie intensiver aus; wovon haben Sie mehr und worin sind Sie besser als in jüngeren Jahren. Toll, oder?

3. Kaufen Sie nur, was Sie brauchen und was Ihnen Freude bereitet. Lassen Sie sich von niemandem einreden, dass man bestimmte Produkte braucht, „um mit den Jungen mitzuhalten" oder „weil man das in Ihrem Alter einfach haben sollte".

4. Gehen Sie entspannt mit den Fehlern um, die Sie gemacht haben. Und schrecken Sie nicht davor zurück, weiterhin Fehler zu machen.

5. Rechnen Sie damit, dass Sie noch lange gebraucht werden: Kultivieren Sie das in sich, was Sie zum Vorreiter und zum guten Beispiel macht!

6. Freuen Sie sich noch auf viele gute Jahre!

7. Befreien Sie sich aus der Magie der Zahlen: Ein 60. oder 70. Geburtstag ist heute etwas ganz Anderes als vor 60 oder 70 Jahren!

8. Bleiben Sie in Bewegung: Gehen, Laufen, Schwimmen, Denken halten jung!

9. Nehmen Sie Ihre Gesundheit nicht defizitorientiert wahr: Freuen Sie sich über das, was Ihr Körper noch kann, und gehen Sie entspannt mit den Grenzen um, die er Ihnen zeigt.

3. Zwischenbilanz: Mit welchen persönlichen Ressourcen gehen Sie in die zweite Lebenshälfte?

Wie das Spielfeld aussieht, auf dem Ihre zweite Lebenshalbzeit stattfinden, wurde im vorherigen Kapitel skizziert. Jetzt richten wir den Blick auf Sie: Wie sind Sie ganz persönlich für den weiteren Verlauf des Spiels aufgestellt? Mit welchen Ressourcen gehen Sie in die nächsten Lebensjahre? Was haben Sie im Laufe Ihrer bisherigen Lebensgeschichte alles entdeckt, angespart, gelernt, erworben und sich schenken lassen? Welche Möglichkeiten erschließt Ihnen dies heute?

Wenn Sie sich Ihre Lebensgeschichte so vorstellen wie ein Fußballfeld, dann hat sich im Lauf der Jahre Ihre Spielposition geändert. Früher waren Sie zunächst für den Spielaufbau zuständig. Sie mussten den Ball oft von ganz hinten, von der eigenen Torlinie, holen. Sie mussten Flanken nach vorne schlagen, Freiräume entdecken, den Ball ins Spiel bringen. Jetzt profitieren Sie von den Pässen, die Sie im Laufe Ihrer ersten Lebenshälfte nach vorne geschlagen haben. Jetzt sind Sie in der Position, die Bälle, die Sie im Lauf Ihrer Lebensgeschichte durch engagierten Spielaufbau nach vorne gespielt haben, in Tore zu verwandeln.

Welche Flanken aus Ihrer ersten Lebenshälfte könnten sich in der zweiten als Torchancen erweisen?

- Haben Sie Freunde und nehmen Sie soziale Verantwortung wahr?
- Sind Sie verheiratet bzw. leben Sie in einer Partnerschaft?
- Haben Sie Kinder?
- Hat sich Ihre finanzielle Situation positiv entwickelt?
- Glauben Sie an Gott?
- Wissen Sie mit Ihrer Freizeit etwas anzufangen? Haben Sie Hobbys?
- Sind Sie gebildet oder gar weise?
- Haben Sie gute Manieren und zu einem unverwechselbaren Stil gefunden?

Jedes Mal, wenn Sie „ja" sagen, greifen Sie damit wahrscheinlich einen Ball auf, den Sie in der ersten Lebenshälfte ins Spiel gebracht haben. Solche torverdächtigen Pässe aus Ihrer Lebensgeschichte zu sehen und zu nutzen ist das Ziel der folgenden Zwischenbilanz.

Einige der Fragen verneinen Sie für sich persönlich? Dann steht es Ihnen frei, das entsprechende Kapitel zu überblättern und sich ganz auf die Aspekte zu konzentrieren, die auf Sie zutreffen.

3.1 Von den Schwierigkeiten, Bilanz zu ziehen

45 Pfennig – gemessen an der heutigen Kaufkraft ca. 3,00 Euro: Mit diesem kleinen monatliche Pflichtbeitrag begann im Jahr 1891 etwas, das unsere Gesellschaft nachhaltig verändert hat: Bismarck führte die gesetzliche Rentenversicherung ein. Seitdem wird der Anspruch auf Versorgung im Alter auch durch die Berufsbiografie erworben – und nicht nur durch Gründung einer Familie.

Bismarcks Zeiten werden Sie sich kaum zurückwünschen. Das Renteneintrittsalter lag damals bei 70 Jahren. Gleichzeitig war die Lebenserwartung deutlich geringer, sodass die ersten sozialversicherten Ruheständler sich durchschnittlich gerade mal neun Monate über die neue Altersversorgung freuen konnten. Außerdem war deren Höhe so knapp bemessen, dass Senioren ohne Unterstützung durch ihre Kinder weiterhin in bitterer Armut leben mussten. Die Rentenleistungen aus dem Arbeitsvertrag haben den familieninternen Generationenvertrag zunächst nicht ersetzt, sondern eher ergänzt.

Wenn Sie in den Ruhestand gehen, wird das umgekehrt sein. Die Berufsleistung zählt nach unserer derzeitigen Rentenberechnungsformel deutlich mehr als die der Familie gewidmete Zeit. Hätten alle, die mit Ihnen in Rente gehen, parallel zu ihrer Berufstätigkeit gleich viele Kinder großgezogen, wäre dies kein Problem. So ist es aber nicht. Tatsächlich gibt es in Ihrer Generation viele Menschen, die kinderlos geblieben sind oder nur ein Kind haben. Diese dürfen sich jetzt oft auf überdurchschnittlich hohe Renten freuen. Sie haben nämlich länger und mit weniger Unterbrechungen gearbeitet als diejenigen, die viel Zeit für die Erziehung vieler Kinder aufgewendet haben.

Waren Sie 1956 schon auf der Welt? In diesem Jahr gab es eine zweite grundsätzliche Veränderung bei der Altersversorgung. Damals fand der Soziologe Gerhard Mackenroth Gehör mit seinem Vorschlag, die Sozialausgaben der Gesellschaft immer aus dem laufenden Volkseinkommen zu finanzieren. Gemäß der „Mackenroth-These" wurde die staatliche Rentenversicherung von einem kapitalgedeckten zu einem umlagefinanzierten System umgebaut. Dieses Modell wird seitdem als „Generationenvertrag" bezeichnet: Jede Generation von sozialversicherungspflichtigen Erwerbstätigen finanziert mit ihren Beiträgen die Renten für die bereits aus dem Erwerbsleben ausgeschiedenen Generationen. Sie erwirbt dadurch einen Anspruch auf ähnliche Leistungen durch die nachfolgenden Generationen. Klingt gerecht, oder? Je nach Lebenssituation kann die Antwort unterschiedlich ausfallen:

Hausfrau, 61 Jahre, drei Kinder, derzeit zwei Enkel: „Gerecht soll das sein? Da hab' ich meine Zweifel …! Ich habe erfolgreich drei Kinder großgezogen. Alle drei sind heute berufstätig und zahlen in die Rentenversicherung ein. Indem ich mich um die Enkel kümmere, unterstütze ich sie dabei. Und wer hat den Vorteil davon? Das allermeiste Geld geht an kinderlose Gutverdiener. Meine in der Erziehung von Kindern und Enkeln erbrachte Leistung wird jetzt in die Taschen kinderloser Gleichaltriger umgeleitet. Und meine eigene Rente – das ist selbst zum Verhungern zu wenig!"

Bankfilialleiterin, 59 Jahre, kinderlos: „Na klar ist das gerecht! Meine Rente habe ich mir doch durch viele Jahre harter Arbeit sauer verdient. Die von mir gezahlten Steuern wurden unter anderem für Kindergeld und Schulen ausgegeben. Der Wohlstand und die Sozialsysteme unseres Landes werden von leistungsbereiten, beruflich engagierten Menschen wie mir erwirtschaftet. Und außerdem: Ob alle Eltern wirklich ihre Kinder so erziehen, dass sie später mal in die Rentenkasse einzahlen? Ich hab' da so meine Zweifel."

Finden Sie unser Rentensystem gerecht? Wer hat wie viel Rente verdient? Wenn Sie im Freundeskreis diese Frage stellen, müssen Sie mit Kontroversen rechnen, die zur Belastung für die Freundschaft werden können. Es geht hier nicht um ein paar Euro. Es geht um die

Frage, ob die eigene Lebensleistung im Alter hinreichend gewürdigt wird. Bekommt der Mensch am Ende, was er verdient hat?

Verbitterte kinderreiche Kleinrentner, deren großer Einsatz für die Familie auf dem Rentenbescheid nicht gewürdigt wird? Durch ihre Enttäuschung würde sich der griechische Philosoph **Epikur** (341–271 v.Chr.) in seiner Einschätzung bestätigt fühlen. Er vertrat nämlich bereits vor 2300 Jahren die These, dass sich die Großfamilie nicht auszahlt.

Das Lebensglück sieht Epikur in der Erlangung innerer Freiheit. Wer glücklich werden will, solle deshalb möglichst alles vermeiden, was Unlust, Enttäuschung oder Schmerz verursachen kann. Dazu gehören die Völlerei, der Vollrausch, aber auch der eigene Nachwuchs. In allen drei Fällen sei nämlich mit unangenehmen Nachwirkungen zu rechnen.

Epikur vermutet, dass die Erziehung von Kindern, genau wie politisches und soziales Engagement, zur Quelle von unkontrolliertem Stress werden kann. Statt zu „sozialem Investment" rät der alte Grieche dazu, durch Selbstgenügsamkeit und innere Harmonie zum Glück zu finden.

Glückssuchende gibt es seit über 2000 Jahren. Manche von ihnen haben Epikur wie einen Guru verehrt – und seine Lehre im Nachhinein mit einem kräftigen Schuss Egoismus gewürzt: Für die sogenannten „Hedonisten" gab es einen noch direkteren Weg zum Glück. Unmittelbare Lustbefriedigung und hemmungslose Selbstverwirklichung traten an die Stelle von Selbstgenügsamkeit und innerer Harmonie.

Vor dem Hauptgebäude der Rentenversicherungsanstalt wird wohl nie eine Epikur-Statue aufgestellt. Ausschließlich am individuellen Wohlbefinden ausgerichtete Glücksrezepte sind Gift für den Generationen- und Solidarvertrag. Aber wagen wir es trotzdem zu fragen: Machen solche Rezepte glücklich? Im Aroma-Ruheraum eines Wellnesshotels, dessen Preise sich vor allem kinderlose Best Ager leisten können, oder in einer Mietwohnung mit vielen Fotos von Kindern und Enkeln an den Wänden: Wo würden Sie wohl eher auf ältere Menschen stoßen, die Ihnen von einem erfüllten Leben erzählen können? Welche „Glücks- oder Erfüllungsrendite" bringt die jeweilige Lebensleistung?

Die Antwort hängt auch davon ab, inwieweit es Menschen gelingt, ihr lebensgeschichtliches „Kapital" sinnvoll zu nutzen. Was „bringen" Kinder? Sie können zur nie versiegenden Quelle von Freude, Stolz und Lebensgenuss werden – oder man kann sich bis ins Grab über sie ärgern. Und was bringt beruflicher Erfolg? Sicher kennen Sie Menschen, die es verstehen, ihren Berufsweg in nachhaltiges Selbstbewusstsein, kommunikative Kompetenz und anhaltende geistige Wachheit münden zu lassen, und andere, die mit innerer Verhärtung und Verbitterung teuer für die Karriere bezahlen müssen.

„Ich mach mich ganz kleine, macht euren Mist alleine", wäre die Stammtischvariante von Epikurs Rat. Möglichst jede Form von sozialer Verantwortung vermeiden? Weder Energie noch Gedanken oder Emotionen in Gemeinschaftsvorhaben investierten? Wären Sie für das Spiel des Lebens am besten aufgestellt, wenn Sie sich als Einzelkämpfer verstünden? Nein! Die Lebensverlaufs- und Glücksforscher sind sich sicher, dass Egoismus letztlich nicht glücklich macht. Lesen Sie davon mehr in den folgenden Kapiteln.

„Schach ist für mich neben Fußball der schönste Sport, weil es aufgrund der Figuren auch ein Mannschaftssport ist. "

FELIX MAGATH

3.2 Vom sozialen Netz: Wie gut sind Sie eingebunden?

„Der Bundessozialminister: Einsamkeit gefährdet Ihre Gesundheit. Wenn Sie keine Sozialkontakte pflegen, sterben Sie früher, altern schneller und werden häufiger krank." Ein drastischer Hinweis – aber er stimmt! Tatsache ist, dass anhaltende Einsamkeit Ihrer Gesundheit schlimmeren Schaden zufügen kann als Rauchen. Nur: Wenn es solche Warnhinweise gäbe, wo könnten sie sinnvoll angebracht werden? Auf der Fernbedienung für den Fernseher? An Sudokuheften? An Kondomautomaten?

„Es ist nicht gut, dass der Mensch alleine ist." Dies ist im wahrsten Sinne des Wortes eine göttliche Einsicht! Gott erkannte nämlich sehr schnell, dass Adam alleine unglücklich war. Zwar im Garten Eden – aber eben ganz auf sich gestellt. Und Gott sprach: „Ich will ihm eine Hilfe schaffen, die ihm entspricht" (1. Mose 2,18).

Der Mensch als Krone der Schöpfung ist ein auf Sozialkontakte angewiesenes Lebewesen. Das steht so in der Bibel. Wenn Sie aber lieber noch eine wissenschaftliche Begründung haben wollen, kein Problem: Auch die Evolutionsbiologen stellen fest, dass die Sozialkompetenz einer Gattung umso ausgeprägter ist, je höher sie auf der Entwicklungsleiter steht.

Nur zu ganz simplen Sozialbeziehungen fähig sind zum Beispiel die eher schlicht gestrickten Mäuse. Sie fühlen sich paarweise für die Aufzucht ihrer Jungen verantwortlich – und das war es dann auch schon. Erheblich mehr Teamgeist zeigen da die höher entwickelten Affen. Sie kooperieren unter anderem auch bei der Jagd und bei der

Verteidigung. Das Zusammenleben im Affenrudel erfordert ein deutlich komplexeres Sozialverhalten als im Mäuserudel. Der einzelne Affe übernimmt im Rudel ihm zugewiesene Rollen und schließt sogar Freundschaften.

Sollten Sie eines Tages dem Vorbild der Biologin Jane Goodall nacheifern und längere Zeit nur unter Affen leben, werden Sie entdecken, dass die soziale Kompetenz bei verschiedenen Affenarten je nach Intelligenz unterschiedlich stark ausgeprägt ist. Die nicht allzu intelligenten Kapuzineräffchen kooperieren zwar bei der Futterbeschaffung, aber sie halten einander noch nicht für kreditwürdig. Zur Solidarität sind sie nur so lange bereit, wie die Belohnung für die geleistete Hilfe unmittelbar darauf erfolgt. Auch muss das, was Sie von einem Kapuzineräffchen bekommen, weitestgehend dem entsprechen, was Sie ihm gegeben haben: Auge um Auge, Banane für Banane. Und das bitte gleich!

Schimpansen sind da einen großen Schritt weiter. Sie haben das Prinzip vom „sozialen Kapital" verstanden: Der geschenkte Apfel kann auch mit zärtlichem Entlausen bezahlt werden. Aufgrund ihres Erinnerungsvermögens bleibt ihre soziale Motivation auch dann erhalten, wenn eine heute erwiesene Wohltat erst übermorgen vergolten wird. Dies ermöglicht sehr viel nachhaltigere und komplexere Sozialbeziehungen: Die Tiere eines Rudels lernen, ihre Genossen einzuschätzen und sie dadurch als individuelle Charaktere wahrzunehmen. Dauerhaft egoistische Schimpansen werden zu Außenseitern.

Wenn Sie dann irgendwann aus Ihrem Abenteuer in der Affenwelt wieder in die Menschenwelt zurückkehren, dürfte Ihnen etwas bewusst werden: Ganz oben auf der Entwicklungsleiter angelangt, tun sich dem Menschen plötzlich zahlreiche einladende Möglichkeiten zur Vereinzelung auf. Während die Affen sich mit steigender Intelligenz immer intensiver in soziale Bindungen einbringen, setzt sich der Mensch als Krone der Schöpfung oft lieber alleine vor den Fernseher. „Millionenfach ziehen sich Menschen in Lebensformen zurück, die perfekt eingerichteten Vergnügungskabinen gleichen." So beschreibt der Soziologe Gerhard Schulze die Wirkung von Fernseher, Computer und anderen sich immer mehr verbreitenden Unterhaltungsmedien.

Wie ist das bei Ihnen? Wenn es so wichtig und gesund ist, intensiv in ein soziales Netz eingebunden zu sein, lohnt es sich an dieser Stelle nach Ihrer sozialen Vernetzung zu fragen:

Was haben Sie in den letzten fünf Jahren Gutes getan? Wer hat davon profitiert?	Was haben Sie in den letzten fünf Jahren Gutes erhalten? Von wem?

Am Anfang stand das Bedürfnis nach Fürsorge und menschlicher Wärme. Unmittelbar nach Ihrer Geburt hing Ihr Überleben ganz von der Zuwendung anderer ab. Und wenn Sie als Kind das Glück hatten, viel Zuwendung zu erfahren, ist dies Ihren Lebensperspektiven zugutegekommen: Liebevoll umsorgte Kinder haben bessere Chancen, zu selbstbewussten, lebenslustigen und stressresistenten Erwachsenen heranzuwachsen. Sogar im Gehirn hinterlässt Zuwendung erkennbare Spuren. Der Neuropsychologe Richard Davidson hat die Hirnströme von Neugeborenen vermessen und seine Probanden dann nach zehn Jahren wieder untersucht. Was sie während ihrer Kindheit erlebt haben, hat sich sichtbar in ihr Gehirn „eingebrannt": Durch erfahrene Nähe wurden dem Hirn mehr Lebensfreude und Stressresistenz „antrainiert".

Doch das Bedürfnis nach menschlicher Nähe und emotionaler Akzeptanz endet nicht mit der Kindheit. Natürlich sind Sie im Laufe Ihrer Lebensgeschichte unabhängiger von der Fürsorge anderer Menschen geworden, aber dafür dürfte Ihnen der Austausch mit anderen wichtiger geworden sein. Sich anderen mitzuteilen, Gefühle und Gedanken zu teilen, gelobt und beraten zu werden – dies sind Bedürfnisse, die dem Menschen durch sein ganzes Leben hindurch erhalten bleiben.

Bei unheilbar an Brustkrebs erkrankte Patientinnen wurde folgende Beobachtung gemacht: Die Frauen, die sich regelmäßig in einer Gesprächsgruppe über ihre Situation austauschen konnten, lebten durchschnittlich noch mehr als doppelt so lange wie ihre einsameren Schicksalsgenossinnen, obwohl sonst nichts an der gängigen medizinischen Behandlung geändert wurde. Diejenigen, die mit anderen im Gespräch waren, klagten auch seltener über Schmerzen und waren durchgängig in besserer Stimmung.

Sozialkontakte sind wichtig und wohltuend. Das gilt während der gesamten Lebenszeit. Und es gilt für Sozialkontakte in allen Intensitätsniveaus.

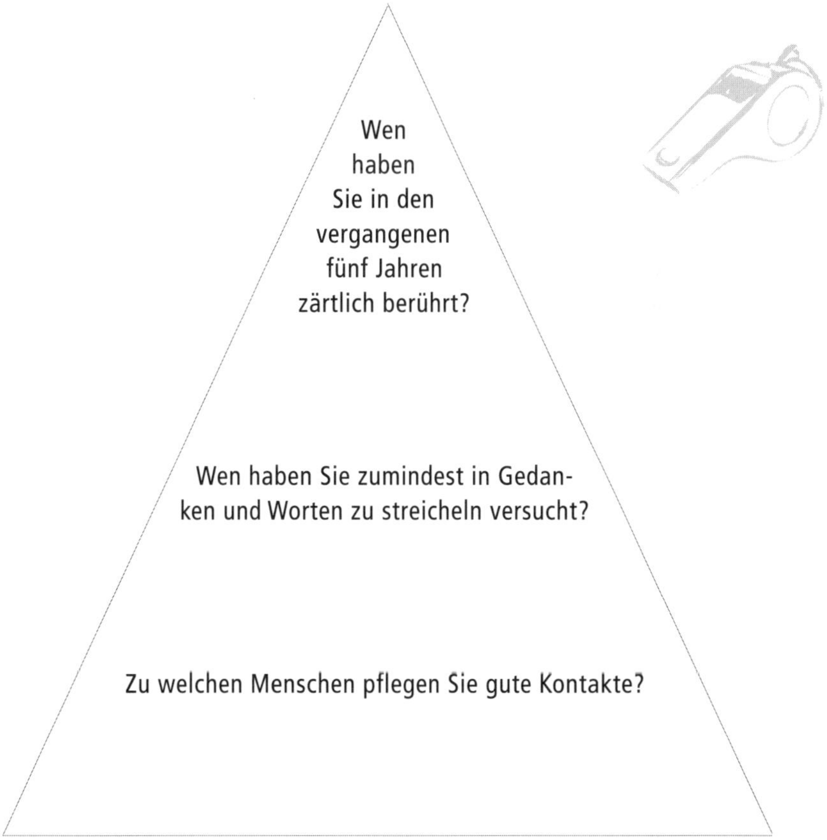

Wen
haben
Sie in den
vergangenen
fünf Jahren
zärtlich berührt?

Wen haben Sie zumindest in Gedanken und Worten zu streicheln versucht?

Zu welchen Menschen pflegen Sie gute Kontakte?

 „Die Frauen haben sich entwickelt in den letzten Jahren. Sie stehen nicht mehr zufrieden am Herd, waschen Wäsche und passen aufs Kind auf. Männer müssen das akzeptieren."

LOTHAR MATTHÄUS

3.3 Vom Ehesegen: Schreiten Sie Seit' an Seit'?

Burhan Belge (gest. 1967) war Pressechef des türkischen Außenministeriums. Conrad Nicholson Hilton (gest. 1979) gründete die Hilton-Hotel-Gruppe. Jack W. Ryan (gest. 1991) erfand die Barbiepuppe. George Sanders (gest. 1972) wurde als Schauspieler bekannt. So unterschiedlich diese Herren sind, wüssten Sie, was sie alle gemeinsam haben?

Die Antwort lautet: Alle waren mit Zsa Zsa Gabor verheiratet. Und sogar noch mehr Männern hat die ehemalige ungarische Schönheitskönigin versprochen, dass nur der Tod sie scheiden würde: Herbert Hunter (Finanzberater), Joshua S. Cosden (Ölmagnat), Michael O'Hara (Anwalt) und Frédéric von Anhalt gab sie ebenfalls das Jawort. Ach ja: Mit Porfirio Rubirosa, einem dominikanischen Diplomaten und internationalen Playboy, führte sie zusätzlich eine längere Beziehung. Und die Ehe mit Felipe de Alba wurde im Nachhinein annulliert, weil die Trauung rechtlich nicht gültig war.

Im Lauf dieser Kurzehen, unter anderem mit mehreren Multimillionären, hat **Zsa Zsa Gabor** zeitweise ein beträchtliches Vermögen angesammelt. Und vielleicht hat die mondäne Sammlerin es darüber hinaus sogar noch verstanden, zwei allgemein anerkannte Glücksrezepte zu addieren? Erstens haben Umfragen eindeutig ergeben, dass verheiratete Menschen glücklicher sind. Zweitens gilt Abwechslung als glücksfördernd. Jedem Neuanfang wohnt schließlich ein Zauber inne.

In diesem Fall geht die Rechnung nicht auf. Für sich genommen mögen beide Glücksrezepte stimmen. Aber sie lassen sich nicht miteinander verbinden. Langfristig betrachtet ist der verlässlichste Gewinn der Ehe ihre Langfristigkeit und Verlässlichkeit.

Zunächst ist festzuhalten, dass Sie, wenn Sie verheiratet sind oder in einer Partnerschaft leben, mit höherer Wahrscheinlichkeit glücklich sind als die Ledigen unter Ihnen. Bei einer Befragung gaben 41,5 Prozent aller Verheirateten an, mit ihrer Lebenssituation „sehr zufrieden" zu sein. Dies behaupteten gleichzeitig nur 25,5 Prozent der Singles von sich. Singles leiden häufiger an Depressionen, haben eine höhere Suizidquote und sterben früher. Und angeblich haben 30-jährige Singlemänner im Durchschnitt auch noch seltener Sex als 60-jährige verheiratete Frauen.

Warum scheint eine langfristige Partnerschaft das Glück zu begünstigen? Der emotionalen Hochstimmung von frisch Verliebten wird doch schließlich bereits durch den Körper eine Halbwertszeit gesetzt: Wenn Frischverliebte sich sehen, schüttet ihr Körper schlagartig Glückshormone aus. Doch mit der Zeit pendelt sich der Hormonhaushalt ein. Bei Frischverliebten beschleunigt sich der Herzschlag und die Körperwärme steigt an. Nach einigen Monaten können ihre Herzen immer noch füreinander schlagen und sie sich füreinander erwärmen, aber den Körper lässt das jetzt kalt. Die Natur des Menschen hat auf Routinebetrieb umgestellt.

In glücklichen Beziehungen geht es trotzdem gut weiter. Sie münden in Vertrautheit, Empathie, Solidarität und gegenseitige Annahme. Die Freude am gemeinsam Erreichten und der Stolz, zusammen Probleme gelöst zu haben, bereichern das Leben. Darauf zielt auch das klassische Eheversprechen bei einer kirchlichen Trauung ab: einander in guten und in bösen Tagen zu lieben, zu ehren und zu achten, bis der Tod einander scheidet. Wenn Sie in einer langjährigen Partnerschaft leben, wissen Sie, dass nicht alle Momente Hollywoodpotenzial haben – vielleicht sogar die wenigsten –, aber trotzdem können die Ehepartner füreinander zum Hauptdarsteller im Film des Lebens werden.

Perfekte Traumpartner werden Sie ohnehin eher in Kinofilmen finden als im echten Leben. Die Frau, neben der ein durchschnittlicher Stuttgarter Oberstudienrat morgens aufwacht, sieht nicht aus wie Angelina Jolie. Die beiden werden nach dem Aufstehen auch nicht in kurzen Höschen, Buschmesser schwingend durch den Urwald rennen, um den Gral der Weisen vor den Mächten der Finsternis zu retten. Macht nichts. Ein guter Lehrer hat auch eine sinnvolle Aufgabe. Und ein kluger Ehemann wird den scharfzüngigen Humor seiner Frau am Frühstückstisch mehr schätzen als aufgespritzte Lippen in Hollywood. Übrigens: Wenn er sich selber im Badezimmerspiegel sieht, lächelt ihm auch nicht George Clooney entgegen ...

Falls Sie gerne in Illustrierten die bilderreichen Artikel über die „Traumhochzeiten" der Prominenten lesen, ist es Ihnen sicher auch schon aufgefallen: Die allermeisten dieser Verbindungen schaffen es bald danach wieder in die Schlagzeilen. Dann sind die Leser eingeladen, an Untreuedramen, Beziehungskrisen, Trennungsschmerz und schließlich dem Verlauf des Scheidungsprozesses Anteil zu nehmen. Wer sein (Ehe-)Leben wie einen Film inszenieren will, wird an der Realität scheitern. Ein wahrer „Traumpartner" ist nicht filmreif, sondern beziehungsfähig.

Sie sind verheiratet oder leben in einer festen Partnerschaft? Dann nehmen Sie sich jetzt einen Moment Zeit und machen sich bewusst, wodurch Ihnen Ihr Partner/Ihre Partnerin guttut. Die vier Eheringe im Firmenemblem eines Autoherstellers animieren zum Audi-Test. Bitte schreiben Sie in jeden Ring etwas, wofür Sie Ihrem Partner dankbar sind:

Audi ist übrigens ein vom Lateinischen inspirierter Kunstname. Ursprünglich hieß die Firma einmal „Horch". Diese Zusatzinformation könnten Sie gerne produktiv nutzen, indem Sie demnächst zu Ihrem Partner/Ihrer Partnerin sagen: „Horch! Ich bin dir dafür dankbar, dass du ..."

Vorsprung durch Technik – so lautet das Motto des Autoherstellers aus Ingolstadt. Es ist Audi gut gelungen, über Jahrzehnte die Modellpalette weiterzuentwickeln und den Kundenbedürfnissen anzupassen. Auch um eine Ehe glücklich fortzusetzen, bedarf es der (Weiter-)Entwicklung der Technik, und zwar der Beziehungstechnik: Wenn Menschen sich in einer Beziehung „eingerichtet" haben wie in einem mit schweren Eichenmöbeln vollgestellten Wohnzimmer und sich aufeinander ausruhen wie auf einem durchgesessenen Sofa, dann dürfen sie sich nicht über den Muff abgestandener Beziehungsroutine beklagen.

An dieser Stelle kommt jetzt das zweite Glücksrezept von Zsa Zsa Gabor ins Spiel: Abwechslung! Der Reiz des Neuen, das Abenteuer des Entdeckens – dies kann man allerdings auch innerhalb einer Ehe gemeinsam erleben. Neue Reiseziele, ein neues Hobby, das Wohnzimmer frisch streichen, den anderen zu einem Kinobesuch überreden, sich gegenseitig oder zusammen etwas schenken ... – es gibt unendlich viele Möglichkeiten, wie Sie dem Muff der Routine entkommen können. Die Chance, dass Ihnen dies gelingt, ist in einer glücklichen Partnerschaft doppelt groß.

In diesem Zusammenhang kann es sich lohnen, einen kritischen Blick auf den Kleiderschrank und das Schuhregal zu werfen. Hohe Ausgaben in diesem Bereich sind oft Anlass für Streit in einer Beziehung. Zu Recht? Eben nicht! Sie können auch als Versuch gedeutet werden, in jedem Lebensabschnitt füreinander attraktiv zu sein. Jeweils dem Alter entsprechend einen passenden Stil zu entwickeln, der die eigenen Vorzüge optimal zu Geltung bringt – wer den Partner drängt, sich dies zu sparen, muss wirklich arm dran sein.

Gelingt es Ihnen, Zsa Zsa Gabors Lust am Neuen mit den Vorzügen einer verlässlichen Partnerschaft zu verbinden? Sie hat acht Ehemänner verschlissen, in der Hoffnung, dass das Leben dadurch immer wieder neu interessant wird.

Was haben Sie mit Ihrem einen Partner/Ihrer einen Partnerin in den letzten acht Jahren dafür getan, dass das Leben nicht langweilig wird? Was haben Sie Neues miteinander unternommen und aneinander neu entdeckt? Machen Sie den Zsa-Zsa-Gabor-Test für Monogame:

 Mein Partner hat mich neu entdecken lassen, dass ...

 Mein Partner hat mich auf die Idee gebracht, ...

 Ohne meinen Partner hätte ich sicher nicht ...

 Mein Partner hat mich damit überrascht, dass ...

 Ich war heilfroh darüber, dass mein Partner ...

 Um meinem Partner zu gefallen, habe ich ...

 Dafür konnte ich meinen Partner begeistern:

 Ich bin stolz darauf, meinen Partner ...

Auch wenn Ihnen nur zu vier, fünf oder sechs Punkten etwas einfällt – alleine hätten Sie diese schönen Erfahrungen nicht gemacht! Einer Studie aus der Schweiz zufolge sind 80 Prozent der Menschen, die angeben, immer noch in ihren Partner verliebt zu sein, glücklich. Kein anderer Umstand begünstigt das Glück derart stark.

„Schweini, ich will ein Ferkel von dir!"

ANGEBOT EINES WEIBLICHEN FANS AN SEBASTIAN SCHWEINSTEIGER WÄHREND DER WM 2006

3.4 Vom Kindersegen: Mit oder ohne Generationsgenerator?

Machen Kinder glücklich? Wird ein Paar erst durch gemeinsame Kinder zur verlässlichen Familie? Oder ist es andersrum: Sind kinderlose Paare vielleicht sogar glücklicher? Kann die Familie durch Freundschaften ersetzt werden? Oder garantieren erst die eigenen Kinder, dass Ihr soziales Netz reißfest wird? Machen wir die Feuerprobe – im wahrsten Sinne des Wortes!

Am 2. August 1973 erschüttern mehrere Explosionen die sonst so ruhige Isle of Man. Mit ihrem Freizeitpark ist sie ein besonders beliebtes Ziel von Familienausflügen. Die Insel wird in der Ferienzeit gerne von den Bewohnern der nahe gelegenen mittelenglischen Industriegebiete angesteuert. Jetzt aber steigen weit sichtbare Rauchsäulen über ihr in den Himmel: Ausgerechnet in „Summerland", dem größten Hotelkomplex der Insel, brennt es!

Bei dem Großbrand ist ein Kamerateam von BBC schnell vor Ort. Von 50 Toten, 80 Schwerverletzten und mehreren hundert Leichtverletzen müssen sie in den Spätabendnachrichten berichten. Es ist ein erschütternder Eindruck, den diese Aufnahmen hinterlassen: Menschen, die orientierungs- und hilflos durch Rauchschwaden rennen, Panik, Chaos und Massenhysterie.

Doch der erste Eindruck trügt. So chaotisch und unkoordiniert waren die Reaktionen auf den Brand tatsächlich nicht: Mütter sind verzweifelt ins brennende Gebäude zurückgelaufen, um ihre Kinder zu finden. Väter haben nicht danach gefragt, wie sie sich selbst am schnellsten in Sicherheit bringen, sondern wo ihre Familienangehörigen sind. Familienbande haben zu dem geführt, was Außenstehende als Chaos empfanden. Nicht „Schnell weg vom Brandherd!", sondern „Wo sind meine Leute?" war die spontane Reaktion vieler Betroffener. Dies hat dazu geführt, dass die Fluchtströme sich zu einem wirren Knäuel verheddert haben.

Es liegt in der Natur eines Freizeitparks, dass Familienangehörige zeitweise über verschiedene Orte zerstreut sind. Und es scheint in der Natur der Familie zu liegen, dass man bei Gefahr nicht blindlings flüchtet, sondern sehenden Auges Risiken eingeht, um seine Angehörigen zu finden.

Das Fluchtverhalten wurde im Nachhinein von einem Wissenschaftler ausgewertet. Er konnte anhand des Filmmaterials Folgendes rekonstruieren: Von neunzehn Freundesgruppen, die beim Ausbruch des Feuers voneinander getrennt waren, hat keine einzige sich vor der Flucht zusammengesucht. Die Angst hat alle zu Einzelkämpfern gemacht. Aber bei den anwesenden Familien, deren Mitglieder bei Feuerausbruch getrennt waren, schaffte es ungefähr die Hälfte, geschlossen im Familienverband das brennende Hotel zu verlassen. Auf langsame Familienmitglieder wurde gewartet und verschollene wurden gesucht. Das war mutig – und manchmal war es leider tödlich.

Blood is thicker than water, behauptet ein englisches Sprichwort. Es mag sein, dass Sie, wenn Sie Kinder haben, in Ihrer Lebensgeschichte manchmal weniger beweglich und flexibel waren als kinderlose Gleichaltrige. Dafür dürfen Sie aber auf eine in der menschlichen Tiefengrammatik verankerte Loyalität hoffen, die kaum durch etwas anderes ersetzt werden kann. Dies führt Ihnen der Brand im Freizeitpark vor Augen.

Halten Sie Kinder für einen Gewinn, ja vielleicht sogar für eine unverzichtbare Voraussetzung für ein erfülltes Altern? In über 99,99999 Prozent der Menschheitsgeschichte wurde dies so gesehen und in vielen Kulturkreisen besteht diese Überzeugung bis heute. „Kinder sind eine Gabe Gottes", jubelt das Alte Testament (Psalm 127,3).

Zu früheren Zeiten war es völlig undenkbar, sich bewusst für Kinderlosigkeit zu entscheiden. Wer nicht in jungen Jahren in Familie „investiert" hat, war im Alter unversorgt und schutzlos.

Das ist heute nicht mehr so. Kinderlosen geht es so gut wie nie zuvor. Die sozialstaatliche Absicherung hat die Familie als „Versorgungsmodell" überflüssig gemacht. Und Kinderlosigkeit ist oft kein Schicksalsschlag, sondern selbst gewählte Entscheidung oder Begleiterscheinung eines Lebensweges, der keineswegs zwangsläufig im Alter zu Einsamkeit und Armut führen muss.

Doch dass allein die Zahl auf Ihrem Rentenbescheid nicht der große Strich unter der Bilanz Ihres Lebens sein kann, wurde bereits deutlich. Es gibt deshalb zu denken, dass die Menschen in den reichen Ländern sich weniger Kinder leisten und die Reichen in den reichen Ländern am allerwenigsten. Dadurch entgeht diesen Menschen möglicherweise ein Gewinn, der nicht auf den Kontoauszügen steht. Diesen Gewinn können Sie sich, sofern Sie Kinder haben, mit der folgenden Übung bewusst machen.

Auf der nächsten Seite sehen Sie ein Babybettchen, das Sie an Ihre Elternzeit erinnern soll. Altersbedingt ist es inzwischen leer.
Darauf sind Sterne zu sehen. Diese laden Sie ein, sich den Gewinn an Lebenserfahrung durch Ihr Elternsein vor Augen zu führen: Welcher der unten stehenden zehn Sätze trifft auf Sie persönlich zu?
Für jeden Satz, den Sie bejahen können, malen Sie bitte einen Stern im Kinderbettchen aus!

- Ich würde im Rückblick sagen, dass mir die Erziehung meiner Kinder gut gelungen ist.

- Ich bin dankbar, dass wir als Familie nie in einem brennenden Freizeitpark waren und auch sonst vor Schicksalsschlägen verschont geblieben sind.

- Meine Belastbarkeit, meine Selbstorganisation und meine emotionale Kompetenz sind durch die Erziehung von Kindern spürbar gewachsen.

- Die Freude über gemeinsame Kinder und die Verantwortung, die wir zusammen für sie übernommen haben, hat meine Partnerschaft stabilisiert.

- In bestimmten Lebenskrisen hat es mich zum Durchhalten und Starkbleiben motiviert, dass ich Kinder hatte.

- Ich freue mich, dass meine Kinder heute ihr eigenes Leben leben und ihren Weg gefunden haben.
- Ich weiß, dass ich mich auf meine Kinder verlassen kann.
- Bei meinem Älterwerden vermitteln mir meine Kinder das gute Gefühl, dass das Leben weitergeht und ich durch sie Anteil daran habe.
- Kinder verleihen meinem Leben Sinn – sogar über meinen Tod hinaus.
- Eines Tages werde ich vielleicht Enkel haben. Diese Aussicht gefällt mir!

Sie haben *alle* Sterne ausgemalt? Es würden Ihnen sogar noch zusätzliche Sterne für die Bereicherung Ihres Lebens durch Ihre Kinder einfallen? Gerne können Sie diese Liste fortsetzen und noch weitere Sterne dazumalen.

Der Autor dieses Buches ist – ungewollt – kinderlos und deshalb kaum in der Lage, alle Aspekte des Elternglücks aufzulisten. Freuen Sie sich, dass Kinder einen Mehrwert bringen, der auf keinen Rentenbescheid passt!

Eine Eigenheit des Generationsgenerators muss an dieser Stelle allerdings noch erwähnt werden. Einen Überschuss an positiver Energie scheint er oft erst in einem späten Stadium des Familienlebens zu produzieren. Die Lebenslaufforschung hat dazu folgende Beobachtungen gemacht: In der Familiengründungsphase können Kinder zunächst durchaus eine Belastung für die Eltern sein: Bereits während der Schwangerschaft sinkt das Glück in der Partnerschaft. Und solange das Kind im Krabbelalter ist, geht es sogar noch weiter bergab. Erst vom zweiten Lebensjahr bis zur Pubertät ist dann Eltern ein gewisses Atemholen vergönnt. Doch dies ist oft nur vorübergehend, denn mit Erreichen des Teenageralters verstehen es viele Kinder, ihren Eltern das Leben noch mal so richtig zur Hölle zu machen. Erst wenn der Nachwuchs vollständig aus dem Haus ist, steigt die Lebenszufriedenheit der Eltern wieder auf „Vorkindniveau" an.

Aus den Stressphasen der Mütter oder Väter kann übrigens die Zigaretten- und Alkoholindustrie nur selten Vorteile ziehen. Eltern rauchen und trinken deutlich seltener als Kinderlose gleichen Alters. Der familienfreundliche Lebenswandel, die Vorbildfunktion und der durch Aufgaben strukturierte Alltag bewahren sie davor, über die Stränge zu schlagen. Im mittleren Lebensalter (35 bis 44 Jahre) sterben deshalb nicht einmal halb so viele Mütter und Väter wie Menschen ohne Kinder.

Natürlich steht es Ihnen frei, sich jetzt eine Zigarette anzuzünden und darüber zu schmunzeln, dass Sie die Belastungen in den verschiedenen Phasen der Erziehung ganz anders erlebt haben als der Durchschnitt. Dass die Erziehung von Kindern eine prägende Lebensaufgabe war, dürfte aber von fast allen Eltern so empfunden werden.

„Ich habe viel von meinem Geld für Alkohol,
Weiber und schnelle Autos ausgegeben ...
Den Rest habe ich einfach verprasst!"

GEORGE BEST

3.5 Vom Geldsegen: Mein Haus, meine Jacht, mein Glück?

Geld allein macht nicht glücklich. Da sind wir uns einig, oder? Man
braucht auch Aktien, Immobilienbesitz und Gold! Über solche Witze
lachen Vermögensberater. Ihr Lachen leitet über zu folgenden Fragen:
Wie hängen Wohlstand und Wohlbefinden zusammen? Können Ihre
Ersparnisse dazu beitragen, dass Sie glücklich sind? Wenn ja, wie?

Nähern wir uns dem Thema zunächst durch einen Blick auf die
Weltkarte: Würde die Verteilung des Glücks auf der Welt durch
kleine Lämpchen dargestellt, dann würde es in den reichen Indus-
triestaaten überdurchschnittlich hell leuchten. Dort fühlen sich die
Menschen nach Selbstauskunft nämlich deutlich besser als in den
armen Entwicklungs- oder in den betriebsamen Schwellenländern.
In Skandinavien, der Schweiz und Österreich bezeichnen sich mehr
Menschen als glücklich als sonst irgendwo auf der Welt. Auch in den
USA, Kanada und Australien fühlen sich überdurchschnittlich viele
Menschen sehr gut. Deutschland liegt im Mittelfeld der entwickelten
Industrienationen. Am unglücklichsten waren in den 90er-Jahren die
Bewohner der von chaotischen Umbrüchen und starken sozialen Ver-
werfungen geprägten Nachfolgestaaten der ehemaligen Sowjetunion.
Inzwischen haben sie die rote Unglückslaterne an die unter Armut
leidenden Menschen aus dem Kongo, Simbabwe und Burundi weiter-
gegeben. Die Google-Earth-Perspektive zeigt also: Wohlstand scheint
Wohlbefinden zu begünstigen!

Mehr Wohlstand = mehr Wohlbefinden: Gibt es demnach ein sol-
ches Gesetz? Doch was Ihnen ein Blick auf die Weltkarte zu zeigen

scheint, wird durch den historischen Vergleich wieder in Zweifel gezogen.

In den letzten 50 Jahren ist der Wohlstand in Deutschland erheblich gestiegen. Aber glücklicher sind die Deutschen nach Selbstauskunft trotzdem nicht geworden. Zum normalen Leben des Normalbürgers gehören inzwischen Fernreisen (zwei Wochen Ägypten: 399 Euro), Champagner (Aldi: 12,95 Euro), Weinbergschnecken (Lidl: 2,49 Euro), Ananas (Penny: 0,79 Euro) und Räucherlachs (Aldi: 2,49 Euro).

Dieser Luxus hat uns aber nicht mehr Glück gebracht. Als „glücklich" bezeichnen sich heute drei von zehn Deutschen, als „im Allgemeinen ganz zufrieden" etwas über die Hälfte der Befragten. Dies ist exakt das gleiche Ergebnis wie vor 50 Jahren. Nur haben die Deutschen damals noch mit dem Motorroller im Harz Urlaub gemacht und sich von Kraut und Hering ernährt.

Ähnliches scheint auch für den Einzelnen zu gelten: Dem Dunstkreis des Dispolimits entronnen zu sein begünstigt das Glück. Ob Sie dann allerdings 100.000 Euro, 500.000 Euro oder 800.000 Euro auf dem Sparbuch haben, bedeutet für das Finanzamt einen Unterschied – nicht aber für Ihre Aussicht auf Glück.

Sich alles leisten zu können, was man braucht, macht glücklich. Sich darüber hinaus noch eine Menge mehr leisten zu können, was man eigentlich nicht braucht, steigert das Glück nicht mehr. „Beim achten Gang, einer leichten Hummerpastete mit Gänseleber, hatte die Gesellschaft aufgehört zu sprechen. Verblödete Gesichter starrten verzweifelt auf Weingläser. Je mehr sie tranken, desto verblödeter wurden sie", so beschreibt der Schriftsteller August Strindberg in der „Gespenstersonate", wie Überfluss sogar manchmal eine lähmende Wirkung haben kann.

Geld ist relativ wichtig. Ja, im wahrsten Sinne des Wortes: *relativ,* das heißt, in Beziehung zu anderen Aspekten. Ihr angespartes Kapital hat nicht nur eine objektive, sondern vor allem eine subjektive Kaufkraft. Ob ein bestimmter Geldbetrag zu Ihrem Glück beiträgt, hängt nicht in erster Linie von dessen Höhe ab, sondern davon, wie Sie ihn erleben und verwenden. Wäre Ihr Vermögensberater kein Bankkaufmann, sondern ein Glücksforscher, würde er Ihnen Folgendes sagen:

- 10.000 Euro sind für einen Menschen, der sich an Zeiten der Armut und Entbehrungen erinnern kann, viel mehr wert als für ein von der Wiege an verwöhntes Wohlstandskind.

- 5.000 Euro, die Sie selber im Schweiße Ihres Angesichts verdient haben, sind Ihnen mehr wert als ein gleich hoher Betrag, der Ihnen ohne eigene Anstrengung als Erbe zugefallen ist.

- 3.000 Euro in Sonderausstattung zu investieren kann einen VW-Golf spürbar aufwerten. Im teureren Rolls Royce geht eine Zusatzausgabe dieser Höhe unter.

- 1.000 Euro Lottogewinn erfreuen einen Menschen mit geringer Rente deutlich mehr als einen Multimillionär.

- 500 Euro für einen guten Zweck zu spenden werden Sie im Nachhinein als erheblich gewinnbringender erleben als das ähnlich teure Wurzelholzfurnier, das Sie passend zu den Ledersitzen im neuen Auto bestellt haben.

- 20 x für 20 Euro Blumen zu kaufen trägt mehr dazu bei, dass Sie glücklich werden, als die einmal für 400 Euro angeschaffte Designervase.

- Für 70 Euro mit einen Freund zusammen zu speisen bereitet mehr Freude, als zweimal alleine für 35 Euro essen zu gehen.

- Überraschend 50 Cent in der Telefonzelle zu finden wird Sie mehr freuen, als Sie sich gleichzeitig über den in die Parkuhr geworfenen Euro ärgern.

Und noch eine bemerkenswerte Beobachtung zur relativen Bedeutung des Geldes: Ihr eigener Besitz dürfte Ihnen persönlich wertvoller erscheinen, als er tatsächlich ist. Denn dass Menschen das, was sie selbst besitzen, subjektiv für wertvoller halten, als es objektiv ist, hat ein Versuch mit amerikanischen Studenten gezeigt: Sie bekamen einen Kaffeebecher geschenkt. Ihn in den Händen haltend, wurden sie gefragt, zu welchem Preis sie bereit wären, „ihren" Kaffeebecher zu *verkaufen*. Der Mittelwert aller genannten Preise lag bei 7,12 Dollar. Eine andere nicht mit Kaffeebechern beschenkte Studentengruppe wurde dann befragt, wie viel Geld sie ausgeben würden, um einen genau solchen Kaffeebecher zu kaufen. Der jetzt genannte mittlere Kaufpreis lag nur bei 2,87 Dollar. Was Sie bereits haben, dürfte Ihnen also mehr wert sein, als Sie bereit wären, dafür auszugeben! Die Freude am eigenen Besitz kann allerdings auch eine Schattenseite haben – nämlich die Verlustangst. Die Sorge, etwas von dem, was wir haben, wieder zu verlieren, wiegt deutlich schwerer als die Freude daran, etwas Neues zu gewinnen. Was gemeinhin dem Hamster unterstellt wird, trifft auf uns Menschen viel eher zu. Wir hamstern mehr, als wir brauchen, und sitzen dann ängstlich auf den gefüllten Vorratssäcken. Dazu folgender aufschlussreicher Versuch – mit Menschen, nicht mit Hamstern:

Szenario 1: Sie haben die Wahl zwischen a) einer Chance von 1 zu 1000, dass Sie 5000 Euro *gewinnen*, und b) einem sicheren Gewinn von 5 Euro. Für welche Alternative entscheiden Sie sich?

Szenario 2: Sie haben die Wahl zwischen a) einem Risiko von 1 zu 1000, dass Sie *5000 € verlieren*, und b) einem sicheren Verlust von 5 €. Für welche Alternative entscheiden Sie sich?

Wenn Sie einfach nur kühl rechnen, wird Ihnen schnell deutlich, dass die jeweiligen Alternativen unterm Strich gleichwertig sind. Aber die wenigsten Befragten rechnen in einer solchen Situation kühl. Im ersten Fall sind 72 Prozent der Befragten bereit, ein Risiko einzugehen. Um mehr gewinnen zu können, votieren sie deshalb für a). Im zweiten Fall schlägt die Verlustangst voll durch. Das, was man bereits hat, möchte man auf keinen Fall einem ungebührlichen Risiko aussetzten. 83 Prozent der Befragten ziehen deshalb in diesem Fall Variante b) vor.

Sollten Sie eines Tages am Flugplatz von einem älteren Schweden gefragt werden, wie man mit dem öffentlichen Bus zum nächsten IKEA-Markt kommt, könnte es sein, dass Sie gerade dem reichsten Mann Europas gegenüberstehen. **Ingvar Kamprad**, Gründer von IKEA, ist nämlich grundsätzlich in der Economyklasse und mit öffentlichen Bussen unterwegs.

Bitte fragen Sie ihn dann, warum ein 85-Jähriger, der ca. 36 Milliarden Euro besitzt, sich kein Taxi leistet. Und fragen Sie sich selbst, ob es Ihnen so viel Knauserigkeit wert wäre, so reich zu werden.

Reichtum und Besitz kann Menschen auch in ein Hamsterrad locken. Dies gilt nicht nur für Milliardäre, die sich den ganzen Tag damit quälen, Multimilliardäre zu werden. Auch in der Mittelschicht gibt es Menschen, die, sobald sie sich einen Mittelklassewagen leisten können, von der oberen Mittelklasse träumen. Wenn sie sich dann in die obere Mittelklasse hochgearbeitet haben, träumen sie von der Oberklasse. Aber selbst wenn sie die Luxusklasse vor dem Eintreten des Herzinfarkts erreichen – es befriedigt sie nicht.

Am Ende dieses Kapitel wollen wir jetzt die subjektive Kaufkraft Ihres angesparten Kapitals testen. Auf der unten stehenden Liste können Sie G-Punkte sammeln. Einen G-Punkt gibt es immer dann, wenn Sie derzeit in Umständen leben, die begünstigen, dass aus Ihrem Geld Glück wird. Welche der folgenden G-Punkt-verdächtigen Aussagen treffen auf Sie zu?

○ Ich bin schuldenfrei und kann alle notwendigen Ausgaben ohne Kredite bewältigen.

○ Mir geht es heute finanziell besser als vor 15 Jahren.

○ Ich habe mir einen beträchtlichen Teil dessen, was ich heute besitze, durch meine Lebensleistung selber verdient.

○ Mir fallen spontan fünf Dinge ein, die mich mehr interessieren und denen ich mehr Zeit widme als dem Thema „Geldanlagen".

○ Ich habe nicht das Gefühl, dass es mir finanziell schlechter geht als den Menschen in meinem Freundes- und Bekanntenkreis.

○ Ich habe, was ich brauche. Aber wenn ich ein bisschen mehr Geld hätte, würde das in meinem Leben tatsächlich noch einen spürbaren Unterschied bewirken.

○ Ich spende manchmal Geld für etwas, das ich für sinnvoll halte. Das kann ich mir leisten und ich tue es gern.

○ Ich kann mich spontan an fünf Situationen innerhalb der letzten fünf Wochen erinnern, in denen ich Geld so ausgegeben habe, dass es mir Freude bereitet hat.

○ Ich kann mich an drei Situationen innerhalb des letzten Jahres erinnern, in denen es mir Freude bereitet hat, mit meinem Geld anderen Menschen Freude zu bereiten.

○ Mir fallen spontan mindestens fünf Dinge ein, die mir Freude bereiten, aber weniger als 10 Euro kosten.

○ Ich kann nachts ruhig schlafen, ohne Angst vor Verarmung zu haben.

○ Ich kann nachts ruhig schlafen, ohne Angst vor dem Verlust meines Reichtums zu haben.

○ Die Aussicht, dass Autos, Computer, Kleidung und Möbel irgendwann durch neue Moden oder die technische Entwicklung überholt sein werden, mindert derzeit nicht meine Freude am Besitz dieser Gegenstände.

Wenn Sie jetzt acht G-Punkte oder mehr gesammelt haben, dann arbeitet Ihr Kapital für Sie, ganz gleich, wie viel Sie davon haben. Wenn Sie sogar alle 13 Fragen bejaht haben, freuen Sie sich: In diesem Fall ist 13 keine Unglückszahl. Es ist aber auch kein Unglück, ein paar Mal weniger zum G-Punkt gekommen zu sein.

Die gerade dargestellten Überlegungen zum Thema Geld kommen Ihnen sehr subjektiv vor? Richtig! Wir haben hier bewusst nur danach gefragt, wie sich Ihr Umgang mit dem Geld auf Ihre Lebenszufriedenheit auswirkt. Wenn Sie lieber wissen wollen, wie viel Geld Sie am Ende wirklich für Ihren Lebensabend haben werden, kommen Sie dann hoffentlich in Kapitel 7.5 auf Ihre Kosten.

„Was Sie hier sehen, ist möglicherweise die Antizipierung für das, was später kommt."

WILFRIED MOHREN

3.6 Vom Schatz im Himmelreich: Woran glauben Sie?

Auch ein starker Glaube kann reich machen. Dies behauptet zumindest der Urvater der Soziologie, Max Weber. Dem Kapitalismus als wirtschaftlichem Erfolgsmodell haben streng gläubige Protestanten zum Durchbruch verholfen – so lautet seine These.

Weber stellt sich den wirtschaftlichen Siegeszug der frommen Protestanten folgendermaßen vor: Diese waren überzeugt, dass man am äußerlich sichtbaren Wohlstand erkennen könne, ob ein Mensch bei Gott Gnade gefunden habe und von ihm gesegnet sei. Da kein Frommer gerne als „gottlos" dasteht, haben sie sich demnach besonders fleißig ins Zeug gelegt. Diese religiös motivierte Produktivität hat wirtschaftliche Früchte getragen. Das Erwirtschaftete durfte aber dann aufgrund asketischer Ideale – Verschwendung und Luxus galten als Sünde – nicht für Konsum und Genuss ausgegeben werden. Also wurden die Gewinne in die Wirtschaftsbetriebe reinvestiert. So sind die Dampfmaschinen in den calvinistisch-kapitalistischen Ländern immer mehr unter Dampf geraten. Dadurch wurden die asketischen Frommen äußerlich immer reicher – aber sind sie nicht zugleich innerlich immer mehr verarmt?

Wenn dem bis heute so wäre, könnten Sie aus dem verbissenen Ehrgeiz eines Bekannten schließen, dass er offensichtlich ein ganz besonders gläubiger Mensch ist. Beispiele dafür zu finden wird Ihnen allerdings in unserer heutigen Gesellschaft eher schwerfallen. Dass der Glaube zu asketischer Karriereversessenheit führt, ist derzeit kaum mehr zu beobachten. Max Weber hatte trotzdem recht:

Religiöse Überzeugungen verändern etwas im Leben derer, die daran glauben.

Nehmen wir als Kontrastprogramm ein Beispiel aus der Welt der Wunder: **Jean Pierre Bély** wurde am 9. Oktober 1987 in Lourdes geheilt. Der damals 51 Jahre alte ehemalige Krankenpfleger litt an multipler Sklerose im Endstadium. Er saß im Rollstuhl und war fast vollständig gelähmt. Amtsärzte hatten ihn als hundertprozentigen Pflegefall eingestuft. Während sein Krankheitsverlauf sich über eine Reihe von Jahren hinweg kontinuierlich verschlechterte, war er mehrfach nach Lourdes gepilgert – stets ohne Heilungserfolg.

Diesmal war er gekommen, um mit Blick auf seinen bevorstehenden Tod mit Gott ins Reine zu kommen. Beim Gebet in der Grotte erlebte er dann etwas, das er selber im Nachhinein als „Schwebezustand" mit „außergewöhnlichem Frieden, tiefer Freude und innerer Ausgeglichenheit" beschrieb.

In der darauffolgenden Nacht spürte er eine Wärme von den Zehen her in sich aufsteigen „wie ein weit entferntes Licht, das größer wird, wärmt und Leben gibt". Danach konnte er wieder gehen – und machte sich schnurstracks auf, seinen Hausarzt zu erschrecken: „Jetzt sehe ich mich gezwungen, an den lieben Gott zu glauben", erklärte dieser daraufhin in der Lokalzeitung.

Zur Bewertung der angeblich in Lourdes erlebten Heilungswunder wurde eine Ärztekommission eingesetzt. Die Mediziner attestieren bei den allermeisten der ihnen vorgetragenen Fälle nur eine psychische Euphorie, die zu einer vorübergehenden Besserung oder Linderung von Symptomen geführt habe. Aber bei Bély kamen sie allerdings zu einem anderen Ergebnis: 1999 wurde er als bislang Letzter – immer noch beschwerdefrei – in die „offizielle" Liste der Geheilten aufgenommen.

Lourdes? Wunder? Eine Grotte voller Kitsch? Wenn Sie die letzten Absätze mit skeptisch nach oben gezogenen Augenbrauen gelesen haben, vertrauen Sie vielleicht eher dem Tumorzentrum in Heidelberg? Diese hoch renommierte, aller kirchlichen Beeinflussung unverdächtige Forschungseinrichtung hat bestätigt, dass es medizinisch unerklärbare Spontanheilungen gibt.

Derartige Wunderheilungen wurden weltweit in einer Reihe von wissenschaftlichen Studien untersucht. Dabei zeigt sich: Viele, aber nicht alle dieser Heilungen scheinen einen religiösen Hintergrund zu haben. Ein Vergleich der Geheilten erlaubt den Schluss, dass sie oft mit einem ähnlichen Einstellungsmuster mit ihrer Krankheit umgingen. Jean Pierre Bély ist dafür typisch: Religion hilft vor allem dem, der stark daran glaubt, dass sie hilft, und zugleich keinen Erwartungsdruck aufbaut. Gott etwas ganz fest zuzutrauen, dabei aber nichts erzwingen zu wollen und den Glauben nicht vom Heilungserfolg abhängig zu machen – das ist die beste Voraussetzung dafür, etwas Wunderbares zu erleben.

Auf dieses Erfolgsrezept verweist nicht nur der religionspsychologische Lehrstuhl der Universität Trier, sondern auch Jesus. „Dein Glaube hat dir geholfen", ist sein Lieblingssatz, um erfolgreich verlaufene Heilungswunder zu deuten (zum Beispiel Lukas 8,48 oder 18,42). Jesus sagt nie: „Gott hat dir geholfen." Kleingläubige und Zweifler verschließen sich nach seinen Worten selber dafür, dass sich in ihrem Leben etwas Positives bewegt.

Sie glauben nicht an Heilungswunder? Beziehungsweise, Sie glauben nicht so, dass Sie hoffen dürfen, Ihnen könnte ein Heilungswunder zuteilwerden? Dann steigen wir eine Etage weiter unten – sprich: etwas rationaler – ins Thema Religion ein: Wenn Sie nicht glauben, dass der Glaube die Wirklichkeit ändern kann, dann können Sie sich vielleicht trotzdem vorstellen, dass der Glaube den Umgang mit der Wirklichkeit erleichtern kann? Indem das, was als schicksalhaft und zufällig erlebt wird, thematisiert, gefeiert und beklagt wird, gelingt es dem Menschen, entspannter mit der Wirklichkeit umzugehen. Religion kann man so gesehen auch als eine über Jahrhunderte gewachsene Kulturtechnik betrachten.

Vieles im Leben können Sie planen, steuern und durch Ihr Verhalten beeinflussen. Vieles, aber nicht alles. Dass immer mehr Krankheiten durch die moderne Medizin geheilt werden können, bewahrt Sie nicht davor, manchmal unter Erkrankungen zu leiden. Dass Sie in einem umfangreichen Sozialstaat leben – und darüber hinaus vielleicht noch privat versichert sind –, macht Ihr Leben nicht automatisch sorglos und risikofrei. Obwohl Menschen sehr viel länger leben als früher, müssen sie irgendwann einmal sterben. So wie der Bauer im Jahr 1508 hilflos auf die seine Ernte bedrohende Gewitterfront gestarrt hat, wurden Manager und Politiker 2008 vom Beben auf den Finanzmärkten überrascht. Das Leben stellt uns immer wieder vor die Aufgabe, uns mit ungeplanten, zufälligen oder überraschenden Situationen auseinanderzusetzen. So ist das Leben eben.

Ein konstruktives Verhältnis zum Zufälligen zu gewinnen – dies kann uns die Religion erleichtern. Ihre Symbole und Sprachbilder, Liturgien und Lieder wirken sinnstiftend und geben emotionalen Halt. Von der Taufe bis zur Beerdigung – die „Geschenke" und „Widerfahrnisse" einer Lebensgeschichte werden gemeinsam bewusst erlebt, gestaltet, gefeiert oder beklagt. Wenn Sie zumindest das kirchliche Minimalprogramm durchlaufen haben, haben Sie diese Kulturtechnik kennengelernt: Sie danken Gott für das, wofür Sie sich nicht selbst auf die Schulter klopfen können. Sie bitten Gott um seinen Zuspruch für das, was Sie sich nicht selbst sagen können. Sie vertrauen auf seine Kraft, wo Ihre Kräfte am Ende sind. In den Momenten, in denen Sie spüren, dass Sie das Leben nicht selbst in der Hand haben, kann es guttun, die Hände zum Beten zu falten.

Und es kann sogar noch besser kommen. Viele Christen erleben den Gewinn ihres Glaubens nicht nur darin, dass sie entspannter annehmen können, was da kommt, sondern sie fühlen sich insgesamt angenommen.

Der Mensch selbst ist ja auch nicht immer, was er gerne wäre. Diese (Selbst-)Erfahrung haben Sie sicher auch schon gemacht: Sie stoßen an Grenzen, die Sie sich nicht selbst gesetzt haben. Sie scheitern an Ihren eigenen Vorsätzen und leben nicht immer entsprechend Ihren Überzeugungen. Die versöhnliche Kernbotschaft von Jesus kann da ein entlastender Zuspruch sein: Gott lässt dich trotzdem leben und liebt dich, wie du bist! Wenn Sie dies glauben, haben Sie es leichter, auf befreiende Weise mit sich selbst ins Reine zu kommen.

Mit Blick auf die Religion gilt dasselbe wie beim Geld: Auf den richtigen Umgang kommt es an. Der Glaube kann leider auch ein Hindernis auf dem Weg zum Glück sein. Gerade Menschen, die es mit dem Glauben besonders ernst meinen, sind vor Engstirnigkeit, Selbstgerechtigkeit, verminderter Genussfähigkeit, Angst und Argwohn anderen gegenüber nicht gefeit. Dies hat schon Jesus so erlebt. Die meisten seiner Konflikte hatte er mit den Pharisäern. Diese waren damals als vorbildliche und ernsthafte Fromme eine anerkannte Stütze der Gesellschaft. Aber zu ihrer an Regeln und Gesetzen orientierten Frömmigkeit stand die Botschaft von Jesus in provozierender Weise im Widerspruch. Die Predigten, die Jesus hielt, liefen auf Folgendes hinaus: Die Liebe Gottes ist eine wirksame und befreiende Macht, die alle (Deutungs-)Macht, die Menschen übereinander zu erlangen versuchen, in den Schatten stellt.

Trotz dieser erlösenden Botschaft gab und gibt es auch unter Christen pharisäerhaftes Denken, unmenschliche Gesetzlichkeit und frommen Dünkel. In diesen Chor religiöser Steifftiere sollten Sie besser nicht miteinstimmen! Lassen Sie sich lieber von Kindern inspirieren: Grundschüler, die ein Bild über Gott malen sollen, zeichnen heute Sonnen, bunte Regenbögen, nett grinsende Engel, fröhliche Tiere und Blumen. Vor 50 Jahren haben fast alle Kinder eine drohend vom Himmel herabsehende dunkle Gestalt gemalt. Das einzig Helle auf ihren Bildern waren die Blitze, die Gott auf die Erde schleudert. Es geht bergab mit dem Christentum? Von wegen!

Gehört ein vertrauensvoller, lebensbejahender Glaube zu den Ressourcen, mit denen Sie in Ihre Zukunft gehen? Der folgende Schnelltest ist natürlich kein Gottesurteil. Probieren Sie es einfach aus – vielleicht entdecken Sie am Ende ja etwas Bedenkenswertes!

In welche der folgenden zwölf Bibelverse können Sie innerlich einstimmen, also entweder von sich sagen „das habe ich so erlebt", „das sehe ich so" oder „das glaube ich"? Kringeln Sie bitte wirklich nur die Verse ein, denen Sie spontan innerlich vollkommen zustimmen!

1. Himmel und Erde, das Sichtbare und das Unsichtbare, durch Gott wurde es alles geschaffen. (Kolosser 1,16)

2. Gott ist die Liebe und wer in der Liebe bleibt, der bleibt in Gott. (1. Johannes 4,16)

3. Ja, Herr, du wurdest mir zur Hilfe! Jubeln kann ich im Schatten deiner Flügel. (Psalm 63,8)

4. Es kommt nicht allein auf das Wollen und Streben des Menschen an, sondern auf das Erbarmen Gottes. (Römer 9,16)

5. Ihr seid in allem von Gott so reich gesegnet, dass ihr selbstlos schenken könnt. (2. Korinther 9,11)

6. Ich bin der Herr, dein Gott. Du sollst keine anderen Götter neben mir haben. (2. Moses 20,2)

7. Die auf den Herrn harren, kriegen immer wieder neue Kraft, so wie ein junger Adler, dem Flügel wachsen. (Jesaja 40,31)

8. Niemand lebt davon, dass er viele Güter hat. (Lukas 12,15)

9. Herr, du hast an uns Menschen Zeichen und Wunder getan und tust es bis auf den heutigen Tag. (Jeremia 32,20)

10. Warum siehst du den Splitter im Auge deines Bruders, aber den Balken im eigenen Auge bemerkst du nicht? Zieh zuerst den Balken aus deinem Auge und dann kannst du versuchen, den Splitter aus dem Auge des Bruders zu ziehen. (Matthäus 7,3)

11. Ich glaube aber doch, dass ich sehen werde die Güte Gottes im Land der Lebendigen. (Psalm 27,13)

12. Meide das Böse und tue das Gute; suche Frieden und jage ihm nach. (Psalm 34,15)

Übertragen Sie bitte jetzt die eingekringelten Verse auf das folgende Bild, indem Sie dort die gleichen Nummern einkreisen!

Gotteslob und Ehrfurcht

	6	1	9	
	3		8	
	11		4	
	7		10	
	12	2	5	

Vertrauen und Hoffnung

Authentizität und Barmherzigkeit

Nächstenliebe und Menschlichkeit

Glaubensüberzeugungen können auf verschiedene Weise dem Leben zugutekommen. Den möglichen durch den Glauben zu erfahrenden Gewinn finden Sie jeweils an den Seitenrändern des Testes: Gotteslob und Ehrfurcht, Nächstenliebe und Menschlichkeit, Vertrauen und Hoffnung oder Authentizität und Barmherzigkeit.

Nehmen Sie jetzt bitte ein Lineal und verbinden alle von Ihnen einge-
kreisten Zahlen miteinander!

Wenn Sie das Lineal aus der Hand gelegt haben, ist ein Bild entstanden.
Es kann Ihnen etwas über die Tragfähigkeit Ihres Glaubens verraten:
ein dichtes Netz oder ein paar einzelne Linien in den Randbereichen?
Linien, die alle Dimensionen religiöser Wirklichkeitsdeutung miteinander
verbinden, oder eine Konzentration in einer Ecke des Bildes? Sehen Sie
sich Ihr Bild an: Zeigt es Ihnen, ob Sie ein tragfähiges Netz von Glaubensüberzeugungen haben und an welchen Stellen dieses belastbar wäre?

Ein Nachtrag ist an dieser Stelle noch erforderlich. Unser Test und
die bisherigen Ausführungen könnten zu einem Missverständnis verleiten: Gott versteht sich nicht als Betreiber eines religiösen Super-
markts! Wer sich nach vermeintlichem Nutzwert und persönlichen
Bedürfnissen eine Designerreligion zusammensucht, wird ihn nicht
kennenlernen. Der Psychiater Manfred Lütz schreibt: „Wer sich wegen guter psychohygienischer Effekte entscheiden sollte, an Gott zu
glauben, glaubt nicht an Gott, sondern an die hohe Bedeutung des
eigenen Wohlbefindens."

Glaube ist in unserer abendländischen Tradition ein Sich-Einlas-
sen auf ein göttliches Gegenüber, das personale Züge hat. Wenn Sie
im christlichen Sinne an Gott glauben, dann glauben Sie an einen
Gott, der unter den Fehlern, die wir Menschen machen, leidet. An
einen Gott, der sich über unseren Glauben, über Gerechtigkeit und
über Taten der Nächstenliebe freut. An einen Gott, der darauf ge-
spannt ist, was Sie morgen so alles treiben werden! Sie glauben: Gott
ist Gott. Und Sie sind es nicht. Aber am Ende ist Gott sogar Mensch
geworden, um Ihnen wirklich nahe sein zu können.

Esoterik und Astronomie haben irgendwie auch etwas mit Religion zu tun. Aber deren traditionelle Funktion in unserer Kultur
können sie kaum ersetzen. Angebliches Geheimwissen und magische
Praktiken sind nicht geeignet, mit dem als zufällig und schicksalhaft Erfahrenen konstruktiv umzugehen. Im Gegenteil: Sie erwecken
die Illusion, die Kontrolle über das eigene Leben auszubauen, ohne
wirklich etwas zur Orientierung oder Handlungskompetenz beizu-
tragen.

„In der Schule gab's für mich Höhen und Tiefen.
Die Höhen waren der Fußball."

THOMAS HÄSSLER

3.7 Von der erfüllenden Frei-Zeit: Haben Sie Hobbys?

Was in Deutschland insgesamt Jahr für Jahr für Hobbys ausgegeben wird, übersteigt das Kirchensteueraufkommen um ein Vielfaches. Menschen wollen in ihrer Freizeit möglichst viel erleben. Sozialwissenschaftler sprechen von einer Erlebnis- und Freizeitgesellschaft. Unsere Gesellschaft ist sich einig: Kreuzfahrten sind irgendwie vergnüglicher und menschenfreundlicher als Kreuzzüge. Und mancher mag einstimmen in den Stoßseufzer des Kabarettisten Reinald Grebe: „Die Liebe geht, die Hobbys bleiben."

In der zweiten Lebenshälfte tun sich oft neue Freiräume auf. Die Kinder gehen eigene Wege und irgendwann verändert der Eintritt in den Ruhestand den Tagesrhythmus. Aber auch dann hat der Tag noch 24 Stunden. Wenn es bei Ihnen so weit ist, werden Sie dann Lust auf den Tag haben? Haben Sie Ideen, was Sie in Ihrer Freizeit Schönes und Sinnvolles tun wollen? Haben Sie „Projekte", das heißt, Herausforderungen, die aus Ihnen herausfordern, was an Talenten, Neugier, Sinnenfreude, Kraft und Geist in Ihnen steckt? Wenn Sie jetzt ja sagen, dann ahnen Sie, warum manche Menschen sich in diesem Lebensabschnitt als „Best Ager" bezeichnen!

Griesgrämig grantelnd vergreisen kann man natürlich auch. Zum Beispiel in Graubünden. Das Bergdorf Sursilvans wurde in den 70er-Jahren aufgegeben. Am Ende hatten dort nämlich nur noch ältere Männer gelebt. Diese wurden dann in wohlmeinender Absicht in die Kantonalhauptstadt Chur umgesiedelt. Im Tal fanden sie nicht nur ein neues, komfortableres Quartier vor, sondern auch etwas ihnen bislang Unbekanntes namens „Freizeit". Doch diese Neuentdeckung quittierten sie mit nachhaltig schlechter Laune. Verreisen, ins Kino gehen oder Kreuzworträtsel lösen? Über derart sinnfreie Spleens von törichten Stadtmenschen konnten sie nur ihre von üppigen Schnauzbärten verzierten Bauernschädel schütteln. Der Rhythmus täglicher, harter Arbeit war ihnen so in Fleisch und Blut übergegangen, dass sie ohne Beschäftigung weder zu einem entspannten Nachtschlaf noch zu innerer Befriedigung fanden.

Wird es Ihnen im Ruhestand auch so gehen? Oder ist Ihnen bereits jetzt bewusst, was die bekannte Redewendung besagt, dass nämlich Arbeit nur das *halbe* Leben ist? Auch wenn Sie derzeit hart arbeiten, sollte Ihnen immer auch Zeit bleiben für anderes! Zeit beispielsweise, um Neues zu lernen, für die Familie, um Freundschaften zu pflegen, zum Genießen und Ausspannen.

Selbst in der arbeitsamen Schweiz wird dies mehrheitlich so gesehen, sonst hätten die Sursilvaner Bauern nicht erleben müssen, dass man mit einem Leben, das nur aus Arbeit besteht, keine Frau mehr ins Dorf locken kann.

Wie die traditionelle Erwerbsgesellschaft in den vergangenen Jahrzehnten hinterfragt wurde, haben Sie persönlich miterlebt. Egal, was Sie über 68er, Hippies und Selbstverwirklichungskünstler denken, eine Einsicht hat sich allgemein durchgesetzt: Wer immer nur seine Pflicht erfüllen will, wird nicht unbedingt ein erfülltes Leben haben. Freizeit ist milieuübergreifend zu einem erstrebenswerten Lebensziel geworden. In dieser freien Zeit soll das Leben als schön und aktiv erlebt werden. Gerade wer Zeiten starker beruflicher und familiärer Beanspruchung durchlebt hat, erwartet sich dann auch vom Ruhestand erfüllende Aktivitäten und nicht in erster Linie Ruhe und Stillstand.

Dies würde Ihnen auch nicht gut bekommen. Dauerhafte Unterforderung ist für die seelische Gesundheit genauso gefährlich wie Überforderung. Wer sich langweilt und ohne Struktur und Aufgaben in den Tag hinein lebt, baut geistig sehr viel schneller ab und ist für Depressionen deutlich anfälliger als aktive Zeitgenossen. „Der Mensch beschäftigt sich damit, sein Glück zu suchen", schreibt der französische Schriftsteller Emil Chartier, „aber sein größtes Glück liegt darin, dass er beschäftigt ist."

Nur womit? Im Folgenden zappen wir uns im Schnelldurchlauf durch das gängige Programmangebot der Freizeitgesellschaft:

Beginnen wir ganz beschaulich – im Garten und in der Küche. Hier duftet es in vielen Haushalten plötzlich wieder nach sinnenfreudiger Handarbeit. Der Garten wird mit Aufwand und Geduld zur Blüte gebracht. Wenn Sie Hobbygärtner sind, wissen Sie es: Die Freude, selbst etwas zum Blühen zu bringen, kann kein gekaufter Blumenstrauß ersetzen. Neben Blumen wachsen in vielen Gärten auch Kräuter. Diese würzen dann leckere, selbst gekochte Gerichte. Statt Fastfood wird „Slowfood" (wieder-)entdeckt, die Freude am kreativen, aufwendigen Kochen. „Der Mensch ist, was er isst", lautet eine elementare Küchenweisheit. Und es stimmt: Wer sich Zeit nimmt, um selber wohlschmeckendes Essen aus frischen Zutaten zuzubereiten, merkt, dass er kein Getriebener der Zeit mehr ist.

„Ich habe keine Zeit!" Wenn sich dieser Satz wie ein roter Faden durch Ihre Lebensgeschichte zieht, machen Sie etwas falsch. Natürlich haben Sie Zeit! Jedes Jahr 365 Tage, jeden Tag 24 Stunden, jede Stunde 60 Minuten. Es kommt nur darauf an, was Sie aus Ihrer Zeit machen.

Im Dahinrasen der Zeit könnte Ihnen Ihr Leben abhandenkommen. Davor warnte bereits der Philosoph Sören Kierkegaard. In einer dänischen Winternacht im Jahr 1849 beklagte er, wie schwer es uns falle, auch nur für einen Moment unserer selbst *gegenwärtig* zu werden. Wir seien entweder Getriebene der Vergangenheit, grübelten ständig unseren Enttäuschungen nach, wollten unsere früheren Leistungen in Erinnerung rufen oder bedauerten bereits begangene Fehler. Oder aber wir seien ganz auf Ziele in der Zukunft fixiert, völlig von Plänen in Anspruch genommen, während eines schönen Augenblicks in Gedanken bereits mit der Organisation des nächsten befasst oder in der Furcht vor Problemen gefangen, die wir heute noch gar nicht haben.

Nicht selten sind wir beides zugleich: von Vergangenem getrieben und auf Zukünftiges fixiert. Nur eines gelingt uns nicht, nämlich uns unserer selbst gegenwärtig zu werden und erfüllende Augenblicke zu erleben, in denen die Zeit still zu stehen scheint.

Wie können Sie Momente erleben, in denen Sie auf beglückende Weise ganz und gar in der Gegenwart aufgehen? Unserem dänischen

Grübler verdanken wir diese kluge existenzielle Frage. Eine überzeugende *lebenspraktische* Antwort indessen hat Kierkegaard nicht gefunden – er litt viele Jahre unter schweren Depressionen. Die moderne Glücksforschung hätte ihm wahrscheinlich dazu geraten, sich ein Hobby zu suchen. Er wäre wohl aus manchem seelischen Tief besser herausgekommen, wenn er weniger gedacht und mehr *gemacht* hätte.

Zum Beispiel mal Saltimbocca à la Romana mit Salbei aus dem eigenen Garten. Ganz ohne Gewürzmischung aus der Tüte! Sicher kennen Sie Menschen, denen anzusehen ist, wie erfüllend sie Kochen oder Gartenarbeit erleben, zwei Hobbys, die wahrscheinlich keinen dauerhaften philosophischen Ruhm einbringen, aber zu Augenblicken voller Duft, Ästhetik und Genuss verhelfen können.

Heimwerkern, Handarbeitern und Bastlern steht es jetzt natürlich frei, das Lob der Küchen- und Gartenarbeit auf ihr Hobby zu übertragen: Das gute Gefühl, Dinge selbst in die Hand zu nehmen und gestalterisch zu wirken, kennen auch sie. Brett für Brett, Pinselstrich für Pinselstrich, Masche für Masche schaffen sie etwas unverwechselbar Eigenes und erleben sich darin als Meister ihres Lebens.

Einen mit Kochtöpfen klappernden oder im Keller Fliesen verlegenden Gelehrten? Nur einen den Strand entlang joggenden Philosophen hätten die Dänen vor 150 Jahren wohl noch seltsamer gefunden! Schade – denn auch Sport ist erwiesenermaßen ein Lebens(freuden-) Elixier. Dem frustrierenden Gefühl, nichts bewegen zu können, kann man hervorragend begegnen, indem man sich selbst bewegt. „Es geht schon wieder", sagen Menschen, die den unteren Scheitelpunkt einer Krise durchschritten haben. „Jetzt läuft es wieder", berichten sie, wenn die volle Lebensenergie wieder da ist. Gehen, Laufen? Ja, Bewegung tut gut und ist unmittelbar Ausdruck von Vitalität! Körperliche Anstrengung ist ein Antidepressivum mit positiven Nebenwirkungen für Herz und Kreislauf.

Sport zu treiben bringt nicht nur Punkte im Bonusprogramm der Krankenkasse, es kann sogar Spaß machen. Ab einem bestimmten Punkt werden Sie das Funktionieren Ihres Körpers als beglückend erleben. Diesen Zustand bezeichnet die Glücksforschung als „Flow". Der Psychologe Mihaly Csikszentmihalyi, „Flow"-Experte an der Universität Chicago, schreibt: „Die besten Momente im Leben ereignen sich gewöhnlich, wenn Körper und Seele bis an ihre Grenzen angespannt sind, in dem Bestreben, etwas Schwieriges zu erreichen." Wenn sich dieses Hochgefühl einstellt, könnte das etwas mit dem zu tun haben, was Kierkegaard als ein Sich-seiner-selbst-gegenwärtig-Werden herbeigesehnt hat.

Also, ganz gleich, ob Sie wandern, schwimmen, Rad fahren, joggen, surfen oder ob Sie Stretching, Nordic walking, Tai Chi, Aikido oder Yoga machen: Ihre Krankenkasse, Ihr Körper und Ihr Geist danken es Ihnen!

Eng mit dem „Flow" verwandt ist der „Beat" oder, wenn Sie die klassische Variante bevorzugen, der „Takt". Immer mehr Menschen in Deutschland delegieren ihn leider an den CD-Spieler. Während im Advent in jedem Supermarkt die tschingelnden Bells aufdringlich süßlich vom Band bimmeln, ist das von der Gemeinde gesungene „O du fröhliche" im Weihnachtsgottesdienst auf ein leicht peinlich berührtes, zurückhaltendes Brummen heruntergeregelt. Bei Taufen oder Beerdigungen zeigt es sich noch stärker: Der guten alten Tradition, sich etwas von der Seele zu singen, geht vielerorts spürbar die Puste aus. Das vertraute, auswendig mitzusingende Liedgut schrumpft – und dabei tun Lieder so gut!

Nicht nur **Martin Luther**, sondern auch Franz Beckenbauer wusste von der Kraft gemeinsam gesungener Lieder. Luther hat 1528 den Gemeindegesang im Gottesdienst eingeführt. Dadurch hat er einer spirituellen Reformbewegung zu innerer Dynamik und Ausstrahlungskraft verholfen.

Auf Beckenbauer geht der Brauch zurück, dass die Spieler der Nationalmannschaft die Hymne vor dem Anpfiff gemeinsam laut mitsingen. 1984, als frisch gekürter Nationaltrainer hat er dies eingeführt. Zuvor war das Team unter der Führung von Jupp Derwall bei der EM nicht über die Vorrunde hinausgekommen.

Schon Luther war die therapeutische Funktion der Musik bewusst. „Musik ist die beste Gottesgabe. Durch sie werden viele und große Anfechtungen verjagt. Musik ist der beste Trost für einen verstörten Menschen, auch wenn er nur ein wenig zu singen vermag. Sie ist eine Lehrmeisterin, die die Leute gelinder, sanftmütiger und vernünftiger macht."

Dem wäre noch einiges hinzuzufügen: Musik kann nicht nur Ausdruck innerer Harmonie sein, sondern auch überschäumende Lebensfreude, starke Gefühle und Ekstase zum Klingen bringen. Wenn Sie singen – Gott zur Ehre, vor lauter Liebe zu einem Menschen, aus Begeisterung für ein gemeinsames Ziel oder einfach nur, weil die Sonne scheint –, dann erleben Sie, dass Sie mit der Wirklichkeit im Einklang sind. Das gilt auch dann, wenn Sie den Ton nicht immer genau treffen.

Sie singen im Chor? Sie spielen ein Instrument? Sie gehen gerne tanzen? Da capo! Der Beifall der Mediziner ist Ihnen sicher, denn Sie verringern dadurch erheblich das Risiko, dement zu werden. Auch die Psychologen und Soziologen klatschen gerne zu Ihrem Takt: Musik bewahrt vor Trübsinn und ermöglicht Gemeinschaftserlebnisse. Wer singt, tanzt oder musiziert, geht beschwingter durchs Leben.

Und was ist mit den Briefmarkensammlern? Und den Bierdeckelsammlern? Zwei Hobbys, die gemeinhin nicht unbedingt mit Ekstase und Rhythmus in Verbindung gebracht werden. Aus altersweisem Mund darf an dieser Stelle auch auf den Gewinn des Sammelns hingewiesen werden. Wolf Schneider, Journalist und Schriftsteller, hat im Alter von 82 Jahren ein Buch über das Glück verfasst: „Dem Sammler führt das Wachsen seiner Sammlung den Gewinn der Lebensdauer vor Augen. Zugleich wird er nie fertig. Es gibt immer noch ein Stück, das er nicht hat; wo er sich gefordert fühlt, ihm nachzuspüren, es aufzutreiben."

Ähnlich verhält es sich mit dem Reisen. Bei vielen Menschen füllen sich im Laufe der Lebensgeschichte Regale mit Urlaubsalben und Wohnzimmer mit „Trophäen", ohne dass ihnen als leidenschaftlichen „Entdeckern" deshalb die Lust auf neue Ziele vergehen würde. Man wertet das Erlebte aus und plant neue Touren. Auf den Spuren von Alexander von Humboldt zu wandeln kann den Horizont erheblich erweitern. Der reisende Naturforscher stellte fest: „Die gefährlichste aller Weltanschauungen ist die Weltanschauung der Leute, welche die Welt nie angeschaut haben."

Unsere Entdeckungsreise durch die Welt der Hobbys wollen wir an dieser Stelle abbrechen. Vielleicht haben Sie etwas von dem wiedergefunden, was Ihnen Ihre Freizeit zur erfüllten Zeit macht? Den in der folgenden Grafik abgebildeten euphorischen Hobbit haben wir uns bei Tolkien ausgeliehen. Bei uns kommt er aber nicht als potenzieller Herr der Ringe in den Blick, sondern als Herr über viele Hobbys: Waldhorn blasend, hängt er an einem Gleitschirm und betätigt sich dabei als Hobbyornithologe. Wer ganz genau hinsieht, entdeckt auch noch, dass er selbstgehäkelte Socken trägt, deren Biowolle von Merinoschafen aus eigener Zucht stammt.

Was macht Sie in diesem Sinne zum „Hobbit", zu einem Menschen, der glücklich in einem Hobby aufgehen kann? Bei welchen Freizeitaktivitäten steht für Sie die Zeit still? Wann genießen Sie ganz und gar den Moment? Malen Sie bitte bis zu drei Szenen zu Ihren Antworten in die freien Kästen!

„Ohne meinen Kopf würde ich in der
Verbandsliga spielen."

MARTIN SPANRING

3.8 Von der inneren Veredelung:
Haben Sie Bildung und Weisheit?

Sind Sie belesen, an vielen Dingen interessiert und auf der Höhe des
Zeitgeschehens? Haben Sie das Zeug zum Bildungsmillionär? Machen wir den Jauch-Test! Jede richtige Antwort auf eine der folgenden
vier Fragen hätte Sie zum Millionär gemacht:

Millionenfrage am 18. Oktober 2002: Welcher berühmte Schriftsteller erbaute als diplomierter Architekt ein Freibad in Zürich?

    A: Joseph Roth   B: Martin Walser
    C: Max Frisch   D: Friedrich Dürrenmatt

Millionenfrage am 29. März 2004: Wer bekam 1954 den Chemie-
und 1962 den Friedensnobelpreis?

    A: Linus Pauling   B: Otto Hahn
    C: Pearl S. Buck   D: Albert Schweitzer

Millionenfrage am 9. Oktober 2006: Welches chemische Element
macht mehr als die Hälfte der Masse eines menschlichen Körpers aus?

    A: Kohlenstoff   B: Kalzium
    C: Sauerstoff   D: Eisen

Millionenfrage am 8. Januar 2007: Welches Meer ist nach einem mythologischen König benannt, der sich dort hineingestürzt haben soll?

A: Ionisches Meer   B: Ägäisches Meer
C: Adriatisches Meer   D: Kaspisches Meer

Ach ja: Ehe es jeweils zur oben abgedruckten Millionenfrage kam, mussten zuvor 14 weitere Fragen richtig beantwortet werden. Ärgern Sie sich also nicht zu sehr, wenn Sie trotz Ihrer richtigen Antwort auf die Schlussfrage in Ihrer Hausbank immer noch nicht als Premiumkunde behandelt werden!

Ursprünglich zielt das abendländische Bildungsideal ja auch nicht in erster Linie darauf ab, Quizsendungen zu gewinnen. Die ideelle Zielmarke ist sogar noch höher angesiedelt: Bildung soll die im Menschen angelegte Vollkommenheit zur Geltung zu bringen. Bildung nimmt den biblischen Gedanken ernst, dass der Mensch als ein Abbild Gottes geschaffen wurde (1. Mose 1,27). Dieser Zuspruch soll durch Bildung zur Entfaltung gebracht werden. Das Göttliche, das in uns angelegt ist, kommt durch Bildung zur Ausbildung. Diese Deutung des Lernens bewog den Theologen und Mystiker Meister Eckhart im späten Mittelalter dazu, erstmals von „Bildung" zu sprechen. Seine Einsicht lautet: Bildung macht uns nicht zum Millionär, aber wir erleben durch sie, dass wir Ebenbilder Gottes sind.

Knipsen Sie also durch das Lösen von Sudokus oder Kreuzworträtseln Ihren persönlichen Heiligenschein an? Na ja – zumindest sorgen Sie dafür, dass Sie ein heller Kopf bleiben! Und das ist ausgesprochen sinnvoll, denn sonst könnte Ihr Gehirn – ein bisschen vereinfacht gesagt – genauso erschlaffen wie nicht mehr beanspruchte Muskelmasse. Wenn Sie Ihrem Gehirn dauerhaft Arbeit und Anstrengung vorenthalten, baut es ab. Es verwandelt sich in einen über die Jahre behäbig gewordenen Ehepartner, der sein breitgesessenes Sofa nur noch bei Feueralarm verlässt. Wenn Sie hingegen Ihr Gehirn regelmäßig fordern, sorgen Sie dafür, dass intellektuelle Spannkraft und Flexibilität, Neugier, Kreativität und Witz länger in Ihnen lebendig bleiben.

Allein die Ansammlung von Faktenwissen macht den Menschen allerdings ebenso wenig zur gebildeten Persönlichkeit, wie ein perfekt gebuildeter Body ihn anmutig und elegant machen würde. Wenn Sie

Ihr Wissen in erster Linie als Imponier- und Funktionsmasse vermehren wollten, widerspräche dies dem oben beschriebenen Bildungsideal. Bildung ist „ein aktiver, komplexer und nie abgeschlossener Prozess, in dessen glücklichem Verlauf eine selbständige und selbsttätige, problemlösungsfähige und lebenstüchtige Persönlichkeit entstehen kann", schreibt der Unternehmensberater Daniel Goeudevert. Nach vielen Jahren in Führungspositionen in der Automobilindustrie warnt er davor, Bildung als bloßes Funktionswissen im Dienst der Wirtschaft zu verstehen: „Ausbildung ohne Bildung führt zu Wissen ohne Gewissen." Der Erwerb von Wissen kann demnach nur ein Teil der Persönlichkeitsentwicklung sein.

Mit steigendem Lebensalter eröffnet sich oft eine wunderschöne Chance: Sie können den in Ihnen knurrenden Bildungshunger zunehmend nach Ihren persönlichen Interessen auf Nahrungssuche schicken. Nicht mehr die Erwartungen des Arbeitgebers, sondern eigene Neigungen und „Spleens" geben jetzt die Richtung vor. Das Projekt „lebenslanges Lernen" macht somit ernst mit unserem Bildungsideal: Nicht dass wir äußeren Ansprüchen genügen, sondern dass wir uns innerlich entwickeln, vollendet den Menschen. Amen.

Keine Frage: Die elementaren Fragen des Lebens werden Ihnen nicht in Kreuzworträtseln gestellt. Die wichtigsten Entscheidungen lassen sich auch nicht nach dem Schema „Lösung A, B, C oder D?" treffen. Wahre Bildung wird von der intellektuellen und ästhetischen Entdeckungsfreude angetrieben. Diese hat Lust daran, die eigenen Perspektiven zu erweitern. Wenn Sie zum Beispiel das vorliegende Buch bis hierher gelesen haben, haben Sie sich auf neue Gedanken eingelassen. Mit großer Wahrscheinlichkeit haben Sie davor schon bessere Bücher gelesen – und werden danach noch auf bessere stoßen. Kein Problem! Immer wieder aufs Neue neugierig zu sein ist der genetische Code der Bildung.

Wenn Bildung aber nicht nur als Wissensanhäufung, sondern als Charakterbildung verstanden wird, dann ist nicht der Pisa-Sieg, sondern das Erlangen von Weisheit ihre Krone. Weisheit? Was ist das? Sind Sie weise oder auf dem Weg, es zu werden?

Was zeichnet einen weisen Menschen aus? Diese Frage wurde Kindern einer österreichischen Grundschule von der Psychologin Judith Glück gestellt. „Freundlich", „klug" und „hilfsbereit" waren die am häufigsten genannten Eigenschaften. Weise ist also nach dem Verständnis der Kinder nicht in erster Linie jemand, der viel weiß. Wichtig ist vielmehr, dass der Weise über Herzensbildung und eine in sich ruhende Lebenshaltung verfügt. Zum Letzten passt auch, was die österreichischen Kinder zur Überraschung der Forscherin an vierter Stelle genannt haben: Weise Menschen zeichneten sich oft dadurch aus, dass sie „dick" sind! Dick??? Damit meinen die Kinder wohl eine augenfällige Verbindung von Alter und spürbarer Gelassenheit!

Nicht die Körpermasse, sondern eine aus Lebenserfahrung, Souveränität und Charisma erlangte Fülle ist es, die dem Weisen Gewicht verleiht. Wer sich als Wissenschaftler die Erforschung der Weisheit zur Aufgabe gemacht hat, steht deshalb vor einem Problem: Durch Messverfahren oder Ankreuzfragebögen kommt man der Weisheit ganz offensichtlich nicht auf die Spur. Weder das Körpergewicht noch das Alter noch der Umfang des abfragbaren Wissens sagt etwas darüber aus, ob ein Mensch weise ist.

Die Lebensverlaufsforscher Paul Baltes und Ursula Staudinger haben deshalb einen speziellen Weisheitstest entwickelt. Dieser funktioniert folgendermaßen: Eine Versuchsperson wird vor ein komplexes Lebensproblem gestellt. Sie soll dann laut darüber nachdenken, wie sie dieses Problem lösen würde. Die von den Probanden geäußerten Gedanken und Lösungsvorschläge werden auf Band aufgezeichnet. Diese Bänder werden dann anschließend von mehreren Psychologen unabhängig voneinander nach fünf Kriterien ausgewertet. Aber bevor diese Kriterien zur Sprache kommen, sind Sie jetzt eingeladen, diesen Weisheitstest selbst zu machen. Eine der den Versuchsteilnehmern vorgelegte Frage lautete folgendermaßen:

Jemand erhält einen Telefonanruf von einem guten Freund. Dieser sagt, er könne nicht mehr weiter, er werde sich das Leben nehmen. Was könnte man in einer derartigen Situation bedenken oder tun? Jetzt sind Sie dran! Bitte denken Sie laut und halten Sie das Ergebnis schriftlich fest:

Wenn Ihre Reaktion den oben genannten Wissenschaftlern zur Auswertung vorgelegt würde, dann würden sie mit folgenden Beurteilungskriterien den „Weisheitsgehalt" Ihrer Antwort zu ermitteln versuchen:

1. Können Sie mit dem Ungewissen und Unplanbarem im Leben konstruktiv umgehen? Weisheit zeichnet sich nämlich durch situationsadäquate Flexibilität aus.

2. Können Sie Ihre eigenen Werte und Überzeugungen relativieren? Weisheit erkennt und akzeptiert nämlich, dass unterschiedliche Menschen unterschiedliche Lebensziele verfolgen und Situationen verschieden wahrnehmen.

3. Verstehen Sie Dinge aus ihrem Zusammenhang heraus? Problemlösungen findet der Weise nämlich, indem er das Problem nicht als isolierten Aspekt, sondern im Kontext der gesamten Lebensgeschichte betrachtet.

4. und 5. würden die Forscher nach Ihrem Fakten- und Strategiewissen fragen: Verfügen Sie über Kenntnisse und kommunikative Fähigkeiten, die Sie in Ihrer Reaktion als weise erlebbar machen?

Interessant wäre es jetzt, wenn Sie Ihre gerade gegebene Antwort damit vergleichen könnten, wie Sie vor 25 Jahren reagiert hätten. Mit hoher Wahrscheinlichkeit würden Sie entdecken, dass Sie im Lauf Ihrer Lebensgeschichte „weiser" geworden sind. Weisheit hat offensichtlich mehr mit „weißen Haaren" als mit „Wissen" zu tun. Zu diesem Schluss könnte man auch kommen, wenn man sich vor Augen führt, wen die Deutschen für weise halten. Das Magazin „Geo" hat dazu im Jahr 2002 eine Umfrage durchgeführte. Der Dalai Lama, Johannes Paul II., Nelson Mandela, Albert Einstein, Mahatma Gandhi – allesamt weißhaarig oder glatzköpfig – wurden am häufigsten genannt.

Sind Sie weise? Dann wird es Sie jetzt freuen, dass nicht Günter Jauch, sondern der Dalai Lama in diesem Kapitel das letzte Wort hat. Es steht Ihnen frei, zu jeder seiner Einsichten weise zu nicken. Am Ende ist sogar noch Platz für zwei eigene weise Gedanken, auf die noch nicht einmal der Gottkönig aus Tibet gekommen ist:

Lebe ein gutes, ehrbares Leben! Wenn du älter bist und zurückdenkst, wirst du es noch einmal genießen können.

Wissen und nichts tun ist wie nicht wissen.

Teile dein Wissen mit anderen. Dies ist eine gute Möglichkeit, Unsterblichkeit zu erlangen.

Wenn die Wurzeln nicht vertrocknet sind, ist der Baum noch nicht tot.

In der Wut verliert der Mensch seine Intelligenz.

Wenn Leute lachen, sind sie fähig zu denken.

P.S.: Was wäre die Eine-Million-Euro-Frage bei einem Weisheitstest? Blöde Frage! Aber Sie warten vielleicht immer noch auf die Auflösung der Quizfragen vom Kapitelanfang? 2002 wurde der Student Gerhard Krammer mit Antwort „C" zum Millionar. 2004 tat es ihm dann die Allgemeinmedizinerin Dr. Maria Wienstöer mit „A" nach. Im Jahr 2006 verließ der Aufzugsmonteur Stefan Lang das Fernsehstudio als reicher Mann – „C" sei Dank. Und 2007 tippte sich schließlich der Student Timur Hahn mit „B" zum Millionär.

 „Die Fans müssen wissen, dass ich kein Clown bin."

OLIVER KAHN

3.9 Von der äußeren Veredelung: Haben Sie Manieren und Stil?

Vorweg ein wichtiger Hinweis in eigener Sache: Der Autor dieses Buches ist überzeugter Demokrat. Auch die Frauengleichberechtigung bejaht er vorbehaltlos. Menschen, die ihre Kleidung bei „Lidl" oder „Adler" kaufen, begegnet er mit der gleichen Wertschätzung wie Zeitgenossen in Designerklamotten. Warum muss das an dieser Stelle so ausdrücklich gesagt werden? Im Folgenden geht es um den Mut, sich sichtbar zu unterscheiden. Um Fragen des Stils. Um die bewusste Inszenierung von Unterschieden. In unserer stark von Gleichheitsidealen geprägten Gesellschaft ist das ein heißes Eisen.

Fangen wir deshalb mit einem provokativ Unzeitgemäßen an, der prompt seine Weigerung, sich „gemein" zu machen, nicht überlebt hat: Ein pommerscher Großgrundbesitzer war 1945 in ein stalinistisches Hungerlager geraten. Als zur Feier von Stalins Geburtstag jeder Gefangene ein Stück Speckschwarte erhielt, verwendete er seines, um sich damit die Stiefel zu wichsen. Zu seinem – dann auch tatsächlich unmittelbar bevorstehenden – Ende wollte er nicht in ungeputzten Schuhen antreten.

Angesichts dieses Verhaltens würde der Dalai Lama wohl erschrocken die Augenbrauen nach oben ziehen. Und sollten Sie je in ein ähnliches Lager geraten, möge das Wissen um das tragische Ende der Geschichte Sie vor derart provokativ zur Schau gestellter Eleganz bewahren! Aber so wenig das kuriose Verhalten des Großgrundbesitzers ihn zum lebenspraktischen Vorbild macht, so sehr eignet es sich, die Grundzüge dessen herauszuarbeiten, was wir „Haltung" nennen.

Wenn Sie Haltung haben, strahlen Sie aus, dass Sie etwas auf sich halten. Der aufrechte Gang, wo andere den Rücken beugen. Die Contenance, wo andere die Nerven verlieren. Die Noblesse, wo die Lebensumstände eigentlich zum Geiz verleiten. Die Nonchalance, wo andere verkrampft und befangen sind. Haltung hat etwas mit Standhalten zu tun. Gerade in der Krise, in der manch einer lieber abtaucht, zeigt sich, wer sich zu halten vermag.

Dass gerade eine Reihe von französischen Begriffen gefallen ist, ist kein Zufall. Die Formsprache der Haltung ist eben nicht vox populi. Auch ein einfacher Mensch kann eine höchst beeindruckende *Würde* ausstrahlen. *Haltung* aber setzt ein gewisses Elitebewusstsein voraus. So wie Weisheit die Krone der Bildung ist, ist Haltung die Krone guter Manieren.

Gute Manieren? Gerade das Wissen um die eigenen Grenzen und der Wunsch, anderen Menschen nicht durch Fehlverhalten oder Unaufmerksamkeit Pein zuzufügen, motivieren uns zu manierlichem Benehmen. „Manieren sind das Parfüm, das vergessen lässt, dass wir stinken, und wie beim Parfüm ist es klug, sich Manieren anzueignen, die mit den persönlichen Gegebenheiten nicht in kreischendem Gegensatz stehen, sondern sie glücklich ergänzen" – so zu lesen in „Manieren", dem unzeitgemäßen, geistreichen, kuriosen Klassiker von Asfa-Wossen Asserate.

Deutsche Ethnologen erforschen mit großem Interesse die Eigenheiten afrikanischer Stammesgesellschaften. **Asfa-Wossen Asserate** dreht den Spieß um: Der Afrikaner hat mit ethnologischem Scharfblick die Umgangsformen untersucht, die unser Miteinander in Deutschland prägen. Er beschreibt die Geschichte der guten Manieren – und ihren aktuellen Verfall.

Asserate ist am Hof von Haile Selassie, dem letzten Kaiser von Äthiopien, aufgewachsen. Etikette, Standes- und Stilfragen haben ihn von Kindesbeinen an geprägt: Sein Vater war als Hofmarschall für das höfische Zeremoniell zuständig. Nach der äthiopischen Revolution 1974 ließ Asserate sich in Deutschland nieder. Voller Sympathie und mit einem reflektierten

Verständnis für die Sittengeschichte unserer Kultur hält er uns den Spiegel vor: Seine Analyse wirft die Frage auf, ob das, was heute als unverkrampfte Zwanglosigkeit und egalitäre Kumpelhaftigkeit öffentlich zelebriert wird, nicht manchmal auch Ausdruck eines gedanken- und lieblosen Mangels an Achtung sein kann.

Welcher Krawattenknoten passt ideal zu welcher Gesichtsform? Wie öffnet man eine Champagnerflasche richtig? Mit welchem Titel wird ein Erzbischof korrekterweise angesprochen? In welchen Situationen ist der „englische Gruß" angemessen? Wenn Sie Fragen dieser Art richtig beantworten können, sind Sie mit dem klassischen Repertoire guter Manieren vertraut. Sie haben dann natürlich auch erkannt, dass das letzte eine Fangfrage war: Als „englischer Gruß" wird das Grußwort des Erzengels Gabriel bezeichnet, mit dem er der jungfräulichen Maria eine bevorstehende Schwangerschaft ankündigte (Lukas 1,28): „Gegrüßt seist du, Maria, du Begnadete, der Herr sei mit dir!" Der englische Gruß ist also für den oben genannten Erzbischof gänzlich ungeeignet, selbst wenn er der anglikanischen Kirche angehörte.

Allein auf äußerliche Wirkung bedachte Gestelztheiten überzeugen nicht. Gute Manieren veredeln einen Menschen erst dann, wenn sie spürbar Ausdruck einer edlen Gesinnung sind. Aufmerksamkeit und Achtung ist nach Asfa-Wossen Asserate die gemeinsame Tiefengrammatik, die allem guten Benehmen zugrunde liegt.

In Ihrem Alter sind die Voraussetzungen dafür besonders gut. Zwischen 15 und 20 muss der Mensch sich erst einmal die Hörner abstoßen und den Grundstock für seine Identität legen. Zwischen 20 und 30 geht es darum, aktiv ein Selbstbewusstsein aufzubauen und den eigenen Weg zu finden. Im vierten Lebensjahrzehnt sind viele von uns ganz und gar damit beschäftigt, den auf sie einbrandenden Aufgaben zu genügen. Und danach? Ist Ihr Lebensalter nicht die beste Zeit, um sich in Richtung Aufmerksamkeit und Achtung zu veredeln?

Gute Manieren sind fast immer Ausdruck von lebensgeschichtlich gewachsener Souveränität. Halten Sie sich jetzt mal den Langzeitspiegel vor: Ist es nicht so, dass Sie sich heute besser benehmen, dass Sie sicherer auftreten und aufmerksamer und gewandter mit Ihren Mitmenschen umgehen als vor 20 Jahren?

Gehen Sie in die Hocke, wenn Sie ein Kind trösten wollen, um ihm dadurch auf Augenhöhe zu begegnen? Räumen Sie auf der Autobahn nach dem Überholvorgang zügig die linke Spur, um Menschen nicht zu behindern, die glauben, es besonders eilig zu haben? Wenn ein älterer Mensch Sie auf seine Schwerhörigkeit hinweist, sprechen Sie dann zwar lauter, verfallen aber nicht einmal ansatzweise in Kindersprache (denn Ihr Gegenüber ist ja nicht schwer von Begriff, sondern tut sich nur mit dem Hören schwer)?

Diese drei manierlichen Regeln finden Sie in keinem der traditionellen „Benimmführer". Aber wenn Sie sich so verhalten, zeigen Sie, dass Sie Menschen und Situationen aufmerksam wahrnehmen können. Wer gute Manieren hat, begegnet Menschen spürbar mit wohlwollender Achtung. Dadurch gibt sich die Frau als „Dame" zu erkennen und der Mann als „Herr". Dies tut gut – und es bedeutet einen Unterschied.

Jetzt sind gerne Sie wieder an der Reihe! Welche guten Manieren haben Sie sich im Laufe Ihrer Lebensgeschichte angeeignet? Überlegen Sie sich bitte drei von Ihnen verinnerlichte Regeln, durch die Ihr Auftreten zum „guten Benehmen" wird. Wenn Ihnen dabei auch Regeln einfallen, die in keinem „Benimmbuch" stehen, umso besser!

Sich über die schlechten Manieren der anderen – oftmals Jüngeren – zu ärgern ist eine Möglichkeit. An den eigenen guten Manieren zu arbeiten und sie bewusst zu kultivieren ist eine andere. Mit Selbstbewusstsein und Haltung wird nur die zweite gekrönt.

Wer hat gute Manieren? Den meisten Befragten fallen dazu spontan vor allem Menschen mit einer gewissen Lebensreife ein.

Wer ist schön? Jetzt punktet dafür definitiv die Jugend! Eine 50-Jährige als Germanys next topmodel? Undenkbar! Das Auge wird magisch von der Jugend angezogen. Dies belegt eindrucksvoll eine

Studie von Psychologen der Universität Regensburg: Wenn am Computer einem Frauenfoto kindliche Attribute – große Augen, kleine Nase, hohe Stirn – beigemischt wurden, empfanden Betrachter dieses künstlich verjüngte Foto sofort als attraktiver als das Original.

Wer hat Stil? Mit dieser dritten Frage bringen wir Ihre Generation wieder ins Gespräch! Stil – das ist die Fähigkeit, dem Auftreten eine stimmige, interessante und unverwechselbare Note zu verleihen. Könnte es sein, dass der dazu notwendige Geschmack reifen muss, so wie guter Wein seine Zeit braucht? Sicher ist, dass junge Menschen geschmacklich weniger gefestigt und leichter zu verunsichern sind. Noch sicherer ist, dass die Zeiten vorbei sind, in denen Frauen über 40 nur noch mit Kittelschürze und über 60 in unansehnlichen mattrosa-hellgrauen Rentneruniformen zu sehen waren. Im Gegenteil! Menschen in der zweiten Lebenshälfte haben häufig wieder die Zeit und die Mittel, um bewusst einen Stil zu pflegen.

Das heißt aber keineswegs, dass Sie jede Mode mitmachen sollten. „Die Mode ist ein Massenphänomen geworden und das hat zur Folge, dass Leute, die sich – mit welchem Recht, sei dahingestellt – nicht zur Masse rechnen, an ihrer Entwicklung nicht oder nur mit großem Abstand teilnehmen", schreibt Asserate. Er betont, dass Stil nicht vom Label auf dem Anzug abhängt, sondern davon, wie man ihn trägt: „Der englische Anzug hat auszusehen, als habe sein Besitzer in ihm geschlafen, ausgebeult, ohne Bügelfalten; der italienische muss geradezu noch den Dampf des Bügeleisens atmen."

Könnten Sie mit drei Worten Ihren Stil beschreiben?

① _____

② _____

③ _____

... und dann dazu drei Kleidungsstücke nennen, die Sie gerne tragen, weil Sie in ihnen Ihre Unverwechselbarkeit zum Ausdruck bringen können?

4. Mentales Management nach dem Halbzeitpfiff

Sie sind glücklich verheiratet und haben fünf wohlerzogene Kinder? Sie haben es neben Ihren zahlreichen Hobbys zum Sprecher der örtlichen Bürgerinitiative gebracht und Sie leben voller Gottvertrauen in einer stilvoll eingerichteten Villa? Obwohl Sie täglich vom Dalai Lama konsultiert werden, ist Ihr Bildungshunger so groß, dass Sie auch noch Zeit haben, dieses Buch zu lesen? In diesem Fall hätten Sie im vorherigen Kapitel Punkt für Punkt entdeckt, dass Sie in jeder Hinsicht über hervorragende Ressourcen verfügen, mit denen Sie gut für Ihren weiteren Lebensweg aufgestellt sind.

Dass ein Mensch über alle der beschriebenen glücksbegünstigenden Voraussetzungen verfügt, ist aber eher unwahrscheinlich. Zum Glück ist dies auch keineswegs notwendig. In Ihrer persönlichen Lebensbilanz wird es Bereiche geben, in denen Sie viel vorzuweisen haben, bei anderen wenig oder nichts. Entscheidend ist am Ende, wie Sie mit Ihrem biografischen Potenzial umgehen.

Um erfolgreich Fußball zu spielen, muss man es nicht nur „in den Beinen haben". Auch die innere Motivation, das Selbstvertrauen und die Spielfreude spielen eine wichtige Rolle. Mannschaftspsychologen

und „Mentaltrainer" kümmern sich deshalb darum, dass die Spieler ihr Potenzial optimal und ohne innere Blockaden ins Spiel bringen.

Im folgenden Kapitel lesen Sie, wie Sie sich mental gut aufstellen können. Dazu kann zum Beispiel gehören,

- versöhnt auf etwas Gescheitertes zurückzublicken,
- die Welt aus dem richtigen Blickwinkel zu sehen,
- statt in Sackgassen zu laufen, weiterführende Umwege zu entdecken,
- immer öfter selig, statt nutzbringend zu lächeln.

Mithilfe eines blinden Passagiers, eines Lottomillionärs und einer Nonne werden Sie auf den nächsten Seiten über Einsichten aus der kognitiven Psychologie zur Physiologie des Lächelns und auf Wunsch sogar in Sphären der Heiligkeit geführt.

„Es steht 1:1, genauso gut könnte es
umgekehrt stehen."

HERIBERT FASSBENDER

4.1 Auf die Perspektive kommt es an

Die Bilanz des vorherigen Kapitels sagt nicht zwangsläufig etwas darüber aus, ob Sie ein glücklicher Mensch sind. Wer am meisten hat, ist nicht zwangsläufig am glücklichsten. Es kommt immer auch auf die Einstellung und Herangehensweise an.

Wenig dabei – aber eine Menge Glück! – hatte **Osama Shublaq**, blinder Passagier. Der 27-jährige Palästinenser versteckte sich am 13. Oktober 2007 im Radkasten einer Boeing 777 auf dem Flug von Kuala Lumpur nach Singapur. Obwohl er nur dünne Sommerkleidung trug, überlebte er zunächst die Kälte während des Fluges. Dann stürzte er auch noch bei der Landung aus dem sich öffnenden Radkasten und schlug auf der Rollbahn auf. Doch wie durch ein Wunder blieb er unverletzt!

Die Überlebenschancen von blinden Passagieren in Flugzeugen sind normalerweise ausgesprochen gering. Wenn ein Flugzeug seine maximale Flughöhe erreicht hat, sinken die Temperaturen auf unter 30 Grad minus. „Man muss sich schon für einen Superhelden halten, um so etwas Verrücktes zu versuchen", erklärt der Flughafendirektor von Singapur kopfschüttelnd.

Osama Shublaq schlug allerdings nicht nur ohne Gepäck in Singapur auf, sondern leider auch ohne gültiges Einreisevisum. Er wurde von den Einreisebehörden festgenommen, zu einer Strafe von 4000 Dollar verurteilt und umgehend wieder aus Singapur abgeschoben.

Besonders glücklich schaute der blinde Passagier nach der Landung nicht. Kein Wunder! Sein Plan, in Singapur gut bezahlte Arbeit zu finden, hatte sich zerschlagen. Er wollte eigentlich mehrere Jahre bleiben, gut verdienen und das Land dann mit Taschen voller Geld verlassen. Doch umgehend – und auch noch 4000 Dollar ärmer – flog er wieder raus.

Trotzdem stellte sich im Nachhinein heraus, dass dies die beste Geschichte seines Lebens war. Wie die Wärme in seinen ausgekühlten Körper zurückgekehrt ist ...! Wie knapp die Räder der aufsetzenden Maschine an ihm vorbeigerollt sind ...! Daran wird Osama Shublaq sich ein Leben lang erinnern. Mit etwas Stolz, so etwas Verrücktes überlebt zu haben, wird er seinen Enkeln die Zeitungsartikel zeigen. „Ich hab' es versucht. Es hat nicht geklappt. Ich werde es ganz sicher nie wieder versuchen, aber ich kam nicht mit leeren Händen zurück", sagte er schon wenige Tage nach seiner Rückkehr nach Palästina in einem Interview.

Manchmal kommt es eben ganz auf den Standpunkt an. Übrigens hat keineswegs jeder Mensch seinen festen Standpunkt. Nein, Sie sind beweglich. Sie können verschiedene Standpunkte einnehmen. Sie können ein Ereignis aus unterschiedlichen Blickwinkeln betrachten. Was Sie betrachten, mag dann gleich bleiben, aber indem sich Ihre Perspektive ändert, sehen Sie es auf einmal mit anderen Augen.

Stopp! Falls Sie jetzt erwägen, in einem Radkasten eines Flugzeugs auf Selbsterfahrungstrip zu gehen, würde dies in die falsche Richtung führen. Unser blinder Passagier soll Ihnen die Augen in anderer Hinsicht öffnen. Am Beispiel von Osama Shublaq lässt sich gut veranschaulichen, dass der Mensch in unterschiedlichen „geistigen Konten" denkt.

Ob Sie eine Erfahrung als „Gewinn" erleben, hängt auch davon ab, unter welchem „Konto" Sie sie verbuchen. Der Schwarzflieger aus Palästina hat finanziell einen Verlust gemacht, an Lebenserfahrung aber dazugewonnen. Ein Visum für Singapur wird er jetzt erst recht nicht bekommen. Aber er hat dafur das Gluck gespurt, wie durch ein Wunder eine lebensgefährliche Situation überlebt zu haben.

Dass jeder Mensch verschiedene „geistige Konten" führt, haben Amos Tversky und Daniel Kahneman entdeckt. Erfolg oder Misserfolg? Die beiden Pioniere der kognitiven Psychologie betonen, dass die Deutung einer Erfahrung davon abhängt, unter welchem „mental account" wir sie verbuchen. Was auch immer Menschen erleben, sie bewerten es stets unter bestimmten Gesichtspunkten und vernachlässigen dabei alle anderen.

Diese mentale Kontenführung beeinflusst nicht nur, wie Sie Vergangenes bewerten. Sie leitet Sie auch in den Momenten, in denen Sie eine Entscheidung treffen müssen. Tversky und Kahneman haben dies an folgendem Beispiel gezeigt:

Situation A: Sie haben im Vorverkauf eine Konzertkarte für 100 Euro erworben. Als Sie am Konzerthaus eintreffen, müssen Sie feststellen, dass Sie die Karte leider verloren haben. Aber an der Abendkasse gibt es noch Karten der gleichen Preiskategorie und Sie haben genug Geld einstecken. Kaufen Sie sich also eine neue Karte?

Situation B: Sie haben sich an der Abendkasse eine Karte für 100 Euro zurücklegen lassen. Dort angekommen, müssen Sie feststellen, dass Sie 100 Euro aus Ihrem Portemonnaie verloren haben. Sie haben aber immer noch genug Geld bei sich, um die bestellte Karte zu bezahlen. Kaufen Sie in diesem Fall die Karte oder lassen Sie Ihre Reservierung verfallen, um das verlorene Geld einzusparen?

Unterm Strich ist der Schaden in beiden Szenarien der gleiche: 100 Euro sind verloren gegangen. Deshalb überrascht es, dass die Konsequenzen, die Menschen daraus ziehen, unterschiedlich sind: Im ersten Fall würde eine deutliche Mehrheit das Konzert sausen lassen, im zweiten Fall indessen würde eine ebenso deutliche Mehrheit sich für den Konzertbesuch entscheiden.

Tversky und Kahneman haben jeweils eine Studentengruppe zu einem der beiden Szenarien befragt. Dabei wurde deutlich, dass der objektiv identische Verlust subjektiv unterschiedlich erlebt wurde. Wer die 100 Euro unter dem „Konzertkonto" abgespeichert hat (Szenario A), neigt eher dazu, mit dem Verlust der Karte den Anspruch auf den Konzertbesuch verloren zu geben. Wer den Betrag unter „Geldkonto" verbucht (Szenario B), hat Geld verloren, aber nicht die Lust auf einen Konzertbesuch.

Dass Menschen eine identische Situation unterschiedlich wahrnehmen, nennt man in der Fachsprache „Framing", zu Deutsch „Rahmung". Es kommt also immer darauf an, in was für einen *Rahmen* Sie Ihre Erfahrungen und Erlebnisse stellen.

Sie haben Kinder? Dann können Sie zum Beispiel Ihre Erinnerungen an die Elternphase auf ganz verschiedene Weise „rahmen". Je nach „Rahmung" wird die Bewertung des Erlebten unterschiedlich ausfallen:

Hat das etwas für die Rente gebracht?	Hat das Anerkennung gebracht?	War das emotional erfüllend und schön?

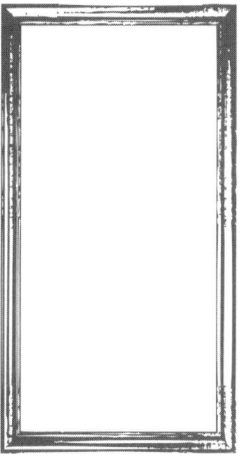 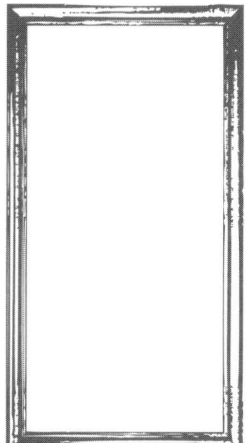 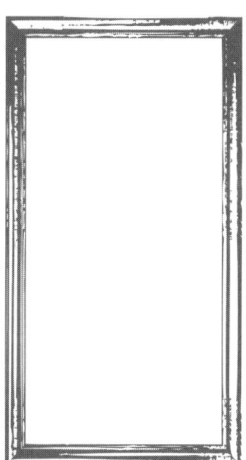

Wenn Sie heute Fotos Ihrer Lebensgeschichte „rahmen" würden, was würden Sie in den Rahmen schreiben? An welchen Maßstäben und Erwartungen messen Sie, was Ihnen im Leben widerfährt? Wie justieren Sie Ihre Sicht der Dinge?

 „Mailand oder Madrid – Hauptsache Italien."

ANDREAS MÖLLER

4.2 Welcher Weg führt zum Glück?

Wie finden Sie den Weg zu Ihrem Glück? Wegbeschreibungen und Orientierungspläne sind im Buchhandel in allen Preisklassen erhältlich. Doch unter den Glücksratgebern gibt es einen Bestseller, der die Frage bereits auf der ersten Seite umdreht: „Stellen Sie sich vor, Sie selber wären das Glück. Würden Sie dann gerne bei sich vorbeikommen?"

Eckart von Hirschhausen gibt der Suche nach dem Glück eine neue Richtung: Glück ist nach seinem Verständnis nicht „machbar". Das Beste, was der Glücksuchende „machen" kann, ist, gut mit dem umzugehen, was ihm widerfährt. Rezepte, die glücklich machen, gibt es nicht. Aber es gibt gute Ideen, wie man aus verschiedenen Situationen das Beste machen kann.

Wie machen Sie Glück? Bereits diese Frage klingt komisch. Normalerweise fragen wir doch eher: Was macht Sie glücklich? Das Glück und Sie – wie kann das zusammenkommen? Wer ist Subjekt, wer Objekt? Sind Sie derjenige, der sich aktiv auf die Suche nach dem Glück macht? Kann man „Glück machen" wie ein raffinierter Bauunternehmer „Geld macht"? Oder sind Sie Objekt? Klopft das Glück bei Ihnen an? Schaut es von sich aus irgendwann mal vorbei? Vielleicht merken Sie es: Bereits die Art und Weise, wie wir über Glück sprechen, legt nahe, dass wir es nicht für „machbar" halten. Und das stimmt: Sie können Glück nur sehr begrenzt aktiv herbeiführen, es kaum planen und nie erzwingen. Aber Sie können immer dafür offen sein, dass es Ihnen widerfährt!

Trotzdem hatten die Rezepte derer, die Glück für machbar halten, schon immer Konjunktur. Erinnern wir uns zum Beispiel an den in Stein gemeißelten Glücksexperten aus dem vorigen Kapitel: Epikur. Er wurde zum Guru vieler Glückssuchender, weil er Glück für ein planbares Lebensziel hielt. Er hatte einen Plan. Und er hat daraus Regeln abgeleitet, die er für glücksversprechend hielt. Sein Plan: Wer weitgehende Kontrolle über alle Rahmenbedingungen seines Lebens erlangt, wird dadurch die Zahl der Unglückserfahrungen spürbar verringern. Unterm Strich ist dieser Mensch dann glücklicher als andere. Und dazu müssen Sie nur ein paar sinnvolle Regeln beachten ...!

Besoffene Menschen sagen häufig Dinge, die sie, nüchtern betrachtet, lieber für sich behalten hätten – scharf beobachtet, lieber Epikur! Deshalb lautete des alten Philosophen Rat: Beschränken Sie Ihren Alkoholkonsum auf Mengen, die anregend und gesund sind. Gerne gebe ich diese 2300 Jahre alte Glücksregel an Sie weiter. Und ich leite damit über zu den vielen Fragen des Paragrafen- und Regelwerks angeblich planbaren Glücks: Wie viele Stunden Fernsehen am Tag sind glücksbekömmlich? In welcher Mondphase gehen Sie am besten zum Friseur? Funktioniert die Glücksformel nur mit Vollwertkost? Sind Menschen ohne Handy glücklicher? Brauchen Sie wirklich eine sündteure Auratherapie oder tun es auch die Duftkerzen vom Discounter?

Wohlmeinende Frauenzeitschriften geben Antwort auf solche Fragen. Glücksexperten mit Universitätsdiplom eher nicht. Diese raten Ihnen vielmehr, über Ihr Erwartungsmanagement und Ihre innere Einstellung zu Herausforderungen nachzudenken. Chancen und Probleme hat jeder Mensch – die Frage ist, wie Sie sich Ihrem Leben stellen und was Sie daraus machen.

Lothar Kuzydlowski gilt als besonders trauriges Beispiel für einen Glückspilz. Der arbeitslose Teppichleger aus Hannover knackte 1994 den Lottojackpot. Schlagartig gingen auf seinem leeren Konto 3,9 Millionen Mark ein. Eine protzige Goldkette mit den Buchstaben „LLL" – Lothar, Lotto, Lamborghini – wurde von da an zu seinem Erkennungszeichen.

Autohändler, Bardamen und Champagnerhersteller kamen in den Genuss der ihm so überraschend zugewachsenen Kaufkraft. Aber das Familienleben von Kuzydlowski zerbrach am unerwarteten Reichtum. Seine Frau verließ ihn 1998,

 nachdem die Boulevardpresse von Lotto-Lothars außerehelichen Eskapaden auf Mallorca berichtet hatte. Zugleich verschlimmerte sich Kuzydlowskis Alkoholproblem zunehmend. Bereits fünf Jahre nach seinem „Glückstag" erlag der Lottogewinner einer Leberzirrhose. Er wurde nur 53 Jahre alt. Seine Witwe und seine Ex-Geliebte stritten dann weitere fünf Jahre vor Gericht um das Erbe.

Da hat einer also unglaubliches Glück gehabt und nichts daraus gemacht. Tragisch – aber gar nicht so selten! Erfüllte Träume bringen nicht immer die erträumte Erfüllung. Manche Menschen glauben ganz fest, irgendetwas zum Glücklichsein zu brauchen – und dann haben sie es und sind immer noch nicht glücklich.

Wege, die hundertprozentig zum Glück führen, gibt es nicht. Ganz offensichtlich lässt sich das Glück nicht direkt ansteuern. Es lässt sich weder „machen" noch erzwingen. Übrigens nicht mal durch Talisman, Hasenpfote und Hufeisen. Im Gegenteil. Der englische Psychologe Richard Wiseman hat herausgefunden: Menschen, die sehr viele Glücksbringer zu Hause haben, sind im Durchschnitt deutlich weniger glücklich als andere.

„Der Grund war nicht die Ursache,
sondern der Auslöser.“

FRANZ BECKENBAUER

4.3 Warum Umwege manchmal weiterführen

Gäbe es eine Wanderkarte durchs Wunderland, dann wäre auf dieser wohl kein Ort eingezeichnet, wo das Glück sicher zu finden ist. Eine solche Karte könnte Sie höchstens in Gegenden führen, in denen eine gewisse Wahrscheinlichkeit besteht, dass das Glück Sie dort auf einmal ganz unverhofft streift. Ob Sie sich dann berühren lassen, liegt an Ihnen. Wer dem Glück immer angestrengt hinterherjagt, bemerkt vielleicht gar nicht, wenn es auf einmal da ist.

Der Kompass zeigt den Weg. Nein, das tut er nicht! Richtig ist vielmehr, dass er die Richtung zeigt. Wenn Sie schnurstracks seiner Nadel folgen, werden Sie auf Hindernisse stoßen. Wanderer wissen: Kompromisslos geradeaus der Himmelsrichtung folgend würde man zwar den kürzesten Weg einschlagen, aber sehr wahrscheinlich vor einer tiefen Schlucht, im undurchdringlichen Dickicht oder an einer steilen Felswand weit vor dem Ziel zum Stehen kommen.

Genauso ist es mit dem Glück. Wer es unflexibel direkt ansteuert, es so fixiert, dass er nichts anderes mehr im Blickfeld hat, der wird kaum zum Ziel kommen. Wenn Sie nichts anderes, als glücklich zu werden, im Sinn haben, wird Ihnen genau dies mit großer Wahrscheinlichkeit nicht gelingen.

Der Sinn des Lebens liegt darin, glücklich zu sein und möglichst viel Freude zu haben. Dieser These stimmen heute immerhin sieben von zehn Deutschen zu. 1974 sah dies nur die Hälfte der Befragten so. Aber damals wie heute gaben am Ende drei von zehn Menschen an, tatsächlich glücklich zu sein. Sich das Glück ganz fest vorzunehmen macht demnach nicht unbedingt wahrscheinlicher, dass man wirklich glücklich wird.

Der angeblich direkte Weg zum Glück hat einen Namen: „Selbstverwirklichung". Sich möglichst unmittelbar auf das auszurichten, was den eigenen Wünschen und Bedürfnissen entspricht, wird dabei zum inneren Kompass der Lebensführung. Was tut mir gut? Was brauche ich? Was will ich? Sich permanent von diesen Fragen leiten zu lassen führt aber keineswegs sicher ins Land des seligen Lächelns.

Das selige Lächeln ist wissenschaftlich vermessen worden. Und was die Forscher herausgefunden haben, mahnt zur Skepsis. Beim genaueren Hinsehen zeigt sich nämlich, dass echte innere Fröhlichkeit eher selten ist.

19 verschiedene Arten zu lächeln haben die Forscher bei der Auswertung von Filmaufnahmen entdeckt. Schön! Nur leider sind 18 von ihnen nicht ein ehrlicher Ausdruck tief empfundener innerer Heiterkeit.

Menschen lächeln, weil sie einen Staubsauger verkaufen wollen. Weil sie Gefühle verbergen wollen oder weil sie denken, dass Lächeln ihnen Vorteile bringt. Wir lächeln aus Schadenfreude. Wir lächeln uns über Peinlichkeiten hinweg. Wir lächeln, weil wir höflich sein wollen oder weil wir unsicher sind. Doch der Physiologe Guillaume-Benjamin Duchenne ist uns auf die Schliche gekommen. Er hat entdeckt: Allen vom Nutzwert und nicht der inneren Heiterkeit stimulierten Arten des Lächelns fehlt etwas. Wir lachen dann nur mit dem Mund. Erst wenn die Augen und die oberen Wangenhälften sichtbar mitlachen, ist dies Ausdruck ehrlicher Freude.

Dieses „echte", sogenannte Duchenne-Lächeln stellt sich in beglückenden Situationen wie von selbst ein. Aber nur sehr wenige Menschen können es bewusst „anknipsen". Selbst professionelle Schauspieler kommen oft nicht über ein Lachen hinaus, das Experten als aufgesetzt maskenhaft enttarnen.

Mutter Teresa (1910–1997) wurde nicht nur mit dem Friedensnobelpreis ausgezeichnet. Sie zeichnete sich auch durch häufiges Duchenne-Lächeln aus. Viele Menschen waren deshalb nicht nur von ihren humanitären Aktivitäten beeindruckt, sondern auch von ihrer herzlichen und heiteren Ausstrahlung. Eine ihrer Einsichten lautet: „Ein fröhliches Herz entsteht normalerweise nur aus einem Herzen, das vor Liebe brennt."

Auf Besitz, Partnerschaft und eigene Kinder hat sie verzichtet. In den schlimmsten Slums der Welt sich um die Ärmsten der Armen zu kümmern wurde ihre Lebensaufgabe. Das Ergebnis: Sie gehört zu den wenigen Menschen, die sehr häufig von innen heraus unverkrampft lächeln!

Die nach ihrem Tod veröffentlichten Tagebücher verraten uns, dass sie keineswegs frei von Glaubens- und Selbstzweifeln war. Trotzdem drückte die katholische Kirche in Sachen Seligsprechung aufs Gaspedal. Bereits sechs Jahre nach ihrem Tod wurde sie seliggesprochen. So schnell wurde in den letzten 500 Jahren kein anderer Seligsprechungsprozess abgeschlossen!

Was lernen wir daraus zum Thema „Selbstverwirklichung"? Offensichtlich verwirklicht sich ein Selbst nicht automatisch in der optimierten Verfolgung eigener Interessen. Der Mensch kann sich stattdessen „über Bande" verwirklichen, indem er eine Aufgabe wahrnimmt oder in einer Mission aufgeht. Eine erfüllende Lebensaufgabe zu haben bedeutet keineswegs, sein Leben aufzugeben.

Mutter Teresa ist sozusagen das Gegenmodell zu Epikur. Darauf zu verweisen, dass dessen Steinbüste ihn nicht mit Duchenne-Lächeln zeigt, wäre natürlich nicht fair. Selbst ein philosophischer Glücksguru kann kaum vier Stunden lang unverkrampft einen Steinmetz anlächeln! Also berufen wir uns lieber auf einen anderen in Stein gemeißelten Philosophen: Seneca (gest. 65 n.Chr.). Dieser beschrieb das Glück als einen „Begleitumstand": „Auf einem für die Aussaat vorbereiteten Acker wachsen gewisse Blumen mit auf – schöne, das Auge erfreuende Pflanzen –, denen aber die ursprüngliche Mühe nicht galt. Genauso ist es mit dem Glück. Es ist weder Lohn noch Ursache aller tugendhaften Bemühungen, sondern eine Art Zugabe." Nach Seneca lässt sich das Glück also nicht direkt ansteuern, aber in dem Moment, in dem Sie sich beherzt und motiviert sinnvollen Aufgaben stellen, kann es passieren, dass Sie wie von selbst glücklich werden.

Diese Art von Glück stellt sich nicht nur bei Menschen ein, mit deren späterer Heiligsprechung zu rechnen ist. Das selige Lächeln einer Mutter Teresa lässt sich auch in der säkularisierten Variante gut nachvollziehen: Mit sich selbst und seiner Umwelt im Reinen zu sein, erfüllende Aufgaben wahrzunehmen – das kann definitiv glücklich machen.

 „Im Angriff wäre mir so ein Tor nie gelungen. "

JERMAINE JONES ÜBER EIN EIGENTOR

4.4 Eine spielerische Orientierungshilfe

Wie sehen Sie die Welt? Mit Ihrer persönlichen Einstellung stellen Sie sich immer auch selbst ein: auf Optimismus oder Pessimismus, auf Gestaltungsfreude oder Resignation, auf Genuss oder Bitterkeit.

Ich ärgere mich! Hören Sie mal genau hin: Wer ärgert da wen? „Mensch-ärgere-dich-nicht" heißt ein bekanntes Brettspiel. Leider kann fehlendes Würfelglück dabei eine Menge Ärger verursachen. Zum Abschluss dieses Kapitels sind Sie deshalb eingeladen, noch eine kurze Runde „Mensch-freu-dich" zu spielen. Jede Würfelzahl ist garantiert ein Grund, sich zu freuen!

⚀	Freuen Sie sich, dass Deutsche kein Visum für Singapur brauchen. Sie müssen also nicht im saukalten Radkasten fliegen.
⚁	Freuen Sie sich, dass Sie bislang von Millionengewinnen beim Lottospielen verschont geblieben sind. Gut möglich, dass Sie sich sonst bereits mit Champagner zu Tode gesoffen hätten.
⚂	Freuen Sie sich, dass Sie Ihren Standpunkt ändern können. Suchen Sie möglichst oft nach den Standpunkten, von denen Sie das Betrachtete mit einem Duchenne-Lächeln sehen.

⚃	Freuen Sie sich, dass Sie dem Glück nicht nachlaufen müssen. Es kommt von selbst.
⚄	Freuen Sie sich, dass das Leben Sie immer wieder vor Aufgaben stellt. Sie müssen nie aufgeben, etwas Sinnvolles und Erfüllendes zu tun.
⚅	Freuen sie sich, dass der Vatikan das Heiligsprechungsverfahren beschleunigt hat. Wenn Sie sich so richtig ins Zeug legen, vielleicht wird's ja noch was?

5. Über den Umgang mit alten Verletzungen und müden Knochen

Spätestens im letzten Kapitel sind Sie mir als Autor dieses Buchs auf die Schliche gekommen: Ich möchte Sie darin bestärken, Ihr Leben positiv zu sehen und es möglichst gerne zu leben! Sie sollten entdecken, welche Chancen und Freiräume Sie sich in der ersten Lebenshälfte erspielt haben. Und aus den Bällen, die Sie früher, in der Phase des Spielaufbaus, nach vorne gebracht haben, sollen jetzt Tore werden. Da gibt es so viel, das Ihr Leben jetzt sinnerfüllt, genussreich und schön machen kann ...!

Das klappt leider nicht immer. Denn aus der ersten Lebenshälfte warten nicht nur Steil-, sondern auch Fehlpässe auf Sie. Wenn Sie genauer hinsehen, entdecken Sie, dass sich die eine oder andere Spielstrategie nicht bewährt hat. Manchmal merken Sie vielleicht auch, dass Ihre Kräfte nicht mehr so frisch sind und Sie das Spiel nicht in der gewohnten Weise fortsetzten können.

Das Leben ist nicht immer schön, sinnerfüllt, genussreich und leicht. Es gibt nicht nur Chancen und Freiräume, sondern auch Ent-

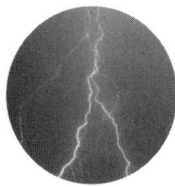

täuschungen, Sorgen und Ängste. Sie haben nicht nur Stärken und Ressourcen. Sie leiden auch unter Grenzen, Schwächen und Krankheiten. Dies gehört eben auch zum Leben. Deshalb lädt das folgende Kapitel Sie ein, zum Dr. Do-it-yourself zu promovieren.

Im Rahmen dieser Promotionsarbeit stoßen Sie zunächst auf ganz arme Hunde, dann auf Überschallflugzeuge, die sich um Jahre verspätet haben, und schließlich auf irre Bekannte (bzw. bekannte Irre).

Nach der Lektüre dieses Kapitels dürfen Sie sich einen selbst gebastelten Doktorhut aufsetzten, wenn Sie erkannt haben,

- dass Sie auch nach Fouls und Verletzungen gute Chancen haben, wieder auf die Beine zu kommen,
- dass Sie sich von manchen Sorgen einfach verabschieden können,
- dass Sie Ihre Kräfte nicht in sinnlosen Spielzügen vergeuden sollten,
- dass das Spielfeld voller Irrer ist und es nichts macht, wenn auch Sie nicht ganz normal sind.

Dies wird Ihnen helfen, sich bewusst zu machen, dass Sie sich bei vielen Problemen gut selbst helfen können und dass es andere gibt, bei denen Ihnen gute Experten helfen können. Diese Einsicht macht es Ihnen leichter, trotz der Verletzungen und Fouls aus der ersten Lebenshälfte gut im Spiel zu bleiben.

„Die Sanitäter haben mir sofort
eine Invasion gelegt."

FRITZ WALTER

5.1 Haben Sie Zutrauen zu den (Selbst-)Heilungskräften!

Sie können die Risiken und Chancen auf Ihrem Lebensweg bewusst
wahrnehmen – oder blind in Ihr Unglück rennen. Sie können optimistisch versuchen, etwas zum Guten zu wenden – oder an der
dunkelsten Stelle des Jammertals Ihre Zelte aufschlagen. Sie können
manche Probleme vermeiden, andere lösen und mit dritten möglichst
gut umgehen. Für ein gutes Leben können Sie einiges tun. Nur komplett vermeiden, dass das Leben Sie vor Probleme stellt – das können
Sie nicht! Auch eine positive Lebenseinstellung, viele Sozialkontakte
und ein gesunder Lebenswandel machen Sie nicht unverwundbar.
    Shit happens. Das Schicksal schlägt manchmal erbarmungslos zu.
In manchen Momenten will man in den biblischen Stoßseufzer einstimmen: „Das Leben währet siebzig Jahre, wenn es hoch kommt achtzig,
und das meiste davon ist Mühsal und Beschwer" (Psalm 90,10).

Bitte schreiben Sie in den folgenden Kasten in Stichpunkten alles Leid-
volle und Schmerzhafte, das Sie bis jetzt in Ihrem Leben erfahren haben!
Versuchen Sie, sich dabei möglichst auch an schon länger zurückliegende
Dinge zu erinnern, die Ihnen heute nicht mehr so präsent sind!

Schmerz ist nicht gleich Schmerz. Die subjektiv empfundene Schmerzintensität ist stärker, wenn Ihnen jemand *absichtlich* einen Stein auf die Füße wirft, als wenn der Stein *zufällig*, ohne menschlichen Urheber auf Ihre Füße fällt. Bewusst von Menschen zugefügtes Leid schmerzt stärker als zufälliges. Deshalb schließt sich an die Frage nach dem erlebten Leidvollen folgende Frage an:

Welche Menschen haben Ihnen Böses angetan? Schreiben Sie deren Namen in den folgenden Kasten:

Die Frage lautet nun, wie Sie mit unvermeidlichem Leid und den Ihnen von Menschen bewusst oder unbewusst zugefügten Verletzungen sinnvoll umgehen.

Bevor wir zu Ihren ganz persönlichen Bewältigungsstrategien kommen, machen wir noch mal so etwas wie eine Feuerprobe: Am 11. April 1996, 15.58 Uhr, geht ein Notruf bei der Berufsfeuerwehr in Düsseldorf ein. Dichten Rauch in der Abflughalle meldet der Flughafen. Mit dem Eintreffen der ersten Löschzüge um 16.07 Uhr beginnt ein Großeinsatz. Der Einsatzbericht vermerkt: „Die Besatzungen ahnten beim Anblick des völlig verrauchten Gebäudes schon, dass sie diesen Einsatz so schnell nicht wieder vergessen werden." Diese Befürchtung bestätigt sich. Durch Schweißarbeiten war ein Feuer ausgelöst worden, das sich über ungeeignete Dämmmaterialen blitzschnell ausgebreitet hatte. Dieser Schwellbrand kostete 17 Menschen das Leben. Weitere 72 Menschen wurden ernsthaft und mehrere hundert leicht verletzt.

Danach schlug die Stunde der Seelsorge. Ein gutmeinendes, hoch engagiertes Team kirchlicher Notfallseelsorger wollte den Angehörigen der Todesopfer helfen. Diese werden zur Trauerbewältigung in das Flughafengebäude eingeladen. Am Originalschauplatz sollen sie sich das Leid möglichst bildlich vor Augen führen und dadurch lernen, „sich den Traumata zu stellen". Doch die gut gemeinte Aktion endet böse. Eine Reihe von Teilnehmern beklagt danach, sich sehr viel schlechter zu fühlen als vor diesem therapeutischen Treffen. Was ihnen davor zum Glück erspart geblieben war, hat sich dann leider nach dieser Konfrontation eingestellt: Schlaflosigkeit, Heulkrämpfe und Alpträume. Das „Aufarbeiten" hat in diesem Fall den natürlichen Trauerweg nicht erleichtert, sondern eher behindert.

George Bonanno, Professor für klinische Psychiatrie an der Columbia University, hat ähnliche Beobachtungen gemacht. Er hat den Erfolg der therapeutischen Bemühungen nach den Anschlägen in New York vom 11. September 2001 ausgewertet und kommt zu dem Ergebnis: Wer intensiv professionelle therapeutische Hilfe in Anspruch genommen hat, dem gelang die Verarbeitung des Erlebten keineswegs besser. Betroffene, die gar nicht oder nur gelegentlich im persönlichen Freundeskreis über das Erlittene gesprochen haben, fanden häufiger und schneller wieder ihren inneren Frieden.

Mit dieser Beobachtung stellt der Forscher einen Therapieansatz infrage, der populärwissenschaftlich verbreitet für viele Menschen zur unkritisch übernommenen „Küchenpsychologie" geworden ist. „Trauerarbeit", das heißt, das bewusst expressive Ausleben von Verlustgefühlen, richtet nach Bonanno häufiger Schaden an, als dass es Nutzen stiftet. Überhaupt warnt er vor dem künstlich forcierten emotionalen „Rauslassen" von negativen Gefühlen. Dass damit der innere Problemdruck reduziert wird, sei unbewiesen. Im Gegenteil: Es sei vielmehr belegt, dass sich dadurch negative Stimmungen aufbauen und verfestigen könnten.

Schicksalsschläge gehören offensichtlich derart selbstverständlich zum Leben, dass die meisten Menschen auch von selbst verstehen, mit ihnen umzugehen. Krisen durchzustehen und wieder Freude am Leben zu erlangen gelingt Ihnen mit großer Wahrscheinlichkeit aus eigener Kraft bzw. mithilfe Ihrer Angehörigen und Freunde.

Aufmerksame Bezugspersonen sind sehr wichtig, um Leid gut zu verarbeiten. So falsch eine Therapie sein kann, die bereits verheilende Wunden wieder aufreißt, so billig wäre es andererseits, im persönlichen Kontaktkreis über Verwundungen und Krisen hinwegzureden. Wenn Leidenserfahrungen zum Menschsein dazugehören, würde eine Gesellschaft, die erfolgsverliebt über alles Leid hinweggeht, unmenschlich. Freunde und Familienangehörige sind normalerweise die erste Adresse von Hilfesuchenden: Sie fangen auf, geben Halt und trösten. Sie helfen bei den praktischen Dingen – und sie tun einfach aufgrund ihrer Aufmerksamkeit und Zuneigung gut.

Also brauchen wir gar keine Therapeuten, Seelsorger, Psychologen und Psychiater? Dieser Schluss wäre falsch! Psychische Erkrankungen sind schließlich genauso Erkrankungen wie körperliche auch. Sie müssen von richtigen Experten behandelt werden. Ein guter Freund leidet unter einem eiternden Weisheitszahn? Wer geht da schon in den Keller und holt seinen Werkzeugkasten? Ein Mensch leidet an einer Depression, an Wahnvorstellungen oder darunter, in einer Schleife ihm unveränderlich erscheinender Verhaltensmuster festzuhängen? Kein netter Nachbar, keine liebevolle Gemeindepfarrerin kann in solchen Fällen Ersatz sein für professionelle therapeutische Begleitung. Aber in diesem Fall lautet die gute Nachricht, dass die Experten erfreulich oft helfen können.

Psychische Erkrankungen sind zum Glück kein Schicksal, in das man sich hilflos zu fügen hätte. Genau wie physische Krankheiten lassen sie sich behandeln – oft mit vollständigem Heilungserfolg, manchmal immerhin mit spürbarer Linderung. Knapp 70 Prozent aller Patienten, die sich mit ihrer Depression einem Arzt anvertrauen, spüren innerhalb von sechs Wochen eine deutliche Besserung bzw. völlige Genesung. Ein Drittel der Schizophrenen kann völlig geheilt werden, bei einem weiteren Drittel lassen sich die Störungen so unter Kontrolle bringen, dass sie ein ganz normales Leben leben können.

„Wir halten den Kopf hoch, auch wenn der Hals
schon dreckig ist."

DIRK HEINEN

5.2 Verletzungen und Fouls werfen Sie nicht um

Mit Blick auf die meisten Lebenskrisen gibt es eine gute Nachricht: Normalerweise haben Sie genügend Widerstandskraft, um Schicksalsschläge, seelische Verwundungen und Abschiede gut wegzustecken. Durch das Bewältigen von Krisen gewinnt Ihre Persönlichkeit sogar an Stärke und Selbstbewusstsein. Sie werden besser darin, weitere Probleme zu lösen.

Wahrscheinlich sind Sie von Ihrer psychischen Konstitution her keineswegs ein „Warmduscher". Und nach der einen oder anderen kalten Dusche waren Sie so wach, dass Sie nicht auf dem feuchten Badezimmerboden ausgerutscht sind.

In den Humanwissenschaften wird diese innere Widerstandsfähigkeit als „Resilienz" bezeichnet. Warum gelingt es manchen Kindern aus verwahrlosten Familien, ihr Leben trotz ihrer Herkunft erfolgreich zu meistern? Warum schaffen es manche Bevölkerungsgruppen – zum Beispiel die deutschstämmigen Spätaussiedler aus Siebenbürgen – so auffallend gut, sich trotz leidvoller Umbrüche zupackend und optimistisch neuen Aufgaben zu stellen? Zunächst galt das wissenschaftliche Interesse vor allem solchen Extremfällen.

Victor Frankl (1905–1997), österreichischer Neurologe und Psychiater, darf in doppelter Hinsicht als eindrucksvoller Resilienz-Experte gelten.

Zum einen hat er ein persönliches Trauma in geradezu unvorstellbarer Souveränität bewältigt: Als Opfer der Judenverfolgung in der Nazizeit musste er knapp drei Jahre KZ-Internierung erleiden. Durch den Holocaust hat er seine

Familie komplett verloren. Trotzdem hat er sofort nach Kriegsende wieder an sein wissenschaftliches und ärztliches Wirken in Wien angeknüpft. Darüber hinaus engagierte er sich für Versöhnung und Völkerverständigung.

Zugleich war Frankl als Wissenschaftler ein Pionier in der Therapie von suizidgefährdeten Patientinnen. Als „Selbstmörderinnenpavillion" wurde die von ihm geleitete Krankenhausabteilung spöttisch von den Wienern bezeichnet. Aber Frankl erzielte in seiner psychiatrischen Station bahnbrechende Erfolge. Seine Therapie setzt nicht wie gewohnt bei den erfahrenen Verwundungen und negativen Gefühlen ein. Frankl drehte den Spieß sozusagen um. „Was hat Sie bislang davon abgehalten, es zu tun?", fragte er seine suizidgefährdeten Patientinnen. Im Folgenden wurde das Augenmerk auf die Dinge gerichtet, die den Patientinnen Lebensfreude und Genuss bereiteten.

Psychische Widerstandsfähigkeit ist nicht nur in Extremsituationen von Vorteil, sondern auch im Alltagsbetrieb. Deshalb wurde die Bedeutung des Begriffs „Resilienz" inzwischen ausgeweitet. Heute werden alle die Menschen als „resilient" bezeichnet, die gesundheitliche Einschränkungen oder familiäre oder berufliche Belastungen so wegstecken können, dass ihre psychische Gesundheit keinen nachhaltigen Schaden erleidet.

Resiliente Menschen haben gelernt, dass sie auch in schwierigen Situationen nicht die Kontrolle über ihr Leben verlieren. Statt in Resignation zu verfallen, suchen und finden sie Möglichkeiten, das Leben wieder lebenswert zu machen. Nach vorne zu sehen, sich auf die zukünftigen Chancen, nicht auf das sowieso nicht mehr zu ändernde Leid aus der Vergangenheit zu konzentrieren – das hilft nicht nur suizidgefährdeten Menschen. Dieser Perspektivenwechsel, den Frankl vorschlägt, bringt Sie auch bei all den Sorgen weiter, die Sie kaum das Leben kosten werden – es Ihnen aber durchaus mächtig vermiesen können.

Liebe Leserin, lieber Leser, ohne Sie persönlich zu kennen: Statistisch gesehen ist die Wahrscheinlichkeit relativ groß, dass Sie zum großen Stamm der „Resilienzler" gehören. Ob dies so ist, können Sie jetzt relativ leicht herausfinden:

Nehmen Sie einen Stift – am besten einen dicken roten! – und gehen Sie damit die beiden Listen am Anfang dieses Kapitels noch mal gründlich durch:

> Was haben Sie inzwischen gut verarbeitet? Streichen Sie es aus der ersten Liste!
>
> In welchen der verbleibenden Fälle haben Sie erfolgreich gelernt, sich innerlich damit abzufinden? Streichen Sie diese Punkte ebenfalls!
>
> Was oder wer konnte Ihnen die Freude an der Zukunft nicht nachhaltig zerstören? Streichen Sie es bzw. ihn von der ersten und der zweiten Liste!
>
> Welcher Mensch, der Ihnen Böses getan hat, verursacht Ihnen heute keine Alpträume, keine Angst und keine akuten Aggressionen mehr? Strich durch in Liste zwei!
>
> Am Ende bleibt dann nur das stehen, von dem Sie sagen: Das kann ich bis heute nicht verwinden. Darunter leide ich schon lange und immer noch.
>
> Jetzt vergleichen Sie die Anzahl der verarbeiteten – das heißt durchgestrichenen – Negativerlebnisse mit den anhaltend schmerzenden: Das Ergebnis zeigt Ihnen, wie viel resilientes Indianerblut vom Stamm der „Be-Häpi!" in Ihren Adern fließt!

Im Nachhinein kann es sein, dass Sie Schicksalsschläge sogar als Gewinn verstehen. Gerade durch die Bruchstellen in Ihrer Lebensgeschichte kann neues Licht hereinscheinen. Dabei sind es vor allem drei Punkte, die uns eine Krise rückblickend als Chance begreifen lassen:

- Sind Sie durch die Auseinandersetzung mit einem Problem gereift? Hat eine Krise Sie persönlich weitergebracht und leben Sie Ihr Leben jetzt bewusster?

- Wurden Ihre sozialen Kontakte durch eine Krise gestärkt? Sind Freundschaften und Familienbindungen durch die erfahrene Solidarität intensiver geworden? Hat es Ihnen nicht nur gutgetan, Hilfe zu bekommen, sondern sind Sie auch selbst in Ihrer Hilfsbereitschaft gestärkt worden?

- Wurden Ihre seelischen Immunkräfte gestärkt? Fühlen Sie sich jetzt stärker und kompetenter für den Umgang mit zukünftigen Problemen?

„Zuerst hatten wir kein Glück und
dann kam auch noch Pech dazu."

JÜRGEN WEGMANN

5.3 Wo Sie festsitzen, versuchen Sie wieder in Bewegung zu kommen!

Es gibt allerdings auch Fälle, in denen sich die Zukunft tatsächlich nur gewinnen lässt, wenn die Dämonen der Vergangenheit besiegt werden. Manche Menschen haben sich so an ihr Unglück gekettet, dass sie gar keine Chance haben, unbeschwert Neues zu erleben. Sie sitzen in einer – im wahrsten Sinne des Wortes – hundsgemeinen Psychofalle fest! Dies führt uns das folgende Experiment vor Augen:

Stellen Sie sich zwei verschiedene Hundezwinger vor. In beiden Käfigen sind im Boden Drähte eingelassen, die gelegentlich elektrische Schläge abgeben. Diese sind zwar ungefährlich, aber durchaus unangenehm. Wenn Sie schon mal an einen elektrisch geladenen Weidezaun gefasst haben, wissen Sie, was die Hunde zu ertragen haben.

In einem der beiden Käfige haben die Hunde die Möglichkeit, diese Stromstöße abzuschalten. Dazu müssen sie mit der Schnauze einen Schalter betätigten. Dies tun sie natürlich ganz schnell – wuff, wuff! Die armen Hunde im Nachbarkäfig indessen sind den Schocks ohne Ausschaltmöglichkeit hilflos ausgeliefert. Beide Hundegruppen werden jeweils eine Zeit lang an ihre Umgebung gewöhnt. Und im Anschluss werden sie dann gemeinsam in einen neuen Käfig gebracht. Auch dieser steht unter Strom. Einen Schalter zum Unterbinden der Stromstöße gibt es nicht. Dafür ist aber eine Käfigwand so niedrig, dass die Hunde die Möglichkeit haben, durch einen Sprung ins Freie den Stromstößen zu entgehen. Was wird passieren?

Die Hunde, die zuvor im Käfig mit Schalter gesessen hatten, schalten auch jetzt schnell: Alle von ihnen entziehen sich rasch den Stromstößen. Sie springen einfach aus dem Käfig. Ganz anders die Hunde, die zuvor im anderen Käfig saßen: Sie legen sich winselnd auf den Boden und ertragen resigniert einen Stromschlag nach dem anderen. Dass sie ihrem Unglück hilflos gegenüberstehen, hat sich im ersten Käfig so fest eingeprägt, dass sie es auch auf die neue Umgebung fraglos übertragen.

Mit diesem Experiment wies der Psychologe Martin Seligman nach, dass Hilflosigkeit erlernt werden kann. Und dies hat Folgen, die zum Jaulen sind: Die von ihrer Hilflosigkeit überzeugten Hunde entwickeln allesamt depressive Züge. Sie wirken niedergeschlagen, haben weniger Hunger, seltener Sex und sie spielen weniger mit anderen Hunden.

Der gleiche Mechanismus kann auch bei Menschen greifen: Wenn Sie sich in dem Gefühl, nichts tun zu können, wie in einem Käfig eingerichtet haben, kommen Sie nicht mehr so leicht heraus – selbst dann nicht, wenn es einen gangbaren Ausweg gäbe. Auch mancher Zweibeiner wird so zum armen Hund. Erlernte Hilflosigkeit gilt als hochwirksamer Treibsatz für Depressionen.

Gibt es in Ihrem Leben Probleme, unter denen Sie schon sehr lange leiden? Gibt es Probleme, die Ihnen nachhaltig die Lebensfreude vermiesen? Gibt es Probleme, von denen Sie sagen: „Das kriege ich nie gelöst"?

Bitte halten Sie diese Probleme unten im Kasten fest!

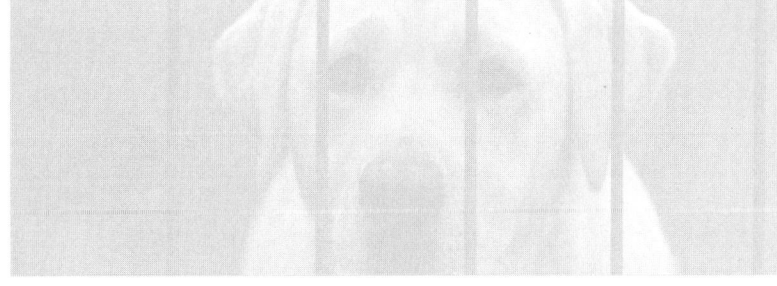

Und jetzt unterstreichen Sie bitte all die Probleme, bei denen Sie schon lange aufgegeben haben, nach einer Lösung zu suchen. Gibt es Hypotheken in Ihrem Leben, die Sie inzwischen frag- und widerstandslos hinnehmen? Und fragen wir weiter: Kann es sein, dass Sie für die Auswege blind geworden sind?

Im geschilderten Experiment hätten sich am Ende alle Hunde durch einen beherzten Sprung aus dem Käfig retten können. Tierisch schade, dass einige sich darauf festgelegt hatten, dass ihr Leiden ausweglos ist!

Falls auch Sie das Gefühl haben, kraftlos in einem Käfig festzusitzen, ist es eine befreiende Einsicht, dass es Auswege geben könnte, die Sie nur deshalb nicht finden, weil Sie aufgegeben haben, nach ihnen zu suchen. Gibt es jemanden, mit dem Sie ein Gespräch über Ihr Problem führen könnten? Gut möglich, dass Sie dann gemeinsam auf Lösungswege kommen, die Sie bislang noch nicht ausprobiert haben!

„Wir dürfen jetzt nur nicht den Sand
in den Kopf stecken!"

LOTHAR MATTHÄUS

5.4 Geben Sie auf, was Sie nicht weiterführt!

Der Trägheitssatz ist ein Naturgesetz. Und er lässt sich auch in der menschlichen Natur beobachten: Solange keine richtungsändernde Energie ins Spiel kommt, gehen wir den gewohnten Weg weiter. Und weiter und weiter und weiter ... Selbst dann, wenn es ein Irrweg ist! Auch Wege, die am Anfang sehr vielversprechend begannen und hoffnungsvoll eingeschlagen wurden, können sich mit der Zeit als Irrweg erweisen. Dies lässt sich an einem windschnittigen Beispiel veranschaulichen – am sogenannten Concorde-Effekt:

Am 19. November 1962 beschließen die Regierungen von England und Frankreich, gemeinsam ein Überschallpassagierflugzeug zu bauen. Dafür werden staatliche Mittel in Höhe von umgerechnet ca. 300 Million Euro bereitgestellt. Dieses Geld haben die beauftragten Firmen nach zwei Jahren komplett verbraucht – aber der Wundervogel ist technisch noch weit vom Abheben entfernt. Also schießen die beiden Regierungen zusätzliches Geld nach. Und dann noch mal. Und noch mal. Und noch mal. 1972 fliegt das Ding immer noch nicht, obwohl inzwischen siebenmal mehr Geld ausgegeben wurde als ursprünglich geplant. Dann kommt auch noch die Ölkrise. Sie hat zur Folge, dass alle ausländischen Fluglinien ihre Vorbestellungen stornieren. Spätestens jetzt ist klar, dass der spritfressende Düsenjäger zum Pleitegeier wird. Zieht nun endlich jemand die Notbremse?

Nein. Es fließt weiter Geld. Viel, viel mehr Geld! Als die Concorde am 21. Januar 1976 endlich zum Jungfernflug abhebt, hat man zwölfmal mehr ausgegeben als anfänglich vorgesehen. Nach jedem

Nachschlag, den die Politiker gewährten, sank ihre Bereitschaft, das sichtbar scheiternde Vorhaben aufzugeben. Wer gibt schon gerne zu, davor so viel Geld sinnlos in den Wind geschossen zu haben?

Unter den Lesern dieses Buches dürfte es mehr Kleinanleger als Flugzeugingenieure geben. Deshalb interessiert es Sie vielleicht, dass auch manche Hobbybroker an der Börse ihr ganz persönliches Concordefiasko erleben. Psychologen, die die Transaktionen von Privatanlegern untersucht haben, sind auf folgendes Phänomen gestoßen: Während bei steigenden Kursen eine Aktie durchschnittlich viel zu früh verkauft wird, wird das Papier bei fallenden Kursen zu lange gehalten. Einen Verlust, eine Fehlinvestition zu realisieren tut weh. Niemand gesteht sich gerne ein, eine falsche Entscheidung getroffen zu haben. Deshalb wird die Aktie gehalten, obwohl sie fällt und fällt und fällt. Was als Volksaktie begann, endet als Telekomtrauma ...

Das Prinzip ist in beiden Fällen das gleiche: Menschen halten an einer offensichtlich gescheiterten Strategie fest, weil sie schon so viel Kraft und Ressourcen in diese investiert haben.

In dem Moment, in dem ein Fußballer merkt, dass er einer Flanke hinterherläuft, die nicht zu kriegen ist, gibt er den Spielzug auf. Er läuft nicht einem offensichtlich verlorenen Ball hinterher, sondern schont lieber seine Kräfte für andere, vielversprechendere Spielzüge. Das sollten Sie in Ihrem Lebensspiel auch so machen! Und dazu ist es sinnvoll, dass Sie sich jetzt einen Moment Zeit nehmen und danach fragen, ob Sie Kräfte dafür verschleißen, Bällen nachzulaufen, aus denen wohl nie ein Tor wird.

Gibt es Projekte, die Sie schon lange – mit unerwartet großem Aufwand – verfolgen, ohne dass Sie zu einem Ergebnis kommen? Haben Sie in irgendwas investiert – egal ob Geld oder Zeit –, das sich als Fass ohne Boden erweist? Dann vertrauen Sie es bitte dem Kasten unten an!

Und jetzt fragen Sie danach, ob die Weiterverfolgung dieser Projekte wirklich sinnvoll ist:

- Welche der genannten Projekte werden Sie realistischerweise wohl nie erfolgreich abschließen?

- Bei welchen sind Sie noch weit von Ziel entfernt, haben aber zugleich schon unerwartet viel Zeit und Kraft investiert?

- Warum halten Sie an diesem Projekt fest? Würde es Ihnen schlechter oder besser gehen, wenn Sie dieses Projekt beerdigen?

- Wenn Sie mit Ihren Kräften und Ressourcen haushalten müssen, auf welche der offenen Projekte wollen Sie sich dann konzentrieren?

Diese Fragen könnten Sie dazu führen, dass Sie den Mut haben, etwas aufzugeben! Denn sich auf unerreichbare oder nur mit zermürbendem Kraftaufwand zu erreichende Ziele zu fixieren kann das Leben belasten. Sie leben freier, wenn Sie Ihre Lebenspläne und Vorhaben immer wieder auf den Prüfstand stellen. Verabschieden Sie sich ruhig von dem, was Sie nicht weiterführt!

Eine Weisheit der Dakota-Indianer besagt: „Wenn du entdeckst, dass du ein totes Pferd reitest, steige ab!" Na ja ... Noch schlauere Indianer entdecken schon früher, dass ihr Pferd erschöpft ist, und reiten es gar nicht erst zu Tode.

In überzeugender Weise den Absprung geschafft hat **Margot Käßmann**, ehemalige Bischöfin und Ratsvorsitzende der evangelischen Kirche. Drei Tage nachdem sie mit 1,54 Promille hinter dem Steuer ertappt wurde, erklärte sie überraschend und noch weitgehend frei von äußerem Druck ihren Rücktritt.

Was wäre passiert, wenn sie stattdessen im Amt „durchgehalten" hätte? Witze, Anspielungen, Zweifel an ihre Glaubwürdigkeit und immer neue „Enthüllungen" zu ihrem Familienleben hätten sie persönlich und das von ihr ausgeübte geistliche Amt beschädigt. Es ist unwahrscheinlich, dass sie je wieder zu einer innerlich unverkrampften und äußerlich akzeptierten Amtsführung zurückgefunden hätte. Einen entsprechend aussichtslosen Versuch hat sie sich und ihrer Kirche erspart.

So hat Käßmann das „durchgehalten", was sie wirklich ausmacht: Charisma, Ehrlichkeit und Gradlinigkeit. Die ihr seit dem Rücktritt entgegenbrandenden öffentlichen Sympathien würde sie nicht erleben, wenn sie drei Monate – und etliche Grabenkämpfe und Selbstentschuldigungsversuche – später zurückgetreten wäre.

„Mein Problem ist, dass ich immer sehr selbstkritisch bin, auch mir selbst gegenüber."

ANDREAS MÖLLER

5.5 Stehen Sie zu Ihren Grenzen und Seltsamkeiten!

Eine Funktion, eine öffentliche Rolle können Sie notfalls einfach abstreifen – sich selbst aber nicht. Aus Ihrer eigenen Haut kommen Sie nicht heraus. Nicht jeder hat die innere und äußere Freiheit, unverkrampft eine Weiche auf dem Lebensweg umzustellen. Sie können nur versuchen, so, wie Sie sind, das Beste aus Ihrem Leben zu machen. Das Leben eines Anderen leben können Sie jedoch nicht.

Die Festplatte auf dem Computer lässt sich komplett löschen und dann ist der Platz frei, um die Systeme neu zu konfigurieren. Die Persönlichkeit eines Menschen kann nicht gelöscht werden. Wir können uns nur in gewissen Grenzen ändern, aber nie völlig neu konfigurieren. Das zeigt uns schon unser Körper: System neu booten – dieses Mal bitte ohne Heuschnupfen, Sehschwäche und Arthrose? Diese Option hat Gott nicht vorgesehen!

Manchmal leiden Menschen nicht nur unter dem, was ihnen widerfährt oder von anderen angetan wird. Sie leiden auch darunter, dass sie so sind, wie sie sind. Sie vergleichen sich mit dem, was sie gerne wären oder was andere sind. Und sie glauben, bei diesem Vergleich schlecht wegzukommen.

„Völliges körperliches, seelisches und soziales Wohlbefinden" – so definiert die Weltgesundheitsorganisation (WHO) Gesundheit. Und, au weh, sie macht uns mit dieser Definition alle zu Kranken! Rückenschmerzen, Mobbing, Allergien, depressive Durchhänger, Tinnitus, Zahnprobleme oder gar Multiple Sklerose – an irgendetwas, das Ihr „völliges körperliches, seelisches und soziales Wohlbefinden" trübt, leiden Sie doch sicher auch?!

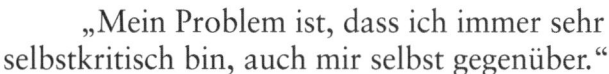

Nicht nur der Körper, auch die Psyche kann Ihnen signalisieren, dass „etwas mit Ihnen nicht stimmt". Im anonymen, effizienten und leistungsorientierten Klima der wohlhabenden Industriestaaten gedeihen zum Beispiel Depressionen unerfreulich gut. Mediziner prognostizieren, dass Depressionen in naher Zukunft mehr Menschen das Leben kosten werden als Herz-Kreislauf-Erkrankungen. Sie haben das Potenzial zur „Volkskrankheit Nummer 1". Schon heute leiden knapp 4 Prozent der Bundesbürger irgendwann im Lauf ihres Lebens unter einer schweren melancholischen Depression. Etwa 1 Prozent leidet unter Schizophrenie.

Wenn Sie zu den Menschen gehören, die nicht immer so funktionieren, wie sie gerne würden, dann sind Sie übrigens nicht nur kein Sonderfall, sondern sogar in bester Gesellschaft. Auch viele bekannte und bewunderungswürdige Menschen leiden unter Scheu vor öffentlichen Auftritten, unter Versagensängsten, Abhängigkeiten, Traumata, Ticks, belastenden Stimmungstiefs und hysterischen Anfällen.

Wenn Sie darunter leiden, sich für nicht ganz normal zu halten, dann malen Sie jetzt Ihr verrücktes Gesicht zwischen all die anderen abgebildeten Verrückten und machen Sie sich klar, dass unsere Welt viel ärmer wäre, wenn es nur die „Normalen" gäbe:

Die Menschen, die Sie auf den Bildern sehen, sind alle ein Fall für den Psychiater. Teresa von Ávila, Brigitte Bardot, Pablo Picasso, Robbie Williams und Wolfgang von Goethe waren zeitweise von Depressionen befallen. Virginia Wolf und Marilyn Monroe galten als manisch, Julius Cäsar und Konstantin Wecker teilen ein Suchtproblem. Bill Gates, Eric Clapton, Charles Darwin, Winston Churchill und Barbra Streisand litten unter Phobien.

Aber haben Sie es gemerkt? Einen habe ich ausgelassen! Hitler. Denn: „Hitler war normal, schrecklich normal. Er war so normal, dass er sogar eine besondere Fähigkeit hatte, sich ganz genau auf die Normalen einzustellen", schreibt der Psychiater Manfred Lütz. Auch bei Stalin und Dieter Bohlen lautet seine Ferndiagnose, dass sie völlig normal waren. Das ganz gewöhnliche Gewöhnlichsein schließt also keineswegs aus, dass ein Mensch ungewöhnlich großes Unheil anrichtet.

Andererseits können psychische Störungen nicht selten in besondere Fähigkeiten münden. Jerome Kagan, Psychologieprofessor in Harvard, hat verfolgt, wie sich überängstliche Säuglinge im Lauf ihrer Lebensgeschichte entwickeln. Ungefähr jedes sechste Kind ist von Natur aus ein kleiner Angsthase. Während die anderen fünf Kinder auf fremde Gesichter und Gegenstände gelassen oder sogar neugierig reagieren, schreit dieses Kind, zappelt mit den Armen und drückt den Rücken durch. Was wird aus diesen Angstkindern? Die schlechte Nachricht: Einmal Angsthase – immer Angsthase. Ihr ganzes Leben hindurch leiden diese Menschen unter überdurchschnittlicher Ängstlichkeit, Reizbarkeit und Hemmungen. Aber jetzt kommt die gute Nachricht: Viele dieser „Angsthasen" haben auf ihrem Lebensweg großen Erfolg. Dass sie wachsamer, vorsichtiger, abwägender und nachdenklicher sind als die Mitmenschen, die von der Säuglingsstation an draufgängerischer waren, verleiht ihnen ein besonderes Persönlichkeits- und Kompetenzprofil. Wer sich schwer damit tut, zu innerer Ruhe und Ausgeglichenheit zu finden, entfaltet nicht selten zum Wohl der Gesellschaft besondere Talente.

„Franziskus, geh und baue mein Haus wieder auf, das, wie du siehst, ganz und gar in Verfall gerät" – diese Worte sprach angeblich das Kruzifix in der renovierungsbedürftigen Kapelle von San Damiano zum Sohn eines wohlhabenden Tuchhändlers. Dem gehorchend begann **Franz von Assisi** sofort, die kleine Kirche wieder aufzubauen. Völlig unbeschwert gab er sein vorheriges Leben auf und wurde zum Mönch. Sein naives Gottvertrauen und seine ungebrochene Glaubwürdigkeit verliehen ihm ein enormes Charisma. Er gründete einen Orden und wurde zum inspirierenden Vorbild gelebten christlichen Glaubens.

Da hört einer Stimmen – und folgt ihnen blind. Er predigt den Vögeln und holt am Heiligabend einen stinkenden Ochsen und einen störrischen Esel in die Kirche, um die Geburt Christi nachzuspielen? Normal ist das nicht! All diese Symptome sind typisch für eine ausgeprägte Schizophrenie. Aber darf man einem Heiligen eine psychische Störung unterstellen?

Manfred Lütz – nicht nur Psychiater, sondern auch katholischer Theologe – tut es. Und er tut es in bester Absicht: Am Beispiel von Franz von Assisi könne man erkennen, dass psychische Störungen einen Menschen nicht in erster Line als „krank", sondern eher als „außergewöhnlich" charakterisieren. Nach den Worten von Lütz „hat sich in der Psychiatrie eine Entwicklung durchgesetzt, die in psychischen Krankheiten nicht bloß Defizite zu sehen vermag, sondern auch Ressourcen, besondere Kräfte, die dem Patienten selbst aus seiner psychischen Krise helfen können." Franz von Assisi hat unter seiner Schizophrenie weder gelitten noch hat er anderen Schaden zugefügt. Im Gegenteil! „Er war von heiterem Gemüt, konnte im wahrsten Sinne des Wortes keiner Fliege etwas zuleidetun. Er war außerdem von einer so unglaublichen kommunikativen Kompetenz, dass er Tausende junger Menschen seiner Zeit begeisterte."

Toll, oder? Apropos „toll": Dieses kleine Wort zeigt, wie sich unsere Wahrnehmung über die Jahrhunderte geändert hat. Früher war der Begriff eindeutig negativ und abwertend: „Toll" war gleichbedeutend mit „abnorm", „krankhaft gefährlich", „psychisch krank". Heute beschreiben wir damit etwas unerwartet oder ungewöhnlich Erfreuliches. Auch die Sprache hat es begriffen: Was von der Norm abweicht, ist nicht in erster Linie gefährlich, sondern oft auch spannend, interessant und beglückend. Wenn jemand eine Ihrer Handlungen kommentiert, indem er sie als „der absoluten Wahnsinn" bezeichnet, dann dürften Sie in den meisten Fällen Grund haben, sich geschmeichelt zu fühlen.

Wenn Sie selbst manchmal spüren, dass Sie nicht komplett den Normerwartungen der auf Effizienz und Marktförmigkeit getrimmten Gesellschaft entsprechen, dann stehen Sie fröhlich zu ihren Seltsamkeiten und Grenzen! Denn die Nicht-ganz-Normalen bringen mit ihren Sonderbegabungen oft Farbe in die graue Masse. Der aktuelle Papst – Franziskus – hat sich einen genial sympathischen Irren zum Vorbild genommen. Warum sollte sich in 700 Jahren nicht auch mal ein Papst nach Ihnen benennen? Oder noch besser: eine Päpstin?!

6. Mentale Sollbruchstellen in der zweiten Lebenshälfte

Mit einiger Wahrscheinlichkeit hat Ihr Lebensweg etwas gemeinsam mit einer Schokoladentafel. Und mit Walnüssen, Wurstverpackungen sowie einer Packung Grillanzünder. Aber auch mit einer H-Milchtüte, einer Küchenrolle und – bitte nicht verübeln! – sogar mit Klopapier.
Was hat dies alles mit Ihrer Lebensgeschichte gemeinsam? Die Antwort lautet: Sollbruchstellen!

All die genannten Gegenstände sind an bestimmten Punkten dafür prädestiniert, dass „etwas aufbricht", „sich knacken lässt" oder „sich löst". Und es könnte sein, dass es auch in Ihrer Lebensgeschichte derartige Punkte gibt: bestimmte Situationen, in denen Ihre Biografie durch Perforation fragiler ist und es somit leicht zu einer Öffnung für neue Erfahrungen kommt.

Wenn im folgenden Kapitel nach den biografischen Sollbruchstellen gefragt wird, dann sind Sie eingeladen, die vorhersehbaren
Knackpunkte, Knicklaschen und Bruchlinien zu bedenken, die es mit
einiger Wahrscheinlichkeit in der zweiten Lebenshälfte gibt:

**Sind Sie bei bestimmten Ereignissen in besonderer Weise „dünnhäu-
tig" oder „beweglicher"? Dies könnte zum Beispiel der Fall sein,
wenn**

- die Geburt des ersten Enkels Sie zur „Oma" oder zum „Opa" macht,

- der letzte Arbeitstag Sie zum Rentner macht,

- der Tod der eigenen Eltern Sie zum Waisen macht.

Diese drei „Einschnitte" werden vielen Menschen zum Anlass, über
das „Leben an sich" nachzudenken. Sie machen bewegende Erfahrungen, entdecken neue Aspekte und setzten fortan andere Prioritäten.
Wie Menschen mit den genannten „Sollbruchstellen" umgehen, ist
sehr unterschiedlich. Es gibt keine Patentrezepte. Aber manche all-
gemeine Einsichten können dem Einzelnen helfen, seine persönlichen
Umbruchsituationen reflektierter zu gestalten. Vielleicht ist auch die
eine oder andere Einsicht dabei, die Sie weiterbringt?

„Ich rotiere höchstens,
wenn ich Opfer des Rotationsprinzips werde."

OLIVER KAHN

6.1 Das erste Enkelkind: Ich als Oma/Opa ...?

Forscher stellen manchmal sehr unsentimentale Fragen. Zum Beispiel die Biologen. Sie schrecken nicht davor zurück, infrage zu stellen, dass das Altwerden einen Sinn hat. Mit Blick auf den Anstieg der Lebensdauer fragen sie: Warum leben Menschen überhaupt länger, als ihre fertile bzw. virile Phase währt? Eigentlich begünstigt die Evolution doch immer nur das, was dem Arterhalt dient. Müssten wir also nicht sinnvollerweise „aussortiert" werden, sobald wir in einem Alter sind, in dem die Produktion und Aufzucht von Nachwuchs abgeschlossen ist?

Aber keine Sorge – die Wissenschaft hat auch für die Älteren einen evolutionsbiologischen Kampfauftrag entdeckt: Engagieren Sie sich als Oma oder Opa! Denn wo Großeltern die Elterngeneration bei der Aufzucht der Kinder unterstützen, da erhöhen sich die Überlebensaussichten der Gattung und das Altwerden erhält dadurch einen Sinn.

Oma? Opa? Bei der Aussicht, so gerufen zu werden, schlagen nicht alle Herzen in der zweiten Lebenshälfte höher. Möchte ich mich auf diese Rolle festlegen, gar reduzieren lassen? Bin ich wirklich schon so alt? So fragen sich manche beunruhigt.

52 Jahre alt ist die derzeitige deutsche Durchschnittsoma bei Geburt des ersten Enkels. Der Durchschnittsopa ist drei Jahre älter. Für diese Alterskohorte sind Dutt und Schaukelstuhl höchst untypisch. Zwei Drittel der Frauen sind (noch) berufstätig, wenn sie das erste Mal Oma werden. So sind die heutigen Großeltern nicht dafür prä-

destiniert, ganz in der klassischen Oma-und-Opa-Rolle aufzugehen. Statt sich aufs Altengleis setzen zu lassen, wollen und müssen viele junge Großeltern weiterhin mehrgleisig fahren: Beruf, Partnerschaft und die Freude an Hobbys und Reisen sollen nicht komplett dem Enkel „geopfert" werden.

Gerade so lassen sich Enkelkinder übrigens besonders entspannt genießen! Das Miteinander der Generationen gelingt in den meisten Fällen dann besonders gut, wenn jede Generation weiterhin „ihr Eigenleben" führen darf. Wenn stattdessen Großeltern über ihre Kräfte und innere Bereitschaft hinaus in die Pflicht genommen werden, führt dies häufig zu Konflikten. Übermäßige Beanspruchung geht dann oft Hand in Hand mit übermäßiger Einmischung. Großeltern und Eltern verheddern sich in einem Netz von Abhängigkeiten und Erwartungen, das eigentlich mit dem Erwachsenwerden der Kinder überwunden geglaubt war.

Vielleicht hilft es Ihnen, bewusst zu bedenken, wie „intensiv" Sie Oma bzw. Opa sein wollen? Wie viel Energie, Zeit und möglicherweise auch Geld haben Sie für Enkel aufzubringen? In welchen anderen Lebensbereichen treten Sie dafür kürzer?

Wenn Sie kürzlich Enkelkinder bekommen haben oder damit rechnen, in absehbarer Zeit welche zu kriegen, dann kann die folgende „Energiebilanz für Großeltern" Ihnen bei der Klärung dieser Frage helfen:

Machen Sie sich bewusst, wie sich Ihr Energiemanagement durch die Großelternrolle verändert.

	Beruf	Partnerschaft und Familie	Enkelkind(er)	Freundschaften und soziale Kontakte	Reisen und Hobbys
Ihr persönlicher Energieaufwand für verschiedene Lebensbereiche (hoch, mittel, niedrig)					

	Beruf	Partnerschaft und Familie	Enkelkind(er)	Freundschaften und soziale Kontakte	Reisen und Hobbys
Meine Mischung, bevor ich Oma/Opa wurde					
Meine Mischung in den ersten fünf Jahren als Oma/Opa					
Meine Mischung in den folgenden fünf Jahren					

Denken Sie beim Energiemanagement in Ihrer Großelternrolle am besten an eine Autobatterie: Bei dieser fließt nämlich nicht nur Strom auf Kosten der Substanz hinaus, sondern sie wird ständig durch einen Rückfluss von Energie neu aufgeladen. Genau dies dürfte auch die Erfahrung sein, die Sie machen, wenn Sie Großmutter oder -vater sind.

Bei vielen Großeltern ruft bereits die nahende Geburt eines Enkelkindes einen Schub an Begeisterung hervor. „Plötzlich wird der Traum wahr: eine Riesenfreude! Bald wird es in unserem Leben wieder mehr Lachen, Spontaneität, Lebendigkeit, Glauben an die Zukunft geben – alles durch ein wonniges Baby, das sich weich und warm anfühlt, winzig, federleicht. Das wir im Arm halten und anhimmeln dürfen ..." Ein Ratgeber für werdende Großeltern setzt mit derart euphorischen Worten ein. Dazwischen Fotos von Selbstgestricktem in Pastelltönen und rosaroten Säuglingen, die Großmütter anlächeln, die der Vitaburlecitin-Werbung entsprungen sein könnten.

Nun gut – die Realität wird sich dann von dieser weichgezeichneten Idylle unterscheiden, aber das nimmt der Freude über die Enkelkinder keineswegs den Schwung: Tatsache ist, dass viele Menschen das Großelternsein intensiver und genussvoller erleben als davor das Elternsein. Dies gilt besonders für die Großväter. Sie haben oft als junge Rentner mehr Freiräume und können sich mehr auf Enkelkinder einlassen, als es ihnen früher als berufstätige Väter bei ihren eigenen Kindern möglich war. Doch auch den Großmüttern kommt häufig etwas zugute: Sie sind von der Alltagsverantwortung entlastet und können somit die Zeiten mit ihren Enkelkindern intensiver genießen. Das höhere Lebensalter bringt auch oft mit sich, dass Großeltern die Entwicklung eines Kindes mit besonderer emotionaler Beteiligung und euphorischer Wachheit für jedes Detail verfolgen. Das Staunen und die Freude über das Kind können intensiver sein als bei den Eltern.

Ist das Großelternwerden heute überhaupt noch ein Thema? Die Großfamilie ist ein Auslaufmodell, das ist offenkundig. Dies bedeutet aber nicht, dass die Funktion der Großeltern sich überlebt hätte. Sie hat überlebt und sie ist vielleicht heute sogar noch wichtiger als in den 50er- und 60er-Jahren. Der gesellschaftliche Wandel nimmt die Omas und Opas nämlich oft in neuer Weise in die Verantwortung: Die höhere Frauenerwerbstätigkeit, die steigende Zahl von Patchwork-Familien (in denen Großeltern oft dann die Teppichflicken sind, die das Gewebe zusammenhalten) und die höhere Lebenserwartung rufen nach fitten Alten, die die Jungen entlasten.

Die Entlastung ist gar nicht selten auch finanzieller Art: Jedes Jahr werden 22 Milliarden Euro von den Großeltern an die jungen Familien transferiert – ein weiterer Grund, warum Kinderlose einen höheren materiellen Lebensstandard haben. Doch ganz offensichtlich ist es vielen Menschen mehr wert, dass ihre Nachkommen sich über ein großzügiges Weihnachtsgeschenk freuen, als dass sie selbst bei einer Kreuzfahrt an den Osterinseln vorbeikommen.

Also hat die eingangs zitierte Evolutionsbiologie letzlich nicht unrecht: Engagierte Großeltern sind ein genialer Generator in Sachen Generativität. Sie sorgen mit ihrem Einsatz dafür, dass das, was ihnen selbst in jüngeren Jahren wichtig war, auch in Zukunft wichtig bleibt. Und diese Rechnung geht auf: Kinder, die sich auf Unterstützung ihrer Eltern verlassen können, sind überdurchschnittlich oft bereit, selbst Kinder zu bekommen.

Zu den Freuden des Großelternseins gehört demnach auch, dass sich die Überzeugungskraft des Lebensmodels „Familie" bestätigt. Sie sehen, dass die Werte und Erziehungsmethoden, in denen Sie verwurzelt sind und die Sie selber weitergeben wollten, jetzt Früchte tragen. Dadurch entdecken Sie in ihren Enkeln auch dann einen Teil von Ihnen selbst, wenn diese eine ganz andere Haarfarbe haben.

„Was soll der Scheiß? Ich kann kein Englisch!"

FRANCESCO TOTTI ÜBER DAS MOTTO „CARPE DIEM"

6.2 Das Ende der Berufsbiografie: Ich als Rentner ...?

Manche Menschen fragen sich, ob es ein Leben nach dem Berufsleben gibt. Andere fragen sich, ob das wahre Leben nicht erst nach dem Berufsleben beginnt. Die Aussicht auf den Renteneintritt ruft verschiedene Gefühle hervor. Aber so unterschiedlich diese Zäsur dann erlebt wird, eines ist allen klar: Der Übertritt in den Ruhestand ist ein markanter Einschnitt.

Sieben Tage Wochenende? Der Wecker wird nur noch gestellt, um einen Urlaubsflug nicht zu verpassen? Kein Ärger über nervige Chefs und ignorante Kollegen? Kein Termindruck, kein Stress? Klingt gut!

Das letzte Mal die Kollegen umarmen, den Schreibtisch leer hinterlassen und die Aufgaben an jemand anderen übergeben? Den Schlüssel abgeben und die Visitenkarten im Altpapier entsorgen? Das klingt weniger gut!

Wie werden Sie diesen Einschnitt erleben? Nun, das hängt von Ihnen ab. Die Berufstätigkeit beansprucht, belastet, erfüllt und bestätigt jeden Menschen in unterschiedlicher Weise. Entsprechend unterschiedlich wird dann auch das Berufsende erlebt: Wer einen Arbeitsplatz mit starken *körperlichen* Anstrengungen hat, sehnt sich normalerweise mehr nach der Rente als Menschen, die in *geistig* herausfordernden oder kommunikativen Berufen tätig sind. Wer zu einem selbstbestimmten Datum – oder mit dem regulären Renteneintrittsalter – aufhört, hört entspannter auf als jemand, der gegen seinen Willen „vor der Zeit gegangen wurde".

Der Übergang vom Berufsleben zur Rente erfolgt meistens abrupt. Aber wird der letzte Arbeitstag Sie schlagartig ins Glück oder Unglück stürzen? Das ist eher unwahrscheinlich. Wenn Sie im Berufsleben glücklich waren, wird dessen Ende Sie kaum ins Unglück stürzen. Doch auch der Kehrschluss gilt: Wer im Berufsleben todunglücklich war, lebt mit der ersten Rentenzahlung keineswegs euphorisch auf. Dies berichten zumindest Betroffene. Ein Jahr vor und ein Jahr nach ihrem Berufsende wurden sie gefragt, wie zufrieden sie mit ihrem Leben sind. Und dabei zeigt sich: Wer gerne gearbeitet hat, wurde meistens zum zufriedenen, aktiven Rentner. Doch wer mit seinem Beruf unzufrieden war, erlebte danach die Rente nicht als erlösendes Glück, sondern blieb auch mit der neuen Situation unzufrieden.

Um zukünftige Ruheständler auf die „Statusänderung" vorzubereiten, bieten immer mehr Firmen ihren Mitarbeitern im Vorfeld des Renteneintritts spezielle „Fort"-Bildungen an. Sie lernen dabei, sich gedanklich auf den Ruhestand vorzubereiten. Die Neuorganisation der Sozialkontakte, das Entdecken neuer Aufgaben und die Übernahme neuer Rollen sollen dadurch erleichtert werden. Oft kann bei diesen Seminaren auch der durch den Ruhestandseintritt mitbetroffene Lebenspartner teilnehmen.

Wie stellen Sie sich den Übergang in die Rente vor? Gibt es dazu verallgemeinerbare Erfahrungen? Dem amerikanischen Soziologen Robert Atchley zufolge läuft die Adaption der Rentnerrolle bei vielen Menschen nach einem festen zeitlichen Schema ab. Die Anpassung an den Ruhestand verläuft demnach in sechs Phasen:

1. Fernphase: Im mittleren Erwachsenenalter denken die meisten Menschen nicht viel über den Ruhestand nach. Unterm Strich haben sie eine positive Einstellung zum Ruhestand, aber das Thema ist eben noch „weit weg".

2. Nähephase: Wenn das Ende der Berufstätigkeit näherrückt, ist es oft vorbei mit der Coolness. Jetzt regen sich Befürchtungen und Ängste. Kurz vor der Pensionierung haben die meisten Berufstätigen auf einmal Bedenken mit Blick auf das vor ihnen liegende Leben als Rentner.

3. Euphoriephase: Die erste Phase nach dem Berufsaustritt ist von Begeisterung und Geschäftigkeit geprägt. Heribert Engstler, Soziologe am Deutschen Zentrum für Altersfragen, spricht von einem „Honeymoon-Effekt beim Übergang in die freie Zeit, den man genießt". Kennzeichnend für die Phase ist oft ein Übermaß an Aktivitäten, der sogenannte „Freizeitstress".

4. Ernüchterungsphase: Nachdem die euphorischen „Rentnerfrischlinge" ihr Pulver verschossen haben, erlahmt die Begeisterung für die neuen Möglichkeiten. Der Ruheständler spürt jetzt, dass „freie Zeit" anders erlebt wird als Freizeit – die ja gerade aus dem Kontrast zu den beruflichen Verpflichtungen ihren Reiz geschöpft hat. Es kommt in dieser Phase häufig zu Konflikten in der Familie: Der Jungrentner ist zu Hause in ungewohnter Weise präsent; Aufgaben und Pflichten müssen neu verteilt werden. In dieser Phase stellt sich oft heraus, dass „Selbstverwirklichung" alleine kein tragfähiges Konzept für das Alter ist. Manche suchen dann wieder nach einem kleinen Job.

5. Neuorientierungs- und Reorganisationsphase: Mit der Zeit reduzieren sich die Ausschläge auf dem Stimmungsbarometer. Das Rentnerleben wird Alltag. Sowohl Euphorie als auch Enttäuschung werden durch realistische Erwartungen und sich einspielende Rollenmuster ersetzt. Der Ruheständler übernimmt wieder begrenzt – das heißt unter realistischer Einschätzung seiner Belastungsgrenzen – Verpflichtungen und integriert sich auf diese Weise neu im sozialen Umfeld. Dies kann zum Beispiel durch die aktive Wahrnehmung einer Opa/Oma-Rolle oder durch ehrenamtliches Engagement geschehen.

6. Stabilitätsphase: Am Ende ist der Rentner im Ruhestand angekommen und zum durch und durch routinierten Ruheständler geworden. Und dann geht alles seinen ordentlichen Gang.

Alles geht seinen ordentlichen Gang und geht seinen ordentlichen Gang und geht seinen ordentlichen Gang. Wirklich?

An dieser Stelle muss vor der größten Gefahr des Rentnerdaseins gewarnt werden – dem unstrukturierten In-den-Tag-hinein-Leben. Dies ist ein Ruhestandsrisiko, das zu Recht beunruhigt: Der Ruhestand wird zum permanenten Sich-Ausruhen – nur wovon? Zeit ist in solchem Überfluss vorhanden, dass sie dadurch ihren Wert verliert. Das Fernsehprogramm gibt dem Tag nicht nur eine Struktur, sondern wird nach und nach zu dessen Hauptinhalt. Senioren, die so leben, sind mit ihrem Alter unzufrieden, bauen rasch ab und sterben früh. Wie schätzen Sie dieses Risiko für sich persönlich ein? Kriegen Sie noch den Hintern vom Sofa, wenn keine beruflichen Verpflichtungen mehr Ihren Lebensrhythmus prägen? Droht von Ihrem Naturell her das Risiko, in eine unbefriedigende Lethargie zu verfallen? Menschen, die beruflich aktiv waren, fällt es in der Regel leichter, auch den Ruhestand aktiv zu gestalten.

„Heute lebe ich nach der Maxime, dass die Langeweile der Feind eines gesunden Alterns ist." Die ehemalige Präsidentin des Bundesverfassungsgerichts, **Jutta Limbach**, zeigt keine Neigung zum „Ruhestand". Nach ihrer Pensionierung als Richterin übernahm sie 2002 ehrenamtlich die Leitung der Goetheinstitute. Sie besuchte weltweit alle 51 Goetheinstitute und hielt dort Vorträge. In Deutschland leistete sie erfolgreiche Lobbyarbeit für die von Kürzungen bedrohte Einrichtung.

„Die Freude an der deutschen Sprache zu beleben" wurde ihre Berufung nach dem bezahlten Berufsleben. Und als sie sich 2008 aus dem „schönsten Ehrenamt der Republik" verabschiedete, berichtete sie, dass ihr Altersehrenamt sie zu einem Jugendtraum zurückgeführt hat: Eigentlich wollte die von der Ästhetik der Sprache faszinierte Juristin Journalistin werden. Wenige Monate nach ihrer Tätigkeit für das Goetheinstitut erschien dann ihr Buch „Hat die deutsche Sprache Zukunft?".

Im Alter von 74 Jahren erklärte die selbstbewusste Frau dann, dass sie nach vielen Jahren „eher ambulanter Ehe" mehr Zeit mit ihrem Mann verbringen will. Dass die beiden inzwischen in Hausschuhen auf dem Sofa sitzen und darauf warten, dass die „Lindenstraße" beginnt, gilt indessen als eher unwahrscheinlich.

Limbach, Jahrgang 1934, ist nach Selbstauskunft ein bekennender „Workaholic". Aber gemach, liebe Leserin, lieber Leser, mit dem Beispiel der dynamischen Ex-Richterin soll nicht zur Leistungsschau kräftestrotzender Aktivrentner geblasen werden.

Die Altersrolle anzunehmen kann auch heißen, etwas weniger Purzelbäume zu schlagen. Dieses Sich-sinnvoll-Herunterfahren wird mit dem Fachbegriff „Disengagement" bezeichnet. Das Bedürfnis nach Ruhe, Lebensgenuss und Freiraum für selbstbestimmte Aufgaben darf jenseits der Berufsbiografie ruhig zunehmen.

Wie alt sind Sie? Nach der Regelaltersgrenze müssen die Menschen, die vor 1851 geboren sind, bis zum 70. Geburtstag arbeiten. Dies betrifft Sie persönlich nicht mehr? Okay. Dann betrifft Sie stattdessen vermutlich die derzeitige schrittweise Anhebung des Rentenalters von 65 auf 67 Jahre. 2011 wurde der Jahrgang 1946 noch mit 65 in Rente geschickt. Doch seitdem wird der reguläre Renteneintritt jedes Jahr um einen Monat nach hinten verschoben. Wer Jahrgang 1958 ist, soll also bereits bis 66 arbeiten. Danach steigt das Renteneintrittsalter in Zweimonatssprüngen, sodass alle, die 1964 oder später geboren sind, jetzt nach der Melodie von Udo Jürgens singen können: „Mit 67 Jahren, da fängt die Rente an. Mit 67 Jahren, da hat man Spaß daran ...", falls die Gesetze bis dahin nicht wieder geändert werden!

Doch es ist sehr wahrscheinlich, dass sich das Renteneintrittsalter in den nächsten Jahren weiter ändern wird. Viele Altersforscher gehen davon aus, dass die Übergänge in den Ruhestand in Zukunft flexibler gestaltet werden. In England wurde das Renteneintrittsalter 2011 sogar offiziell abgeschafft. Und auch in Deutschland gibt es erste Bestrebungen, die unflexible „Zwangsverrentung" aufzubrechen. Fitte Mitsechziger wollen über das Ende ihrer Berufstätigkeit selbst bestimmen. So haben zum Beispiel zwei hessische Oberstaatsanwälte gegen ihre Pensionierung im Alter von 65 geklagt. Bis vor den Europäischen Gerichtshof sind sie gezogen. Letztinstanzlich aber ohne Erfolg. Die Luxemburger Richter entschieden, dass im Interesse einer ausgewogenen Altersstruktur und mit Blick auf die Karrierechancen für jüngere Beamte ein festgelegtes Dienstende im 65. Lebensjahr keine Altersdiskriminierung sei.

Dies lässt sich allerdings nicht auf alle Berufsgruppen übertragen. Die beiden rentenunwilligen Rechtsstaatsvertreter hätten zum Beispiel damit argumentieren können, dass auch ihr Gegenüber auf der anderen Seite des Richtertisches immer älter wird. Im kriminellen Milieu hat sich die Karriereplanung längst von Ruhestandsregelungen emanzipiert. Immer mehr Senioren begehen handfeste Straftaten. Die Justiz sah sich deshalb gezwungen, in Singen, Baden-Württemberg, Europas ersten „Seniorenknast" zu eröffnen. Für 50 Insassen zwischen 62 und 80 Jahren ist Ellen Albeck, Direktorin der Haftanstalt für Haftcremenutzer, verantwortlich. Sie sagt: „Die Menschen werden immer älter, bleiben immer länger fit – und sind deshalb immer länger auch in der Lage, Straftaten zu begehen."

Doch wenn Sie jetzt elegant-graumelierte Gentleman-Gangster vor Augen haben, liegen Sie falsch. Zwei Drittel der Kukident-Knackis sitzen wegen Gewalt- und Sexualstraftaten ein. Auch jenseits des 65. Geburtstages scheinen Menschen also zu allerhand in der Lage zu sein ...!

Doch sehen wir es positiv: Ihre Berufskarriere muss nicht unbedingt hinter schwedischen Gardinen in Singen ihren Abschluss finden. Möglicherweise ist Schanghai ein reizvolleres Ziel? Oder Sana in Jemen? Oder Sonderhausen in Thüringen? Gut ausgebildete Senioren sind im In- und Ausland begehrt. Agenturen wie der Bonner SES (Senioren Experten Service) vermitteln weltweit rüstige Ruheständler. Auf Honorarbasis modernisieren die Jungsenioren den Maschinenpark chinesischer Textilfabriken, bauen eine physiotherapeutische Abteilung in Jemens größtem Krankenhaus auf oder erstellen ein Marketingkonzept für einen Spielzeughersteller in der deutschen Provinz. Und dies ist für alle Beteiligten ein Gewinn: Der Bezieher einer Regelaltersrente darf nämlich unbeschränkt hinzuverdienen, ohne dass der Hinzuverdienst zur Minderung der Rente führt.

Auf Honorarbasis weiterarbeiten, Mini- und Nebenjobs, für den ehemaligen Arbeitgeber oder woanders – zunehmend mehr Jungrentner bleiben beruflich engagiert. Und immer öfter sind dabei die Übergänge vom Berufsleben in den Ruhestand fließend. Schon vor dem Renteneintritt wird das Arbeitspensum oft teilweise reduziert; im Gegenzug bleiben die Mitarbeiter dann darüber hinaus tätig.

Dieser gleitende Übergang in den Ruhestand hat viele Vorteile. Der Zeitpunkt und das Ausmaß der Arbeitsreduktion können von den Betroffenen selbst mitbestimmt werden. Der Rhythmus von Arbeit und Freizeit ändert sich nicht schlagartig, sondern schrittweise. Die Arbeitskraft kann den Kompetenzen und Kräften entsprechend eingesetzt werden. Und das kommt auch den Unternehmen zugute.

Die Einführung einer flexiblen Altersgrenze wird zukünftig dazu führen, dass unsere Gesellschaft länger in den Genuss der Kompetenzen der Senioren kommt – und sie wird vielen Menschen den Übergang in den Ruhestand erleichtern. Vielleicht auch Ihnen?

„Wenn der Mann in Schwarz pfeift,
kann der Schiedsrichter auch nichts mehr machen."

ANDREAS BREHME

6.3 Pflegebedürftigkeit und Tod der eigenen Eltern: Ich als Letztverantwortlicher und Waise ...?

Wann ist ein Mensch wirklich „erwachsen"? Von welchem Punkt Ihres Lebensweges an würden Sie dies von sich selbst behaupten? Als Marker für diese Zäsur bietet sich zum Beispiel der Auszug aus dem Elternhaus an. Oder der Beginn der wirtschaftlichen Selbständigkeit. Oder die Gründung einer eigenen Familie. Oder ...?

Durch ein intensives Studium von Gesichtern wollte die holländische Fotografin Bianca Sistermans die Frage nach dem Zeitpunkt des endgültigen Erwachsenwerdens beantworten. Sie hat dazu sehr genau hingesehen. An den Gesichtszügen und am Blick wollte sie nämlich erkennen, ob ein Mensch wirklich „erwachsen" ist. Nach ihrem Eindruck gibt es tatsächlich eine Zäsur in der Lebensgeschichte, die die Sprache des Gesichtes sichtbar verändert. Und dieser Einschnitt ist der Tod der Mutter.

Die Fotoserie „Lang soll sie leben" zeigt Porträts von Menschen, die kürzlich ihre Mutter verloren haben. Die abgebildeten Gesichter sind sehr unterschiedlich. Aber ihnen allen ist der Ausdruck desillusionierter Reife gemein. Das Rosig-Unbekümmerte ist aus ihren Zügen gewichen – unabhängig davon, ob die Porträtierten 30 oder 50 Jahre alt sind. Die Botschaft dieser Bilder lautet: Das letzte Stadium des Erwachsenwerdens haben Sie erst dann erreicht, wenn Ihre Eltern nicht mehr leben.

Mit dem Tod der Eltern fällt die Puffergeneration zum Tod weg. Jetzt stehen Sie vorne, in der ersten Reihe, sozusagen den Sensenmann unverstellt vor Augen. Und möglicherweise spüren Sie darüber hinaus, dass Ihnen der emotionale Rückhalt des Elternhauses fehlt. Selbst Menschen, die sich stark von ihren Eltern emanzipiert haben und bewusst eigene Wege gehen, vermittelt die bloße Existenz ihrer Eltern noch ein Grundgefühl von Sicherheit und Vertrautheit.

Andererseits reifen Menschen aber auch durch den Tod ihrer Eltern. Die von Sistermans fotografierten Gesichter strahlen alle eine intensive Klarheit und Souveränität aus. Sie zeigen Menschen, die man als ein erwachsenes Gegenüber wahr- und ernst nimmt. Durch den Tod der Eltern haben sie sichtbar an innerer Stärke gewonnen.

Es ist keineswegs unwahrscheinlich, dass Sie die Begleitung Ihrer Eltern beim Sterben im Nachhinein als Gewinn für die eigene Identität erleben. Denn vielen Betroffenen wird das Abschiednehmen von den Eltern zum Anlass, sich mit elementaren Lebensfragen auseinanderzusetzen, Fragen, die im Alltag sonst bislang immer lieber ausgeblendet wurden. Dies kann wertvolle Klärungsprozesse in Gang setzen: Viele Betroffene berichten, dass sie neue Aspekte ihrer Lebensgeschichte entdeckt haben. Und oft setzen sie danach ihre Prioritäten anders. Sie haben gelernt, sich von manchen Erwartungen und Pflichten zu distanzieren und sich stattdessen Zeit für die Dinge zu nehmen, die ihnen wirklich wichtig sind. Im Ergebnis haben sie dadurch an Weisheit, Empathie und emotionaler Belastbarkeit gewonnen. Das Sterben Ihrer Eltern kann also nicht nur mit Schmerz und Verunsicherung verbunden sein. Die Chancen stehen vielmehr gut, dass Sie daraus auch etwas lernen können, was danach Ihr eigenes Leben lebenswerter macht.

„Der Tod ist der größte Lehrer", sagt Folco Terzani, 44 Jahre, seit er seinen Vater **Tiziano Terzani** beim Sterben begleitet hat. Dieser, ein ehemaliger SPIEGEL-Reporter, hatte zunächst mehrere Jahre gegen den Krebs gekämpft. Doch irgendwann traf er für sich eine Entscheidung: „Als ich begriffen habe, dass es keine Heilung mehr gibt", sagte er, „musste ich eben hausfinden, wie man stirbt." Dazu zog er sich in einen idyllischen Garten an den Hängen des Apennin in der Nordtoskana zurück und bereitete sich dort drei Monate lang bewusst auf seinen Tod vor.

Sein Sohn war ihm in dieser Zeit ein intensiver Gesprächspartner. Er lauschte aufmerksam der Lebensbilanz seines Vaters – von der Kindheit in einem Arbeiterviertel in Florenz bis hin zu den Erlebnissen als Asienkorrespondent. Aber in den Gesprächen ging es nicht nur um das Leben, sondern vor allem auch um den Tod. Und am Ende zog der Sohn folgendes Resümee: „Normalerweise bringt dir dein Vater bei, wie du das Leben meisterst, er zeigt dir, was du machst, wenn ein bellender Hund auf dich zurennt oder du im Garten eine Schlange findest. Mein Vater hat mir auch gezeigt, wie man stirbt. Ich glaube, das Größte, was er im Leben vollbracht hat, war seine Art zu sterben."

Die Anstöße, die der Sohn seinem sterbenden Vater verdankt, hat er in dem Buch „Das Ende ist mein Anfang" festgehalten. Ein beeindruckender Bericht, wie die Auseinandersetzung mit dem Tod eines Elternteils dem erwachsenen Kind zum Gewinn wird.

Das von Terzani geschilderte Abschiednehmen verlief allerdings unter optimalen Bedingungen: Der Sohn hatte Zeit und einen freien Kopf, um sich intensiv um den sterbenden Vater zu kümmern. Er konnte es sich leisten, seine beruflichen Verpflichtungen solange hintanzustellen. Und der Vater blieb bis in die letzten Atemzüge ein klar denkendes, selbstbewusst Entscheidungen treffendes Gegenüber. Seinen Humor und seine positive Lebenseinstellung hat er sich bis zum Schluss bewahrt. Er war frei von Verzweiflung und hat das Sterben als Gestaltungsaufgabe bejaht.

So gut sind die Rahmenbedingungen beim Sterben der Eltern nicht immer. Was in einer Reihenhaussiedlung in Recklinghausen als Realität erlebt wird, ist meistens weniger idyllisch. Leider können Sie nicht ausschließen, dass die letzten Lebensmonate Ihrer Eltern auch anstrengend, kompliziert und konfliktträchtig sein können. Oft müssen schmerzhafte Entscheidungen getroffen werden. Und es kann sein, dass Sie diese Entscheidungen treffen müssen.

Pflegebedürftige, zum Beispiel demente Eltern, verlangen ihren Kindern manchmal eine Rolle rückwärts ab: Die ursprüngliche Rollenverteilung dreht sich um. Während früher die Eltern Entscheidungen getroffen haben, die sie und ihre Kinder festlegten, sind sie im Endstadium ihres Lebens darauf angewiesen, dass jetzt ihre Kinder für sie entscheiden. Der Rückgang ihrer geistigen Präsenz nimmt die Kinder in die Verantwortung. Diese sind dann federführend bei wichtigen Entscheidungen: Ist eine Heimunterbringung notwendig? Welche medizinische Behandlung soll durchgeführt werden? Auf welche Pflegedienstleistungen soll zurückgegriffen werden und für welche Anbieter entscheidet man sich? Grundsätzliche Weichenstellungen für die Pflege und den Sterbeprozess müssen oft von den Kindern vorgenommen werden. Nicht selten müssen sie dabei gegen den Willen der Eltern entscheiden.

Dabei kann es Ihnen passieren, dass Sie mit Blick auf Ihre emotionale Stärke und Ihr Organisationstalent über die bislang bekannten Belastungsgrenzen hinausgeführt werden. Die Begleitung eines pflegebedürftigen Elternteils kann Kräfte absorbieren, die dann für den Beruf und andere Familienangehörige fehlen. Pflegende Töchter und Söhne laufen Gefahr, sich zu überfordern und selbst zu kurz zu kommen. Urlaubspläne, Hobbys und Freundschaften landen in der Warteschleife. Und irgendwann fühlt man sich ausgebrannt, kraftlos, unzufrieden – und nicht selten mit Blick auf das Leid des Elternteils und die eigenen negativen Gefühle auch noch schuldig.

Das „Haushalten" mit Kräften und Emotionen wird in solchen Situationen zur Herausforderung. Doch wer sich dieser Herausforderung beherzt stellt, hat oft danach das gute Gefühl, jetzt wirklich unter allen Umständen „Hausherr seines Lebens" zu sein.

Auch wenn die Sterbebegleitung eines Elternteils unter belastenden Bedingungen erfolgt, kann sie einen Beitrag zur Ichstärke leisten: Noch bevor der Tod unserer Eltern uns zu den Letzten macht, merken wir, dass wir auch diejenigen sind, die die Verantwortung tragen und Entscheidungen treffen können. Einer Situation, in der es um Leben und Tod geht, erweisen Sie sich gewachsen. Und wenn Sie dies von sich sagen können, liegt auf der Hand, dass Sie jetzt „endgültig erwachsen" sind.

7. Ein Ausblick auf die Endphase des Spiels: Wie wird Ihre Zukunft als alter Mensch aussehen?

Altern ist nur begrenzt „Schicksal". Es ist in hohem Maße eine Gestaltungsaufgabe! Jeder ist seines Alters Schmied: Was Sie aus Ihrem Alter machen, ist ein ganzes Stück weit Ihre eigene Sache. Sie können einiges dafür tun, dass Ihr Leben lange lebenswert bleibt. Es liegt an Ihnen, Verantwortung für sich selbst zu übernehmen – und am besten möglichst lange auch noch für andere.

Der Gerontologe Andreas Kruse schreibt: „Keine demokratische Gesellschaft kann es sich auf Dauer leisten, dass sich eine große Bevölkerungsgruppe vom gesellschaftlichen Engagement zurückzieht und sich nicht mehr für das Gelingen der Gesellschaft verantwortlich fühlt." Zu der gesellschaftlichen Verantwortung, die Menschen im Seniorenalter übernehmen sollten, gehört vor allem auch, möglichst lange für sich selbst Verantwortung zu übernehmen.

Wenn Sie motiviert sind, Ihr eigenes Alter als Gestaltungsaufgabe anzugehen, dann freuen Sie sich über diese gute Nachricht: Noch nie waren die Voraussetzungen so gut wie heute, jenseits des 70. Geburts-

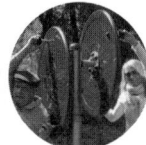

tags ein selbstbestimmtes, lebenswertes Leben führen zu können. Die Medizin, die Technik, der Wohlstand und der gesellschaftliche Fortschritt können Ihnen im Alter besonders zugutekommen.

Das folgende Kapitel möchte Ihre Fantasie anregen, sich vorzustellen, wie sich die Lebensumstände von Senioren in den nächsten Jahrzehnten ändern werden. Sie stoßen dabei auf vorbildliche Alte, die

- den nachwachsenden Generationen selbstbewusst etwas zu sagen haben und notfalls mal eben die Welt retten,

- unbefangen mit Technik umgehen und dadurch lange mobil und selbständig bleiben,

- von Volkshochschulen, Bildungseinrichtungen und Yoga-Trainern umworben werden und so klug sind, diesem Werben oft nachzugeben,

- engagiert und vergnügt Alten-WGs gründen und in Mehrgenerationenhäusern leben,

- über die finanziellen Chancen und Risiken ihres Rentnerdaseins Bescheid wissen und daraus Konsequenzen ziehen,

- beizeiten so klug waren, zum „Humankapitalisten" zu werden (was übrigens unabhängig vom Sparbuch möglich ist),

- klug mit Krankheiten und kranken Angehörigen umgehen.

Sie werden entdecken, dass es am Ende an Ihnen selbst liegt, etwas aus Ihrem Alter zu machen: Der „Ruhestand" muss aus den Köpfen!

„Von der Einstellung her muss
die Einstellung stimmen."

ANDREAS BREHME

7.1 Literarische und cineastische Steilpässe, die nicht ins Abseits führen

Wie Ihre Zukunft als alter Mensch aussehen wird, hängt auch von Ihrer Einstellung zum Alter ab. Doch diese Einstellung zum Alter entwickeln Sie nicht selbst; sie wird vielmehr eingestellt, und zwar durch die Bilder, die die Gesellschaft von Alter kolportiert. Beispielsweise geben das Bücherregal und die Kinoleinwand den einen oder anderen Steilpass, der im Alter ins Abseits führt. Andererseits gibt es auch tolle literarische und cineastische Vorlagen, mit denen Sie als „Oldstar" gut ins Spiel kommen.

Der Jugendwahn in den Medien kann für das Altern wahnsinnig entmutigend sein. Und das war selbst in der altehrwürdigen Antike schon so. Schon damals zeichneten viele Literaten ein düsteres Bild vom Alter: „Altern und Fäulnis sind dasselbe", schrieb Aristoteles. „Wer zu lange bleibt, stirbt angeekelt", lautet ein Wort des griechischen Dichters Menander. Dessen Komödien hatten stets ein Happyend. Deshalb waren sie – wie heute manche Vorabendserie im Fernsehen – immer nur mit jungen Darstellern besetzt. Und hören Sie noch eine dritte alterskritische Stimme aus alten Zeiten: „Mühseligkeiten umzingeln den Greis", so lautet das Urteil von Horaz, einem an lebenspraktischen Fragen interessierten römischen Dichter. Sein Werk war eine Art Vorläufer der heutigen Ratgeberliteratur. Und er riet, ein aktives und sinnerfülltes Leben in den jungen Jahren zu führen – weil der Mensch dann, als Senior, nur noch passiv und lustlos auf den Tod warten wird.

Das Älterwerden hat negative Seiten. Um sich dies zu vergegenwärtigen, müssen Sie gar nicht bis in die Antike zurückgehen. Holen Sie doch einfach die Bücher aus dem Regal, die zur klassischen Schullektüre Ihrer Generation gehört haben: Kennen Sie zum Beispiel das Theaterstück „Der Besuch der alten Dame"? Darin beschreibt Friedrich Dürrenmatt, wie eine reich gewordene Frau im hohen Alter in ihr Heimatstädtchen zurückkehrt. Dies tut sie allerdings nur mit einem destruktiven Ziel: Sie will Rache nehmen für das Böse, das ihr als junger Frau dort angetan wurde. Eine verbitterte Alte – wer will so enden?

Oder haben Sie den Roman „Der alte Mann und das Meer" von Hemingway gelesen? Ein alter Fischer hat nach unsagbaren Mühen einen riesengroßen Merlin gefangen. Aber dann gelingt es ihm nicht, den Fisch in den Hafen zu bringen. Die außen am Boot befestigte Beute wird von Haifischen gefressen. Trotz aller Gegenwehr bleibt dem Fischer vom Fang seines Lebens nur das blanke Skelett. Dieses Resümee muss der alte Fischer am Ende völlig entkräftet ziehen. Eine eindrucksvolle Parabel auf das Scheitern eines Lebensentwurfs: Mit leeren Händen dastehen und die Lebensleistung verrinnen sehen – wer will so enden?

Die Gefahren, Risiken und Nebenwirkungen des Alters sind also auch durch die Literatur bekannt. Gerade deshalb lohnt es sich, bewusst nach Gegenbeispielen zu fragen: Gibt es nicht auch Bücher oder Filme, in denen das Alter gut wegkommt? Wo finden Sie in der Literatur, im Theater oder in der Filmkunst Werke, die die *Vorteile* und *Errungenschaften* eines hohen Lebensalters in den Blick rücken? Welche Buch-, Bühnen- oder Filmprotagonisten im Seniorenalter machen Ihnen Lust, selber alt zu werden?

Ein Paradebeispiel für solche alten Mutmacher ist die vor Lebenslust strotzende Rentnerin in dem Film „Harold und Maud". Maud ist eine unkonventionelle 79-Jährige. Durch ihre Lebenserfahrung ist sie impulsiv, tiefgründig und verwegen geworden. Dann lernt sie den 18-jährigen Harold kennen. Herold ist zwar jung, aber ein lebenssattes, oberflächliches Wohlstandskind. Doch durch die Freundschaft mit der Seniorin verändert er sich. Mithilfe von Maud lernt er, das Leben zu bejahen und zu genießen. Die Vitalität der Seniorin – die am Ende des Filmes stirbt – führt dazu, dass der zuvor suizidgefährdete junge Mann lebenstüchtig wird und das Leben zu genießen lernt.

Dass eine ältere Frau durch ihre emotionale Energie und Reife einem jungen Menschen zur „Expertin in elementaren Lebensfragen" wird, beschreibt auch Eric Emmanuel Schmitt in der Erzählung „Oskar und die Dame in Rosa". Der 10-jährige Oskar ist unheilbar an Krebs erkrankt und von hilflosen und überforderten Erwachsenen umgeben. Doch dann kommt die alte Madame Rosa ins Spiel: Mit Weisheit und Witz wird sie ihm zur Begleiterin. Sie ist die Einzige, die den Mut hat, unverblümt über den Tod und elementare Lebensfragen zu sprechen. Anhand dieses Buches können Sie entdecken: Das Altern kann Sie zum Experten in wichtigen Lebensfragen machen!

Kennen Sie weitere „Helden mit grauen Haaren" aus der Literatur? Oder aus dem Kino? Hollywood trägt gerne ein bisschen dicker auf. Deshalb geht es einer Riege älterer Herrn auch nicht nur um die Rettung eines einzelnen Menschen – sondern gleich um den ganzen Planeten. Im Jahr 2000 kam der Film „Space Cowboys" in die Kinos. Clint Eastwood (damals 70), Donald Sutherland (65), James Garner (72) und Tommy Lee Jones (54) inszenieren eine cineastische Ermutigung, das eigene Älterwerden selbstbewusst anzunehmen. Falls Sie die „Space Cowboys" nicht auf der Leinwand verfolgt haben, hier das Filmskript in aller Kürze: Ein mit Atomwaffen bestückter Satellit ist außer Kontrolle geraten. Seine Technik stammt noch aus den 60er-Jahren. Die junge Generation von NASA-Experten ist deshalb bei der Durchführung der Rettungsaktion überfordert. Also müssen ehemalige Astronauten reaktiviert werden, die noch mit der alten Technik vertraut sind. Männer, die inzwischen längst im Rentenalter sind, müssen zeigen, was noch in ihnen steckt. Diese Seniorencrew fliegt dann tatsächlich ins All. So wie sie sind: kurzsichtig, mit Hörgerät und bedenklichen Kreislaufwerten! Und am Ende retten sie die Welt und widerlegen ganz nebenbei die Skepsis und Überheblichkeit der Jungen.

Clint Eastwood spielt im gerade genannten Film nicht nur eine Hauptrolle. Er war zugleich auch Regisseur. Durch diese Rollenerweiterung macht Eastwood auf beeindruckende Weise vor, wie man auch im hohen Alter eine Ikone des Kinos bleiben kann. Der aus den 70er und 80er-Jahren bekannte „Dirty-Harry-Darsteller" wäre zwangsläufig längst von Jüngeren ersetzt worden. Aber stattdessen begann Eastwood im siebten Lebensjahrzehnt, seine eigenen Drehbücher zu verfassen, und zwar mit ihm auf den Leib geschriebenen „Altersrollen".

„Regisseur seines Lebens" zu bleiben – dies empfehlen uns die Biografieforscher für das Alter. Und diesen Rat hat Eastwood wörtlich genommen. Seine Drehbücher erzählen von den Stärken des Alters und von starken Alten. Aus juvenilen Draufgängern und Revolverhelden sind alte Herren geworden, die gereift sind und zu Ironie, Weisheit und oft auch einem kritischen Verhältnis zur Gewalt gefunden haben.

Ein mehrfach ausgezeichnetes Beispiel für Eastwoods Spätwerk als Regisseur und Darsteller ist der Film „Gran Torino". Darin spielt er den Korea-Kriegsveteran und pensionierten Automechaniker Walt Kowalski. Ein frisch verwitweter frustrierter Mittelstandsamerikaner, in dessen Wohnviertel immer mehr Asiaten ziehen. Ihm gefällt nicht, wie „sein" Amerika sich verändert. Also greift er noch einmal zur Waffe – allerdings in einer ganz anderen Weise als von seinem Lebensweg vorgezeichnet! Ein ebenso harter wie bewegender Film über einen Menschen, der sich selbst treu bleibt, indem er im Alter seine Umwelt noch einmal völlig neu entdeckt.

Das Alterswerk Eastwoods ist für Zuschauer, die seine früheren Filme nicht mögen, eine Überraschung: Die machohafte Verherrlichung von Stärke weicht einer nachdenklichen Darstellung der menschlichen Grenzen. Statt gradliniger Helden treten jetzt Menschen auf, die unter den Brüchen ihrer Lebensgeschichte leiden, aber trotzdem – und gerade dadurch – zu einer beeindruckenden Identität im Seniorenalter gefunden haben.

Während Eastwood als Schauspieler nie mit einem Oskar ausgezeichnet wurde, widerfuhr ihm diese Ehre als Regisseur und Produzent im Seniorenalter mehrfach. Allein vier Oskars erhielt der Eastwood-Film „Million Dollar Baby". Doch nicht nur seine künstlerische Laufbahn zeugt von durch das Alter bedingten neuen Einsichten, sondern auch seine politische Entwicklung: Der überzeugte Republikaner wurde im Alter zu einem wortgewaltigen Kritiker des Irakkriegs.

Gut möglich, dass Eastwood – egal ob jung oder alt – nicht Ihr Fall ist. Doch es gibt genügend andere Beispiele für „beeindruckende Alte" in der Filmgeschichte, im Theater oder in Ihrem Bücherregal. Sich diese Mutmacher für das eigene Älterwerden vor Augen zu führen tut gut. Es ist nämlich ein Unterschied, ob Sie mit positiven oder stigmatisierenden Leitbildern vom Alter älter werden.

Deshalb jetzt die Frage an Sie: Welche Filme, Theaterstücke oder Bücher kennen Sie, in denen alte Menschen stark, eigensinnig, initiativ oder glücklich dargestellt werden?

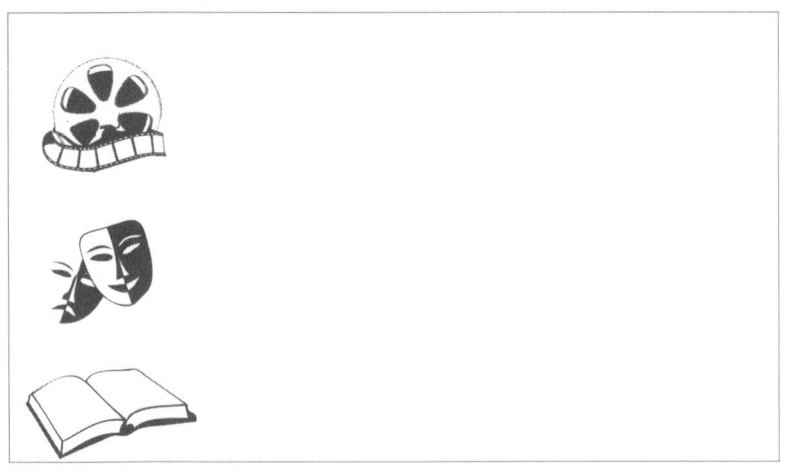

Souverän, rebellisch, weise, stark, erfahren, Meister ihres Lebens – so können Menschen bis ins hohe Alter zu Leit- und Vorbildern werden. Im Literaturverzeichnis am Ende des Buchs finden Sie nicht nur Bücher, sondern auch eine Reihe von Filmen, in denen das Alter gut wegkommt.

Haben Sie persönlich das Potenzial zum „Oldstar"? Nicht jeder Rentner lebt und erlebt hollywoodreif(es). Wenn Sie Realist sind, dann wissen sie dies. Aber die Realität Ihres Alterns wird immer auch durch die in der Gesellschaft kolportierten Bilder vom Alter geprägt. Deshalb halten Sie ruhig Ausschau nach Bildern, in denen das, was auf Sie zukommt, gut wegkommt – nämlich das Alter.

„Da muss dann auch mal einer die Hand ins Heft nehmen."

THOMAS HELMER

7.2 Technische Zukunftsmusik: Alltagserleichterungen in einer alternden Gesellschaft

Nachdem wir in der Literatur und Filmkunst ermutigende Perspektiven für das Älterwerden gefunden haben, fragen wir jetzt nach der Musik, die Ihnen im Alter guttun wird – also sozusagen nach wohlklingender Zukunftsmusik. Doch wäre dieses Buch ein Hörbuch, dann würden Sie jetzt wohl erschrecken: „Biep, biep biep, biep ..."

Nein, besonders melodiös klingt dieser Einstieg ins Thema Zukunftsmusik nicht! Das hat damit zu tun, dass wir uns zunächst der *technischen* Zukunftsmusik widmen. Von den technischen Errungenschaften, die Ihr Alter mit großer Wahrscheinlichkeit angenehmer gestalten werden, wollen wir in diesem Kapitel hören. Und das mechanische Pieps-Geräusch, das Sie gerade gehört haben, führt zum ersten Beispiel: Mit einem derartigen Ton warnt Sie ein modernes Auto, bevor Sie beim Rückwärtsfahren auf ein Hindernis stoßen. Gerade wenn es Ihnen im Alter schwerfällt, den Kopf zu wenden, und die Beweglichkeit nachlässt, könnte Ihnen diese Hilfsfunktion willkommen sein.

Ältere Autofahrer verursachen nicht mehr Unfälle als jüngere. Sie reagieren zwar langsamer, sehen schlechter und sind in Stresssituationen schneller überfordert. Aber das wissen sie. Und diesen gesundheitlichen Einschränkungen passen sie ihren Fahrstil an. Dies bedeutet in der Regel, dass Menschen im höheren Lebensalter langsamer und vor allem seltener Auto fahren. Insbesondere lange Fahren und ihnen fremde Routen – beispielsweise durch unbekannte Innen-

157

städte – streichen sie aus ihrem persönlichen Mobilitätsprogramm. Auf kurzen Strecken und in vertrauter Umgebung bleibt das Auto für viele Senioren lange Zeit ein Garant der Mobilität und sozialen Partizipation.

Fortschritte in der Automobiltechnik machen es aber möglich, altersbedingte Defizite teilweise zu kompensieren. Das seniorentypische Problem, sich auf mehrere Dinge gleichzeitig zu konzentrieren, kann durch ein Automatikgetriebe verringert werden. Eine Rückfahrkamera und ein Blind-Spot-Warner – das ist ein Sensor, der beim Spurwechsel den toten Winkel nach Hindernissen auslotet – ermöglichen auch Fahrern mit einem starren Hals, sich sicher im Verkehr zu bewegen. Mit einer automatischen Einparkhilfe kommen Rentner auf einmal wieder in Parklücken, an denen sie selbst zehn Jahre zuvor noch gescheitert wären. Ein Kollisionswarnsystem leitet bei unvorhersehbaren Hindernissen automatisch eine Notbremsung ein. Dadurch wird die für Senioren typische Verminderung bei der Reaktionsgeschwindigkeit kompensiert. Ein Spurhalte- und ein Aufmerksamkeitsassistent melden sich beim vorübergehenden Nachlassen der Konzentration. Verstellbare Lendenwirbelstützen und Fahrzeuge mit erhöhter Sitzposition entsprechen ebenfalls den Bedürfnissen älterer Autokäufer.

Diese Technik gibt es bereits jetzt zu bezahlbaren Preisen: Einen koreanischen Kleinwagen mit allen der oben genannten Sicherheitsfeatures auszustatten kostet insgesamt weniger als die Ledersitze für den BMW. Doch die Entwicklung wird weitere Fortschritte machen: Automatische Verkehrsführung und Abstandskontrollsysteme werden das Fahren noch mehr erleichtern und für alle Verkehrsteilnehmer sicherer machen.

Die Mobilität von Senioren hat in den vergangenen Jahrzehnten kontinuierlich zugenommen. Und alles spricht dafür, dass diese Entwicklung weitergehen wird. Für Sie bedeutet dies, dass Sie mit großer Wahrscheinlichkeit zu Ihrem 75., 80. und 85. Geburtstag mobiler sein werden als Menschen dieses Alters heute. Dies werden Sie als einen Gewinn an Selbstbestimmung, Flexibilität, Spontaneität und Kontaktmöglichkeiten erleben.

Das altersgerechte Auto an den Anfang unserer Überlegungen zu seniorenfreundlichen technischen Innovationen zu stellen ist sehr deutsch. Deutschland gilt als Autoland. Aber dessen ungeachtet werden Sie sicher sehr viel mehr Zeit in Ihren Wohnräumen als hinter dem Lenkrad verbringen. Und auch im häuslichen Bereich wird die Technik Ihre alten Tage angenehmer machen. Der Treppenlift ist sicher nicht das Ende der diesbezüglichen seniorenfreundlichen Erfindungen.

Wohnungen und Häuser, die in umfassender Weise mit moderner Kommunikations- und Haushaltstechnik ausgestattet sind, werden als „smart homes" bezeichnet. Dieser juvenile Begriff klingt zunächst nicht unbedingt so, als wären Senioren die Zielgruppe der damit verbundenen Technik. Doch dies täuscht. Denn tatsächlich birgt das zukünftige „smart home" ein nicht zu unterschätzendes Potenzial für die Humanität in einer alternden Gesellschaft. Älteren Menschen wird es dadurch erleichtert werden, lange selbständig in den eigenen vier Wänden zu leben.

Wenn Sie barrierefrei wohnen und Ihre Einkäufe im Internet bestellen, dann müssen Sie nicht mehr schwere Tüten über eine enge Treppe in den dritten Stock schleppen. Internetbasierte Telekommunikation mit einer Webcam kann in bestimmten Standardsituationen Diagnose- und Therapiegespräche in der Arztpraxis ersetzen. Licht- und Bewegungssensoren entschärfen Stolperfallen. Darüber hinaus können sie bei häuslichen Notfällen sogar selbständig Hilfe anfordern. Durch Pflegerobotik wird das Ein- und Aussteigen an der Badewanne erleichtert. Die sich selbst reinigende Toilette wird den Alltag ebenso entlasten wie Serviceroboter, die zum Beispiel zum Staubsaugen oder Rasenmähen eingesetzt werden können. Im Jahr 2009 wurden weltweit bereits 5,6 Millionen Serviceroboter für Privathaushalte verkauft. Für das Jahr 2013 rechnen Fachleute mit einem Wachstum auf 6,7 Millionen Stück.

Mechanische Greifhilfen? Gegensprechanlagen mit Gesichtserkennung für Demenzerkrankte? Navigationshandys, die Verwirrte davor warnen, von ihren vorgegebenen Alltagsrouten abzuweichen? Okay – dies alles wollen Sie wahrscheinlich in nächster Zeit möglichst nicht unter Ihrem Weihnachtsbaum liegen sehen ...! Diese sogenannten „technischen Altersinterventionen" rufen bei Menschen, die noch ohne sie gut leben können, keine positiven Assoziationen hervor. In dieser Beziehung teilen sie das Schicksal von Hörgeräten und künstlichen Gebissen: Niemand freut sich deshalb aufs Alter, weil die „technischen Altersinterventionen" immer besser werden. So lange wie möglich ohne diese Art von Hilfe auszukommen ist sicher auch Ihre Hoffnung. Doch wenn Sie eines Tages durch einen guten Satz dritter Zähne oder ein Hörgerät Ihren Biss und Ihr Gehör erhalten können, wird Ihnen der Fortschritt spürbar zugutekommen. Das gleiche gilt auch für den Haushalt: Die zukünftige Technik kann Sie im Alter von kräftezehrenden Alltagsaufgaben entbinden und Ihnen bislang nur zu ahnende Freiräume erschließen.

Mit Blick auf die altersgerechte Gestaltung des Wohnumfelds ist Deutschland derzeit noch ein Entwicklungsland. Die skandinavischen Staaten sind schon viel weiter. Dass in Deutschland ausgerechnet überdurchschnittlich viele alte Menschen in nicht altersgerechten Häusern leben, ist besonders problematisch. Seniorenfreundliche Wohnraumanpassungen sind dringend notwendig. Und diese wären nicht nur mit Blick auf die Lebensqualität älterer Menschen wichtig, sondern zugleich wirtschaftlich durchaus sinnvoll: Investitionen in diesem Bereich haben ein großes präventives Potenzial mit kostensenkender Wirkung. Der Gerontologe Andreas Kruse ist überzeugt: „Der in Richtung Barrierearmut gehende Umbau der Wohnung ist in der Regel deutlich günstiger als die Behandlung der Folgen des Sturzes samt möglicherweise frühzeitigerer Übersiedlung in eine stationäre Wohnform."

Doch die sogenannten „technischen Altersinterventionen" wecken nicht nur Hoffnungen und Erwartungen. Sie schüren auch Ängste. Dies gilt besonders für die zukünftige Entwicklung im Pflegebereich. Viele Menschen sind besorgt, dass der sich verändernde Altersaufbau der Gesellschaft zu immer weniger *menschlicher* Zuwendung für die Alten führen wird. Wenn zukünftig in Pflegestationen, Altenheimen und Krankenhäusern Roboter statt Pflegerinnen durch die Gänge schnurren, wird dies nicht eher ein Verlust an Lebensqualität sein?

Fragen wir ganz konkret: Welche Gefühle weckt bei Ihnen die Vorstellung, dass Sie im Alter in einem Pflegebett liegen und auf einmal „Cody" vor Ihnen steht? „Cody" ist ein für das Gesundheitswesen entwickelter Serviceroboter. Seine besondere Fähigkeit besteht darin, dass er Sie waschen könnte, wenn Sie bettlägerig sind. Dazu sind seine Handgelenke mit Kraft- und Drehmomentsensoren ausgestattet, sodass Sie vor Grobheiten und Verletzungen sicher wären. Doch kann diese softwaregesteuerte Zärtlichkeit Sie vergessen lassen, dass in Codys Innerem kein menschliches Herz schlägt? Empfinden Sie persönlich es als eine gute oder eine schlechte Aussicht, wenn Experten davon ausgehen, dass der Einsatz von Robotik im Pflegebereich stark zunehmen wird?

Cody ist eine mechanische Pflegekraft aus den USA. Die Forschung an und der Einsatz von Pflegerobotern ist allerdings in einem anderen Land noch deutlich weiter: in Japan, einer so rasch alternden wie technikverliebten Gesellschaft. Das japanische Industrie- und Wirtschaftsministerium geht in einer Prognose davon aus, dass bis 2020 allein im Inland das jährliche Auftragsvolumen für die Anschaffung von Pflegerobotern auf deutlich über eine halbe Milliarde Euro steigen wird. Für das Jahr 2035 sehen die Bürokraten in Tokio ein Umsatzpotenzial von jährlich ca. 4 Milliarden Euro für die pflegebezogenen Angebote der Roboterindustrie.

Auf den Namen „Hospi" hört einer der japanischen Prototypen dieser zukünftigen Pflegeroboter. Er soll in Krankenhäusern und Arztpraxen demnächst für einfache, mechanische Tätigkeiten eingesetzt werden. In Modellversuchen verteilt „Hospi" schon jetzt Medikamente an Patienten. Die Pillen hat er davor selbständig in der Krankenhausapotheke abgeholt und auf die Stationen gebracht. Und er kann noch mehr: Mit ein paar technischen Modifikationen ist „Hospi" sogar in der Lage, einem Menschen die Haare zu waschen.

Für die Entwicklung dieses Roboters war Yukio Honda, Chefingenieur beim japanischen Elektronikkonzern Panasonic, zuständig. Mit väterlichem Stolz und

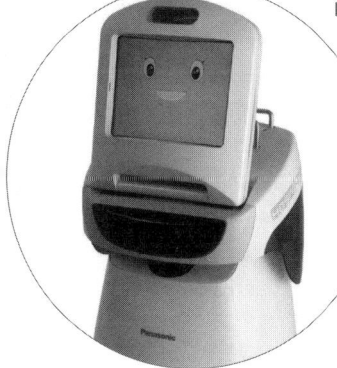

zärtlichem Blick führt er seinen „Hospi" vor. Aber selbst ihm ist klar, wie eng begrenzt die Einsatzmöglichkeiten solcher Pflegeroboter heute noch sind. „Benutzt der Roboter einen Fahrstuhl, um von der Apotheke auf die gewünschte Station zu rollen, muss sichergestellt sein, dass er nicht mit einem Menschen in der Kabine ist", berichtet der Forscher, „denn wenn Menschen zu Schaden kommen, wer hat dann die Verantwortung?"

Solange „Hospi" uns nicht mal als Nachbar im Fahrstuhl ganz geheuer ist, wird er wohl kaum auf pflegebedürftige Senioren losgelassen. Und zu den nicht gelösten technischen und juristischen Problemen kommen grundsätzliche ethische Bedenken: Lebt gute Pflege nicht auch in hohem Maße von der zwischenmenschlichen Nähe? Kann es wohltuende Fürsorge ohne personale Präsenz geben?

Menschliche Zuwendung zu erfahren ist gerade für Hochbetagte von großer Bedeutung. Doch dass eine zunehmende Automatisierung von Pflegetätigkeiten zwangsläufig zulasten der personalen Kommunikation geht, ist keineswegs sicher. Denn wenn menschliche Pflegekräfte weniger Kraft für zeitraubende Routinetätigkeiten aufwenden müssen, können dadurch neue Freiräume für zwischenmenschliche Kontakte entstehen.

Auch mit Blick auf die Zukunftsperspektive der Pflegeberufe ist der Einsatz von Robotik eine Chance. Die Angst, dass durch Rationalisierung Arbeitsplätze verloren gehen, scheint eher unbegründet zu sein. Im Gegenteil: Zukünftige Technik wird vielmehr helfen, die Attraktivität von Pflegeberufen zu steigern. Zu den begehrten Arbeitgebern zählen Altersheime und Pflegeeinrichtungen ja derzeit noch nicht. Viele Mitarbeiter in Senioreneinrichtungen klagen über Bandscheibenleiden, die durch das häufige Heben von Patienten verursachten wurden. Auch das Gefühl, durch den hohen Effizienzdruck zu wenig Zeit für die Patienten zu haben, wird als Belastung empfunden. Angesichts dieser Probleme fällt es nicht schwer, sich vorzustellen, dass der technische Fortschritt ein Gewinn für alle Beteiligten sein kann. Die für die Betreuung von Pflegebedürftigen eingesetzten Ressourcen können dann für mehr Menschlichkeit in den Einrichtungen genutzt werden. Dies ist sowohl im Interesse der betroffenen Senioren als auch der Mitarbeiter. Pflegekräfte können durch Roboter nicht ersetzt, wohl aber entlastet werden. „Der Nutzer ist die Hauptperson, nicht der Roboter", betont der „Hospi"-Erfinder Yukio Honda: „Und das wird er auch bleiben."

Können Sie sich vorstellen, im Alter zum Beispiel bei der Körperhygiene die Hilfe eines Roboters in Anspruch zu nehmen? Der Gedanke mag Sie zunächst befremden. Aber sind Sie nicht auch sonst bereit, durch den Einsatz technischer Hilfsmittel Ihre Lebensqualität zu steigern? Ist es für Sie etwa ein Problem, Ihre körpereigene Fortbewegungsgeschwindigkeit durch die Benutzung eines Autos zu steigern?

Zukünftige technische Hilfsangebote für Senioren unter den Generalverdacht zu stellen, sie führten zu sozialer Isolation oder seelenloser Anonymität, wäre deshalb falsch. Im Gegenteil: Innovationen im Bereich der Pflegetechnik können Ihnen helfen, Ihre Selbständigkeit lange zu erhalten und die Gestaltung zwischenmenschlicher Kontakte auf das zu fokussieren, was diese ausmacht: menschliche Zuwendung!

Wie offen sind Sie für den technischen Fortschritt? Wie stark haben technische Innovationen Einzug in Ihr Leben gehalten? Wenn Sie Lust haben, machen Sie dazu den folgenden Test!

1. Das tue ich noch nicht, beabsichtige aber, es demnächst auszuprobieren.

2. Damit habe ich in den letzten fünf Jahren begonnen.

3. Das tue ich bereits seit über fünf Jahren.

	1	2	3
Mit dem Handy telefonieren			
Digital fotografieren und/oder filmen			
Im Internet Informationen ergoogeln			
Mails empfangen und verschicken			
Im Internet einkaufen und/oder Reisen buchen			
Im Auto ein „Navi" benutzen			
In einem sozialen Netzwerk chatten			
Twittern und/oder skypen			
Auf dem Handy Apps nutzen			

Sehen Sie sich jetzt das Ergebnis an und versuchen Sie, sich zu erinnern, wie Sie damals auf die Neueinführung von Handy, Digitalkameras, Internet und „Navi" reagiert haben. Bei vielen Menschen stand jeweils am Anfang eine Skepsis: Brauche ich das wirklich? Habe ich es bislang vermisst? Doch dann ist die Neuerfindung mit der Zeit ein selbstverständlicher Bestandteil des Alltags geworden. Die meisten technischen Innovationen haben ihren Weg in die Mitte der Gesellschaft gefunden. Dort angekommen, werden sie dann auch von vielen älteren Menschen genutzt.

Das hohe Tempo des technischen Fortschritts schürt bei manchen älteren Menschen die Angst, abgehängt zu werden. Tatsächlich bergen viele Innovationen aber die Chance, im Alter länger gut mithalten zu können. Wichtig ist deshalb, dass auch alte Menschen sich möglichst offen auf technische Innovationen einlassen. Dies gelingt leider nicht immer. Während gebildete Senioren oft die Chancen der neuen Technologien erkannt haben und aktiv nutzen, zieht der Fortschritt an weniger privilegierten Alten oft vorbei. Diesen sogenannten „digital divide" zu überwinden wird eine wichtige gesellschaftliche Aufgabe sein.

Am Geld wird die Teilhabe am technischen Fortschritt im Alter kaum scheitern. Es ist vielmehr zu erwarten, dass auch die weniger begüterten Rentner von diesen Innovationen profitieren werden. Seniorenfreundliche Innovationen werden in der alternden Gesellschaft zu Massenprodukten für einen Massenmarkt. Und damit ist der Preisrückgang vorprogrammiert. Sie kennen das bereits von anderen Produkten: Handys, Navigationsgeräte und Computer sind in den letzten Jahren deutlich billiger geworden. Zugleich müssen Sie für Fleisch, Benzin, Strom, den Friseurbesuch und die Gasthausrechnung deutlich mehr ausgeben. Diese Entwicklung wird sich fortsetzen – und Folgen für das Konsumverhalten im Alter haben. Mit dem 300-PS-Geländewagen jeden Tag ein 800-Gramm-Steak aus dem Supermarkt holen und unter der strombetriebenen Heizbirne im Garten verspeisen? Dies wird eine Frage des Geldes – und des Geschmacks! – bleiben. Sich von einem Hausroboter in die Badewanne helfen zu lassen und ein Telefon mit Bildübertragung zu benutzen wird sich indessen fast jeder leisten können.

Wenn Sie im Jahr 1985 jeden Vormittag 25 Minuten von München nach Frankfurt telefoniert hätten, hätte am Monatsende Ihre Telefonrechnung genau der damaligen Durchschnittsrente entsprochen. Heute telefonieren und surfen Sie unbegrenzt mit einer monatlichen Flatrate, die Sie gerade mal 2 Prozent der Durchschnittsrente kostet. Das zeigt: Wer sich heute mit der Begründung „das werde ich mir im Alter sowieso nie leisten können" einer Innovation verschließt, begeht sehr wahrscheinlich einen Fehler.

„Ich als Verein muss ja reagieren."

JEAN LÖRING

7.3 Gesellschaftliche Zukunftsmusik: Neue Bildungs- und Förderangebote in der „caring society"

Wer erklärt einem 70-Jährigen, wie ein Internetanschluss eingerichtet wird oder wie man Apps auf einem Handy nutzt? Die Gefahr eines „digital divide" wurde gerade beschrieben. Sie führt uns vor Augen: Fortbildungsangebote können für ältere Menschen eine durchaus notwendige Hilfe sein, um sich Lebensmöglichkeiten zu erschließen. Beratungs-, Bildungs- und Förderangebote dürften insbesondere für kinderlose Senioren zunehmend wichtig werden, wenn sie nicht vom Fortschritt abgehängt werden wollen.

Eine altersgerechte Gesellschaft, in der diese notwendigen Förderangebote bereitstehen, nennt man „caring society". Eine „caring society" nimmt die Bedürfnisse, Potenziale und Einschränkungen älterer Menschen in umfassender Weise wahr. Eine entsprechende soziale Infrastruktur wird auch Ihre Lebensqualität im Seniorenalter erhöhen. Die ersten Schritte in diese Richtung sind längst getan. Alte Menschen geraten zunehmend in den Fokus öffentlicher Ertüchtigungsprogramme. Viele Kommunen wenden sich mit neuen Kursen und Angeboten speziell an Ältere. So können sich Senioren schon heute in mancher deutschen Großstadt fragen, ob sie nach dem Besuch der Verkehrsschule für Senioren noch ein Stündchen auf dem Seniorenspielplatz vorbeischauen wollen.

Verkehrsschule für Senioren? Ja, so etwas gibt es tatsächlich! Während früher die polizeiliche Aufklärungsarbeit vor allem Kindern und

Jugendlichen galt, werden inzwischen auch speziell auf Senioren zugeschnittene Kurse und Trainingseinheiten angeboten. Dafür gibt es gute Gründe: Die Münchner Verkehrspolizei hat mit Blick auf die Unfallhäufigkeit beobachtet, dass die Senioren inzwischen die Kinder als Hochrisikogruppe abgelöst haben. Von den acht Fußgängern, die im Jahr 2010 bei Verkehrsunfällen ums Leben kamen, waren vier über 65 Jahre alt. Zugleich ist in der bayerischen Landeshauptstadt die Zahl der Todesopfer im Kindesalter über Jahrzehnte kontinuierlich zurückgegangen. Sie liegt heute nur noch bei einem Zehntel der Werte aus den 60er- und 70er-Jahren. Schulungen und andere Maßnahmen – zum Beispiel der Einsatz von Schullotsen und verstärkte Tempokontrollen im Umfeld von Schulen – waren so erfolgreich, dass heute im Durchschnitt pro Jahr nur noch ein oder zwei Kinder überfahren werden. Außerdem gibt es heute deutlich weniger Kinder und deutlich mehr Senioren als früher. Einen ähnlichen Erfolg deshalb jetzt auch bei den höheren Alterskohorten zu erreichen ist die Hoffnung, die die Verkehrspolizei mit ihren neu eingeführten seniorenspezifischen Maßnahmen verbindet.

Auch die genannten Seniorenspielplätze sind keineswegs ein Fantasieprodukt des Autors. Über zwanzig höchst reale Anlagen dieser Art gibt es inzwischen alleine in Berlin. Deutschlandweit sollen es ca. 400 sein. Doch falls Sie jetzt nach barrierefreien Buddelkästen und bandscheibenfreundlichen Schaukeln Ausschau halten, suchen Sie in die falsche Richtung. Tatsächlich bezeichnet der etwas flapsige Begriff „Seniorenspielplatz" meistens einen Ort, der öffentlich zugängliche Freiluftsportgeräte mit der Möglichkeit zum Schach- und Bocciaspiel bzw. Boule verbindet. Dabei ist alles so angelegt, dass es ideal der Steigerung von Fitness und Beweglichkeit sowie dem geselligen Austausch von älteren Nutzern dient. Für die entsprechenden Einrichtungen werden momentan Namen gesucht, die besser klingen als „Seniorenspielplatz": Mancherorts ist inzwischen von „Bewegungsgärten" oder „Outdoor-Fitnessplätzen" oder vom „Mehrgenerationenplatz" die Rede.

Renate Zeumer, Geschäftsführerin eines Spielgeräteherstellers aus Hamburg, darf den Titel „Mutter aller deutschen Seniorenspielplätze" für sich beanspruchen. Dass 2007 der erste Seniorenspielplatz in Deutschland eingeweiht wurde, geht nämlich auf ihr Werben zurück. Auf einer Geschäftsreise nach China hatte sie zuvor fasziniert beobachtet, dass dort tausende von Senioren öffentlich Gymnastik und Fitnesstraining betrieben. Um sie dazu zu animieren, hat die Stadtverwaltung von Peking auf vielen öffentlichen Plätzen und in Parks einfache Fitnessgeräte aufgestellt.

Würde da Berlin nicht ein Hauch von Peking guttun? Mit dem guten Gefühl, dass endlich mal wir den Chinesen eine Idee mit wirtschaftlichem Potenzial geklaut haben, kehrte die rührige Unternehmerin zurück. Bald fanden sich im Sortiment ihrer Firma speziell für Senioren geeignete Beweglichkeits-, Rücken- und Sprungkrafttrainer. Natürlich keine billigen Pekingenten, sondern für den deutschen Markt und Geldbeutel entwickelte schicke Edelstahlgeräte: EU-genormt, vorsichtshalber gegen Vandalismus resistent und mit Graffitischutz versehen.

Nur 20.000 Euro kostet so ein Seniorenspielplatz. Damit ist er vier- bis fünfmal billiger als ein Kinderspielplatz. Und mit Blick darauf, dass durch manche deutsche Parks zukünftig vier- bis fünfmal mehr Rentner als Kinder toben werden, möglicherweise eine sinnvolle Investition.

Wäre das nicht auch was für Sie? „Ich bin noch mal kurz unten auf dem Spielplatz", rufen Sie in Richtung Ihrer Kinder. Und dann laufen Sie über den angenehm weichen Boden aus Rindenmulch zum Rückentrainer, der ein bisschen an einen Katzenbaum erinnert – nur eben für Senioren?

Zugegeben: Die beiden Beispiele – Verkehrsschule und Spielplatz – waren provokativ. Es hat einen seltsamen Beigeschmack, wenn Angebote, die eigentlich speziell auf Kinder zugeschnitten sind, auf Senioren übertragen werden. Im Alter nicht mehr für voll genommen zu werden ist eine Aussicht, die Unbehagen hervorruft. Aber genau dies zu vermeiden ist eigentlich das Ziel der zukünftigen „caring society". Diese möchte zwar eine „kümmernde" sein, zugleich aber Menschen darin unterstützen, so lange wie möglich selbständig und eigenverantwortlich zu leben. Es wird in der zukünftigen „caring society" nicht in erster Linie darum gehen, Sie zu beschäftigen und zu bespaßen. Nein, Sie sollen ertüchtigt werden, sich den Herausforderungen des Älterwerdens erfolgreich zu stellen.

Ob die Mehrheit der älteren Menschen in der Lage ist, bewusst Verantwortung für ihre Gesundheit und Selbständigkeit zu übernehmen, wird in einer alternden Gesellschaft eine wichtige Zukunftsfrage sein. Eine große Zahl hilfloser, nörgelnd am Rand stehender, frühpensionierter und früh pflegebedürftiger Senioren können wir uns nicht leisten. Prävention und Fortbildung tun deshalb not – auch um dadurch bei den Reparatur- und Pflegekosten zu sparen. Doch dieses gesamtgesellschaftliche Interesse ist für Sie persönlich nicht unbedingt schlecht: Wenn es Ihnen gelingt, aktiv und selbstbestimmt zu altern, werden Sie mit großer Wahrscheinlichkeit Ihre letzten zehn Lebensjahre mehr genießen als ein pflegebedürftiger und fremdbestimmter Altersgenosse. Dafür können Sie selber eine Menge tun und weil den meisten Menschen dies nicht hinreichend bewusst ist, wird die „caring society" entsprechende Angebote bereithalten.

Unter dem Stichwort „lebenslanges Lernen" firmieren Bildungs-, Ertüchtigungs- und auch Sportangebote, die für Menschen konzipiert sind, die schon lange nicht mehr die Schulbank drücken. Diese Angebote werden aller Voraussicht nach in den nächsten Jahren noch deutlich zunehmen. Darin liegen erhebliche Chancen für Sie!

Sind Sie ein Mensch, der sich auf neue Impulse einlässt? Kennen Sie die Volkshochschule von innen? Gehören Sie einem Gesprächskreis an, in dem kulturelle, politische oder religiöse Fragen erörtert werden? Haben Sie in den letzten Jahren eine Sportart neu entdeckt, die dem Belastungsprofil Ihres Alters entspricht? Waren Sie bei einem Einführungskurs in das Nordic Walking oder sind zum Zumba in die Tanzschule gegangen? Welchen Vortrag haben Sie zuletzt gehört?

Welche Fortbildungen, Kurse oder Bildungsveranstaltungen haben Sie in den letzten fünf Jahren besucht?

Welche Sporteinrichtungen besuchen Sie regelmäßig bzw. welche sportlichen Aktivitäten üben Sie unter Anleitung bzw. im Verein aus?

Möglicherweise sehen Sie derzeit noch keinen Bedarf, sich auf institutionalisierte Ertüchtigungsprogramme einzulassen? Menschen, die gesund, fit, gebildet und in ihrer augenblicklichen Verfassung allen Lebenslagen aus eigener Kraft gewachsen sind, brauchen keine „caring society". Aber Vorsicht: Die Attitüde des Einzelkämpfers lässt sich nicht bis in hohe Alter durchhalten, ohne dass es zu Einbußen bei der Lebensqualität kommt. Deshalb sollten Sie schon jetzt an einer gewissen Offenheit für Beratungs-, Trainings- und Begleitungsangebote arbeiten. Denn auch sich helfen zu lassen will gelernt sein!

„Wenn jeder Spieler 10 Prozent von seinem Ego
an das Team abgibt, haben wir einen Spieler
mehr auf dem Feld."

BERTI VOGTS

7.4 Wohnen und gepflegt werden:
Neue Sozialformen in einer alternden Gesellschaft

Die zukünftige „caring society" wird Sie im Alter nicht nur fördern,
sondern sie wird auch etwas von Ihnen fordern. Dass Sie möglichst
lange Verantwortung für sich selbst übernehmen – und am besten
nicht nur für sich, sondern auch für andere –, das ist ihr Ziel. In einer
Gesellschaft, in der vielen alten Menschen wenige junge gegenüberstehen, können die Senioren sich nicht bequem in die Hängematte des
Ruhestandes fallen lassen. Eine alternde Gesellschaft stellt neue Anforderungen mit Blick auf das Thema Generationengerechtigkeit.

Der Anstieg der Lebensdauer hat dazu geführt, dass der Lebensabschnitt nach dem Ende der Berufsbiografie immer länger wird.
Selbst die derzeit angestrebte Erhöhung des Renteneintrittsalters wird
mit dem Anstieg der Lebenserwartung kaum Schritt halten können.
Dies wird zur Folge haben, dass es immer mehr Ruheständler geben
wird. Gleichzeitig wird der durchschnittliche Ruheständler mehr Ruhestandsjahre erleben als früher. Nur werden wir uns so viel „Ruhestand" in Zukunft überhaupt leisten können?

Beunruhigend ist die Aussicht, dass die Zahl der Ruheständler
steigt, nur dann, wenn wir unterstellen, dass diese sich nach dem
Ende der Berufsbiografie auf die faule Haut legen werden. Wenn viele
Menschen, die viele Ruhestandsjahre genießen dürfen, zum Gelingen
des Gemeinwesens wenig oder nichts beitragen, werden die nachwachsenden Generationen zu Recht rebellieren. Aber glauben Sie,
dass es so kommen wird?

Von alters her ist die *Familie* der selbstverständliche Rahmen für generationsübergreifende Solidarität. Die Großeltern kümmern sich um die Enkel und entlasten dadurch die mittlere Generation. Dafür können sie dann auf Loyalität und Zuwendung hoffen, wenn sie selbst hilfs- oder pflegebedürftig werden. Und was hier so schnöde nach einem „Geschäft auf Gegenseitigkeit" klingt, ist in vielen Fällen eine von tiefen emotionalen Bindungen geprägte Vertrauensgemeinschaft. Sofern Sie selbst Kinder und Enkel haben, werden diese sicherlich Ihr Alter mitprägen, und zwar sowohl in seinen aktiven wie auch in seinen passiven Rollen.

Das Problem ist allerdings, dass in Zukunft die Zahl der Singles und der kinderlosen Paare unter den Senioren deutlich steigen wird. Diese haben in ihren rüstigen Seniorenjahren dann nicht unbedingt ein „natürliches Betätigungsfeld", um die nachwachsenden Generationen zu entlasten und zu bereichern. Zugleich fehlen ihnen später im hohen Alter aber auch die „natürlichen Ansprechpartner", die sie besuchen und pflegen werden. Weder als Gebende noch als Nehmende sind die kinder- und enkellosen Senioren in ein selbstverständliches, „natürliches" Sozialgefüge eingebunden.

Eine Reaktion auf die Zunahme familiär nicht gebundener Senioren wird die Entstehung von neuen, teilweise generationsübergreifenden Wohnformen sein. Neben den klassischen Alten- und Pflegeheimen werden zunehmend Mehrgenerationenhäuser und Alten-WGs entstehen. In diese neuen Wohnformen werden Menschen nicht erst als Hochbetagte ziehen, wenn sie als Pflegefälle in einer passiven Rolle sind, sondern sie werden dort einen sehr viel längeren Lebensabschnitt verbringen und sich dabei aktiv in die Gestaltung des Gemeinschaftslebens einbringen. So werden sie nicht nur Nehmende sein, sondern auch Gebende, nicht nur zahlende Kunden, sondern Teil einer Gemeinschaft.

Eine alleinerziehende Mutter durch Babysitten und Hausaufgabenbetreuung zu unterstützen, sich für die Pflege des Gemeinschaftsgartens mitverantwortlich zu fühlen, einen Menschen mit Behinderung zu begleiten oder sich als 70-Jähriger um einen 90-Jährigen zu kümmern – an sinnvollen Einsatzmöglichkeiten für rüstige Senioren fehlt es nicht. Und die fitten Alten werden gebraucht! Zugleich brauchen sie auch selbst diese Herausforderungen, um möglichst lange fit zu bleiben. Selbstgewählte Gemeinschaftsformen werden teilweise das Nichtvorhandensein von Familienbindungen kompensieren.

An Familienbindungen fehlt es **Susanne Klemens**, 81 Jahre, eigentlich nicht. Drei Kinder, drei Enkel und fünf Urenkel – da müsste die rüstige Seniorin doch eigentlich mit Aufgaben und Kontakten gut ausgelastet sein? Tja, eigentlich …!

„Für den Ruhestand habe ich mir eine Wohnung in Stuttgart gesucht, denn damals haben meine drei Kinder dort gelebt", berichtet sie. „Doch dann ist der eine Sohn nach Berlin gezogen, der andere nach Frankfurt und meine Tochter sogar in die Toskana." Die beruflich erzwungene Mobilität ihrer Kinder hat dazu geführt, dass sie – trotz des guten Miteinanders in der Familie – an ihrem Alterswohnsitz auf einmal alleine war: „Gerade an Feiertagen habe ich mich darüber geärgert."

Deshalb hat Susanne Klemens vor drei Jahren noch mal einen Neuanfang gewagt. Sie ist nach München gezogen – in ein Haus mit Apartments für selbständige Senioren, wie sie selbst einer ist. Unter dem Dach dieses Hauses finden sich aber auch eine Pflegestation sowie eine Werkstätte und Wohnungen für Behinderte. Die Bewohner werden ermutigt, füreinander und für die Atmosphäre im Haus Verantwortung zu übernehmen. Und genau das hat Klemens angesprochen: „Ich backe oft Kuchen, dann lege ich das Blech auf den Rollator und gehe runter in die Werkstatt. Dort rufen schon alle nach mir, wenn ich reinkomme!"

Als „Oma Susi" wird sie im ganzen Haus erkannt und freundlich gegrüßt. Sie findet oft Gelegenheit, etwas für die Hausgemeinschaft zu tun und anderen zu helfen, und sie weiß, dass ihr geholfen wird, wenn sie Hilfe braucht. Ihre Kinder besucht sie häufig, aber sie kann jetzt entspannt damit leben, dass diese mehrere Stunden entfernt wohnen.

Liebevoll gestaltete stationäre Wohnangebote mit spürbarer Gemeinschaftsdynamik können für das Alter durchaus eine Chance sein. Diese Chancen steigen, je früher sich Menschen dafür entscheiden, den klassischen Privathaushalt zugunsten einer Wohnform mit Gemeinschaftsbezug aufzugeben. In den USA gibt es zunehmend Do-it-yourself-Altenheime, die von ihren Bewohnern viel Eigeninitiative und Mitarbeit erwarten. Diese ehrenamtlich erbrachten Leistungen senken die Personalkosten und steigern die Lebensqualität in den Einrichtungen. Die Betreiber dieser Häuser erwarten allerdings, dass ihre Bewohner einziehen, lange bevor sie pflegebedürftig werden. Denn ein Teil der Altenbetreuung wird sozusagen von den jungen Alten selbst geleistet, die später im hohen Alter dafür dann mit der Hilfe von inzwischen zugezogenen „Nachwuchssenioren" rechnen können. Befragungen haben ergeben, dass die Lebenszufriedenheit in diesen Häusern erheblich höher ist als in „normalen" Einrichtungen.

Können Sie sich vorstellen, in ein Altenheim zu ziehen? Wenn ja, in welchem Alter? Junge Senioren lassen sich derzeit nur schwer aus den eigenen vier Wänden locken. Lediglich 3 Prozent der 65- bis 75-jährigen Deutschen wohnen in stationären Einrichtungen. Bei den über 90-Jährigen ist dieser Anteil dann auf 40 Prozent gestiegen. Der Umzug in eine stationäre Wohnform erfolgt also meistens erst dann, wenn die Möglichkeiten, ein selbständiges Leben zu führen, an Grenzen stoßen. Altersheime – selbst wenn sie verbal zur „Seniorenresidenz" aufpeppt werden – gelten als Notlösung „für ganz am Schluss". Dies muss aber nicht in alle Zukunft so bleiben. Ein „bunteres", stärker auf Eigenverantwortung setzendes Angebot könnte durchaus die Attraktivität stationärer Wohnformen erhöhen.

Wenn Ihnen Ihre Privatsphäre und Selbständigkeit im Alter wichtig sind, dann wäre vielleicht das Modell „Sun City" eine Perspektive für Sie? Unter diesem Wohlfühlbegriff firmieren die Rentnerstädte, die in den USA in den letzten Jahrzehnten entstanden sind. Siedlungen mit altershomogener Bevölkerung – Sie müssen 55 Jahre alt sein, um zuziehen zu dürfen – und speziell auf Senioren abgestimmter Infrastruktur blicken in Florida, Kalifornien und Arizona bereits auf ein halbes Jahrhundert Erfolgsgeschichte zurück.

Am 1. Januar 1960 öffnete die erste Sun City ihre Pforten. Der Zimmermann Del E. Webb hatte zuvor in der Nähe der Stadt Phoenix (Arizona) mehrere große Baumwollplantagen und Salatfelder erworben. Dort begann er mit dem Bau einer systematisch angelegten Retortenstadt, die speziell auf die Bedürfnisse einer älteren Bevölkerungsschicht zugeschnitten ist.

Der architektonische Mittelpunkt und damit sozusagen der „symbolische Kern" dieses Siedlungsprojekts war … – … eine Kirche? Nein.

Ein Krankenhaus? Nein. Der Mittelpunkt von Sun City ist ein *Golf-platz*. Alle Wege führen zu einem großzügig angelegten, gewundenen, sich in die Landschaft integrierenden Golfplatz. Um diesen herum gruppieren sich die Wohnhäuser der Senioren. Und damit ahnen Sie, welche Zielgruppe für Sun City gewonnen werden sollte: wohlhabende weiße Mittelschichtsenioren, die sich als „aktive" Rentner verstehen. Das Thema „Vitalität" ist die Tiefengrammatik dieser Rentnerstadt. Mehrere sogenannte „Recreation Center" – sozusagen die überdachte Version der „Seniorenspielplätze" aus dem vorherigen Kapitel – laden zu Fitnessübungen und aktiver Freizeitgestaltung ein.

Das Konzept funktioniert! Wo früher Salatköpfe und Baumwolle wuchsen, schwangen sehr schnell pensionierte Immobilienmaklerinnen und Ingenieure den Golfschläger. Bereits im ersten Jahr wurden über 1300 Wohnungen verkauft und die Bewohnerzahl stieg auf 2500 Senioren. 1978 war Sun City Arizona zu einer ausgewachsenen und eigenständigen Stadt mit über 47.000 Einwohnern herangewachsen. Daraufhin sind andernorts vergleichbare Siedlungen entstanden.

Aber würden Sie Ihren eigenen Lebensabend in einem solchen ganz überwiegend von Gleichaltrigen geprägten Wohnumfeld verbringen wollen? Was im sonnigen Süden der USA großen Anklang findet, wird in Deutschland bislang eher skeptisch betrachtet. Bei uns gilt es als erstrebenswert, die Segmentierung der Gesellschaft in unterschiedliche ethnische Milieus und soziale Schichten zu vermeiden. In diesem Zusammenhang werden auch altershomogene Seniorensiedlungen kritisch beurteilt. Der Begriff „Rentnerghetto" steht im Raum. Generationenübergreifende Wohnmodelle werden indessen mit staatlichen Zuschüssen gefördert.

Dabei sollten aber die Vorzüge der Sun Cities nicht übersehen werden: Die starke Homogenität mit Blick auf das Alter und den Lebensstil führt dazu, dass sich die Bewohner derartiger Siedlungen sehr stark für das Gemeinwesen engagieren. Ein Netzwerk nachbarschaftlicher und ehrenamtlicher Einsatzbereitschaft erhöht die Lebensqualität. Eine beeindruckende Palette kultureller, geselliger, religiöser oder sportlicher Angebote lebt von der Eigeninitiative der „Sonnenstädter". Selbst im pflegerischen Bereich und in der Verwaltung helfen diese gerne freiwillig mit. Dieses Engagement ersetzt teilweise kommerzielle oder sozialstaatliche Angebote. Und es trägt ideal dazu bei, dass die Bewohner selber lange fit und geistig rege bleiben.

Diese neuen Wohnformen mit einem hohen Anteil an Selbstorganisation und sozialer Vernetzung sind unterm Strich deutlich billiger als die konventionellen Konzepte, die den alten Menschen nur als zahlenden Kunden eines Dienstleistungsangebots sehen. Oder anders ausgedrückt: Bei gleichen Kosten bieten sie ihren Bewohnern aufgrund von deren Eigenleistungen eine sehr viel höhere Lebensqualität.

Welche Fantasien – oder gar schon konkreten Pläne – haben Sie mit Blick auf Ihre eigene Wohnsituation im Alter? Wo werden Sie jenseits Ihres 75. Geburtstags leben? Wird Ihr momentaner Wohnort wahrscheinlich auch Ihr Alterswohnsitz sein? Gehören Sie zur Zielgruppe der derzeit entstehenden Vielfalt an „neuen Wohnformen" für Senioren?

Dies können Sie anhand der folgenden Fragen erkunden: Nehmen Sie einen **grünen**, einen **gelben** und einen **roten** Stift und schraffieren Sie damit jeweils die Fläche hinter der Aussage. Grün bedeutet „trifft voll zu", gelb heißt „trifft nur begrenzt zu" und mit rot werden Aussagen markiert, die „gar nicht zutreffen".

Ich habe Kinder/Enkel, in deren Nähe ich wohne, und werde im Alter in meiner Familie sowohl Aufgaben als auch Fürsorge und Schutz finden.	
Meine Kinder/Enkel werden sehr wahrscheinlich auch in Zukunft in der Nähe meines Wohnortes leben.	
In meinem derzeitigen Wohnumfeld (Dorf, Stadtviertel) bin ich so gut sozial vernetzt, dass ich dort auch im hohen Alter Unterstützung erfahren würde.	

Wo ich im Augenblick wohne, könnte ich mit Blick auf die Wohnungsausstattung (Barrierefreiheit, Treppen) auch in hohem Alter wohnen.

Wo ich im Augenblick wohne, könnte ich mit Blick auf die Kosten (Miete, Instandhaltungsaufwand) und die Wohnungsgröße (Putz- und Heizaufwand) auch in hohem Alter wohnen.

Ich möchte, dass sich an meiner derzeitigen Wohnsituation möglichst lange möglichst wenig ändert.

Ich bin skeptisch mit Blick auf Experimente im Alter. Mich noch einmal ganz neu auf neue Menschen in einem neuen Wohnumfeld einzulassen möchte ich lieber vermeiden.

Der Gedanke, in den letzten Lebensjahren in ein „normales" Altersheim ziehen zu müssen, hat für mich keinen Schrecken. Schließlich gibt es gute Einrichtungen, in denen zu leben ich mir durchaus vorstellen könnte.

Ihre „Wohnen-im-Alter-Ampel" zeigt jetzt überwiegend grün? Dies bedeutet, dass Ihre augenblickliche Wohnsituation weitgehend altersgerecht ist bzw. dass Sie wahrscheinlich im Rahmen der derzeit verbreiteten Möglichkeiten gute Lösungen finden werden. Wenn Sie indessen viel Rot sehen, deutet dies an, dass die Suche nach einem altersgerechten Lebensraum noch vor Ihnen liegt.

„Rot" steht bei unserer „Wohnen-im-Alter-Ampel" also gerade nicht für „Stehenbleiben"! Es kann auch anzeigen, dass Sie offen sind für eine Veränderung zum Guten. Und das Gute ist, dass die Vielfalt an attraktiven Wohnformen für ältere Menschen Jahr für Jahr größer wird.

Diese Möglichkeiten bewusst zu entdecken lohnt sich! Im Internet finden Sie immer mehr innovative Angebote, wie Menschen jenseits der traditionellen Sozialbeziehungen im Alter für ein gutes „Zuhause" sorgen können. Warum machen Sie nicht mal einen Ausflug und sehen sich das eine oder andere dieser Projekte konkret an? Mit einiger Wahrscheinlichkeit werden Sie dabei Zukunftsperspektiven entdecken, die Ihrer Angst vor Einsamkeit und Hilflosigkeit in den letzten Lebensjahren entgegenwirken.

Bis zu Schluss im altersgerecht ausgestatteten eigenen Smarthome? Seit dem Ende der Berufsbiografie in einem Mehrgenerationenhaus mit vielen Sozialkontakten? In einer Rentner-WG oder in einer Sun City? Derzeit wohnen viele Alte in nicht altersgerechten Wohnungen. Doch alles deutet darauf hin: Das muss und wird kaum so bleiben. Und das ist eine wirklich erfreuliche Aussicht!

 „Entweder bist du Gott oder Bratwurst."

TOMISLAV MARIC

7.5 Wohlstand und Gerechtigkeit in einer alternden Gesellschaft

Sun City? Seniorenresidenzen mit Golfplatz? Das klingt teuer! Könnten Sie sich solchen Luxus im Alter überhaupt leisten? In den letzten Lebensjahren finanziell auf der Schattenseite zu landen und deshalb bei der Lebensqualität Abstriche machen zu müssen – dies ist eine Sorge, die viele Menschen quält. Im Folgenden wollen wir uns deshalb die Finanzen der Alten näher ansehen: Sind Senioren einem besonderen Armutsrisiko ausgesetzt? Wie wird sich der materielle Lebensstandard der Alten im Laufe der nächsten Jahrzehnte entwickeln?

Im Armuts- und Reichtumsbericht der Bundesregierung aus dem Jahr 2008 wurde die Verteilung des Vermögens nach Altersgruppen aufgeschlüsselt. 8,8 Prozent der Gesamtbevölkerung galten damals als „wohlhabend". Zu dieser Gruppe der „Wohlhabenden" zählte, wer monatlich mindestens 3418 Euro aus Einkommen und Vermögenserträgen erzielte. Die Wahrscheinlichkeit zu dieser Gruppe zu gehören, steigt mit zunehmendem Alter. In der Altersgruppe von 35 bis 44 Jahren können sich nur 5,1 Prozent zu den Wohlhabenden zählen. Bei den 45- bis 54-Jährigen waren es bereits 8,5 Prozent. Die 55- bis 64-Jährigen durften sich mit 13,7 Prozent überdurchschnittlich oft über Wohlstand freuen. Und nach dem Renteneintrittsalter steigt diese Zahl sogar noch auf 14,6 Prozent an.

Sie sind schon älter, gehören aber trotzdem nicht zu dieser Minderheit finanziell besonders begüterter Menschen? Dann können Sie sich mit großer Wahrscheinlichkeit immerhin damit trösten, dass es

Ihnen auch nicht ganz schlecht geht. Wie nämlich die Chance auf Wohlstand mit zunehmendem Alter steigt, so nimmt gleichzeitig das Armutsrisiko ab. Derzeit ist Altersarmut in Deutschland noch kein verbreitetes Problem. Im Jahr 2010 lebten nur 2,45 Prozent der Über-65-Jährigen von Sozialleistungen. Zugleich waren aber 9,2 Prozent der Gesamtbevölkerung auf staatliche Hilfsleistungen angewiesen. Eine junge alleinerziehende Frau hat ein 15-fach höheres Risiko, auf staatliche Unterstützung angewiesen zu sein, als ein Rentner. Armut ist in unserem Land heute meistens kinderreich, jung, weiblich und hat oft einen Migrationshintergrund.

Wenn Sie Ihr Wissen über die finanzielle Situation von Rentnern aus der Boulevardpresse beziehen, werden Sie jetzt ergänzen, dass es den „Ossis" unter den Oldies besonders gut geht. Die ehemaligen DDR-Bürger erhalten im Durchschnitt höhere Renten als die Wessis – so lautet zumindest die Behauptung, die in Sommer- und anderen Nachrichtenlöchern regelmäßig Zeitungsseiten füllt. Stimmt dies? Mit Blick auf die gesetzliche Rente hat der durchschnittliche Senior mit DDR-Biografie tatsächlich eine minimal bessere Versorgung als sein Altersgenosse im Westen. Dies hängt vor allem damit zusammen, dass der Anteil erwerbstätiger Frauen im Osten höher war. Dadurch erhöht sich die Durchschnittsrente. Das ist aber nur ein Teil der Wahrheit. Tatsächlich haben die Senioren in den neuen Bundesländern ein deutlich geringeres Alterseinkommen. 90 Prozent der Ostrentner haben nämlich keine anderen Einkünfte als die staatliche Rente. Demgegenüber können 70 Prozent der Westrentner auf zusätzliche Erträge aus Betriebsrenten, Lebensversicherungen oder privaten Vorsorgeverträgen zurückgreifen. Bei einem durchschnittlichen westdeutschen Seniorenehepaar macht die gesetzliche Rente nur 57 Prozent der gesamten Alterseinkünfte aus. Sobald die anderen Zusatzeinkünfte mitberücksichtigt werden, liegt das Niveau der Westrenten um ca. 12 Prozent über den Ostrenten. Wer sein Leben in der ehemaligen DDR verbracht hat, hatte eben weniger Möglichkeiten, einen eigenen Kapitalstock fürs Alter anzusparen.

Ihr persönlicher Wohlstand im Alter wird auch von Ihren Ersparnissen abhängen. Denn wenn Sie nicht ganz anders sind als der deutsche Mustermann, dann werden Sie vom sechsten Lebensjahrzehnt an nach und nach Teile Ihrer Ersparnisse ausgeben. Zur Aufrechterhaltung Ihres Lebensstandards oder um sich besondere Wünsche zu erfüllen, werden Sie auch auf das zurückgreifen, was Sie im Verlauf Ihrer Lebensgeschichte dafür angespart haben. Bis zum Ende des fünften Lebensjahrzehnts baut der Durchschnittsbürger Rücklagen auf und danach gibt er dieses Geld schrittweise aus. Nur einen gewissen Sockelbetrag von Ersparnissen – wohl als Sicherheitspolster für alle Eventualitäten – bewahren sich die meisten Menschen bis zum Schluss auf. Im folgenden Diagramm sehen Sie, wie das Geldvermögen von Haushalten sich im Laufe der Lebensgeschichte verändert:

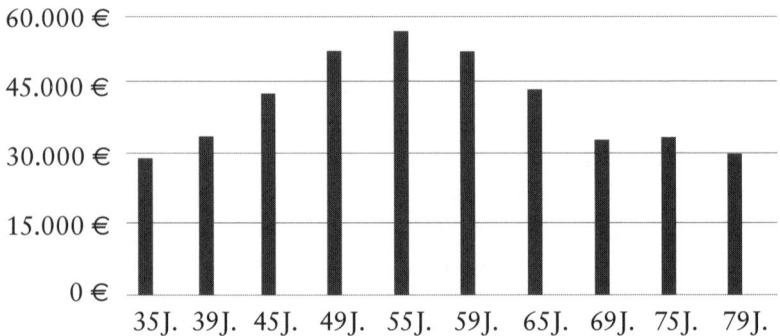

(Quelle: Statistisches Bundesamt. Die Angaben beziehen sich auf das Jahr 2000.)

Zum Ersparten kommt im Alter häufig auch noch die mietfreie Nutzung einer eigenen Immobilie. Unter Senioren ist Wohneigentum besonders verbreitet. Der Kaufpreis dafür wurde dann meistens in jüngeren Jahren mühsam abgestottert, sodass 84 Prozent der von Senioren bewohnten Eigenheime komplett entschuldet sind.

Wohlstand im Alter ist also häufig eine Mischkalkulation: Die gesetzliche Rente kann durch regelmäßige Alterseinkünfte aus privater Vorsorge, das „Aufzehren" von Ersparnissen und die Nutzung einer eigenen Immobilie aufgebessert werden. Und bei gar nicht so wenigen Menschen in höherem Lebensalter fließt dann zusätzlich auch noch ein Erbe mit ein! Der Anstieg der Lebensdauer hat dazu geführt, dass auch die Erbfälle immer später eintreten. Die Wahrscheinlichkeit, ein Erbe von über 25.000 Euro anzutreten, ist heute gegen Ende des fünften Lebensjahrzehnts mit Abstand an höchsten. Selbst 65-Jährige erben öfter als 45-Jährige. Mit jedem Lebensjahr vor dem 40. Geburtstag sinkt die Wahrscheinlichkeit, ein Erbe anzutreten, rapide. Testamentsvollstrecker stehen also meistens Erben gegenüber, die selbst schon graue Haare haben.

In Deutschland wurden innerhalb der letzten zehn Jahre über 2 Billionen Euro vererbt. Das ist ein ansehnlicher Betrag. Damit könnten zum Beispiel die Staatschulden aller EU-Länder auf einen Schlag bezahlt werden. Diese gewaltige Erbmasse ergießt sich allerdings keineswegs gleichmäßig über alle Bevölkerungsgruppen. Nein, der anstrengungslos erworbene Geldsegen ist sehr selektiv verteilt: Alte, Gebildete und „Wessis" erben viel öfter als Junge, Ungebildete und „Ossis". So haben Menschen mit Hochschulabschluss doppelt so gute Aussichten, ein höheres Erbe anzutreten, als Hauptschulabsolventen. Und wenn Sie ein „Ossi" sind, ist es nur halb so wahrscheinlich, dass Sie durch ein Erbe begünstig werden, wie beim durchschnittlichen „Wessi". Diese Ungleichverteilung zementiert soziale Schichtungen sowie das bestehende innerdeutsche Wohlstandsgefälle. Bei dem nicht durch Erbschaften privilegierten Teil der Bevölkerung kann das frustrierende Gefühl aufkommen, allein durch normale Arbeit nicht mehr am allgemeinen Wohlstand partizipieren zu können.

Dass unsere Gesellschaft zunehmend in Arme und Reiche auseinanderklafft, ist ein Risiko, von dem in Zukunft gerade auch Senioren betroffen sein könnten. Es ist nämlich zu befürchten, dass die materielle Situation der Ruheständler nicht in jedem Fall so gut bleiben wird, wie die überwiegende Mehrheit der Senioren dies heute gewohnt ist. Das Problem der Altersarmut wird in einer alternden Gesellschaft zurückkehren. Zu dieser Sorge Anlass geben zunächst die Veränderungen in der Altersschichtung: Deutlich weniger Junge werden zukünftig für deutlich mehr Alte sorgen müssen. Die Alten, die alleine von Transferzahlungen aus dem Generationenvertrag leben, müssen deshalb mit geringeren Leistungen rechnen. Hinzu kommt, dass die Gesellschaft an der Staatsverschuldung und ihren Folgelasten schwer zu tragen hat. Die derzeitigen Rentnergenerationen haben sich an einen Staat gewöhnt, der über Jahrzehnte mehr ausgegeben hat, als er eingenommen hat. Aber das Verhältnis hat sich vor einigen Jahren umgekehrt: Zeitweise überstiegen die Zinsaufwendungen die

Neuverschuldung. Und von dieser Hypothek wird unsere Zukunft geprägt sein: Der Staat wird in den vor uns liegenden Jahrzehnten unterm Strich nur noch einen Teil dessen ausgeben können, was er durch Steuern einnimmt.

Doch nicht nur die gesamtgesellschaftliche Entwicklung lässt befürchten, dass das Problem der Altersarmut zurückkehrt. Auch mit Blick auf den einzelnen Menschen haben sich neue „Risikofaktoren" ergeben. Die Bandbreite individueller Lebensentwürfe ist größer geworden. Zunehmend mehr Biografien werden nicht mehr selbstverständlich in ein materiell abgesichertes Alter münden. Derzeit blicken viele Rentner noch auf eine lange, lückenlose und nie von Arbeitslosigkeit unterbrochene Erwerbslaufbahn zurück. Aber in Zukunft wird es immer mehr Menschen mit Lebensabschnitten ohne sozialversicherungspflichtiges Arbeitsverhältnis geben. Lange Ausbildungszeiten, Orientierungs- und Selbstfindungsphasen sowie Arbeitslosigkeit hinterlassen dann auf dem Rentenbescheid ihre Spuren. Oft können die Betroffenen nichts dafür: Während die Alterskohorten der heutigen Senioren in Zeiten großer wirtschaftlicher Stabilität aufgewachsen sind, gehören in manchen Landstrichen Arbeitslosigkeit, Umschulungen und Arbeitsbeschaffungsmaßnahmen heute schon fast zur Normalbiografie. Auch die Zunahme sogenannter „neuer Beschäftigungsverhältnisse" erhöht das Risiko einer zukünftigen Altersarmut: Leiharbeit, Minijobs und Scheinselbständigkeit schaffen nicht die Voraussetzungen für eine ausreichende Rente.

Selbst die Familie ist nicht mehr, was sie einmal war, seufzen die Konservativen, die der „guten alten Zeit" nachtrauern. Unabhängig davon, was Sie vom Ideal der bürgerlichen Kleinfamilie halten – in wirtschaftlicher Hinsicht schafft die klassische Familie die besten Voraussetzungen für einen materiell abgesicherten Lebensabend. Dies gilt auch noch für die Zeiten, in denen die staatliche Rente an die Stelle der innerfamiliären Unterstützung getreten ist. Alleinerziehende und Geschiedene landen im Alter finanziell betrachtet häufig auf der Verliererseite. Auch weil die Zahl der Patchwork-Familien zugenommen hat und heute bis hinein ins höhere Lebensalter mehr Ehen geschieden werden, nimmt die Zahl der von Altersarmut bedrohten Menschen zu.

Wie werden Sie im Alter finanziell dastehen? Zum Bedenken der verschiedenen Wohlstandsfaktoren lädt der folgende Test ein! Für den Test brauchen Sie eine Centmünze und ihren letzten Rentenbescheid.
Legen Sie als Erstes die Münze auf der Grauskala an die Stelle, die Ihrer Selbsteinschätzung nach der zu erwartenden Leistung aus Ihrer gesetzlichen Rentenversicherung entspricht! Gehen Sie dann Schritt für Schritt die Faktoren durch, die Ihre finanzielle Altersversorgung zusätzlich betreffen. Bewegen Sie die Münze dabei jeweils entsprechend der Anleitung auf der Skala!

zum Leben entschieden zu wenig	gerade mal das Existenz- minimum	ausreichend hoch für das, was ich im Alter brauche	genug für ein materiell sorgenfreies Leben

Haben Sie zusätzliche Alterseinkünfte aus Betriebsrenten und privaten Versicherungen? Wenn ja, dann gehen Sie bei zu erwartenden Einkünften bis 250 Euro ein Feld nach vorne und wenn es noch mehr ist, dann sogar zwei!

Wie hoch werden Ihre Wohnungskosten im Ruhestand voraussichtlich sein? Wenn Sie miet- und schuldenfrei in einer eigenen Immobilie wohnen werden, gehen Sie ein Feld nach rechts. Wenn Sie weniger als 400 Euro Miete bzw. Wohngeld zahlen, dann bleiben Sie stehen. Bei Wohnungskosten von 400 bis 700 Euro gehen Sie ein Feld zurück, bei höheren Kosten sogar zwei.

Werden Sie im Ruhestand über Ersparnisse oder Zahlungen aus einer Lebens- versicherung verfügen? Bei voraussichtlichen Ersparnissen von 25.000 bis 75.000 Euro gehen Sie ein Feld, bei Ersparnissen von über 75.000 Euro sogar zwei Felder vor!

Können Sie damit rechnen, in Zukunft noch ein Erbe anzutreten? Wenn ja, dann rücken Sie pro 100.000 Euro zu erwartendem Erbe ein Feld nach vorne!

Geben Sie für Ihre Gesundheit viel Geld aus? Wenn Sie in den letzten drei Jahren durchschnittlich Kosten von über 1000 Euro hatten, die nicht durch Ihre Krankenkasse abgedeckt sind, dann gehen Sie ein Feld zurück!

Haben Sie nach dem 30. Lebensjahr mehr als drei Jahre von Sozialleistungen gelebt? Haben Sie derzeit Konsumschulden von über 2500 Euro? In jedem der beiden Fälle gehen Sie bitte ein Feld zurück!

Im Ergebnis bleibt festzuhalten: Das Problem der Altersarmut besteht zwar derzeit kaum, es wird uns aber in Zukunft mit großer Wahrscheinlichkeit leider wieder beschäftigen. Aus den „armen Jungen" von heute – oft alleinerziehende Mütter, Eltern kinderreicher Familien und Menschen mit Migrationshintergrund – werden nämlich ziemlich sicher nur selten wohlhabende Alte. Gerade weil private Renten- und Lebensversicherungen, Ersparnisse und Erbschaften eine immer größere Rolle für den Wohlstand im Alter spielen, haben Menschen, die in ihren jungen Jahren nichts ansparen konnten, finanziell betrachtet schlechte Karten für das Alter. Es ist zu befürchten, dass die Segmentierung der Gesellschaft in arm und reich unter Senioren besonders ausgeprägt sein wird.

> „Wir müssen jetzt die Köpfe hochkrempeln ... – und
> die Ärmel auch."

LUKAS PODOLSKI

7.6 Neue Erwartungen an Sie: Selbstorganisation mit Blick auf das Alter

Sparen Sie brav für das Alter? Abhängig von Ihren persönlichen Lebensumständen könnte es durchaus sinnvoll sein, schon in jungen Jahren etwas für das Alter beiseitezulegen. Doch haben Sie dazu die Möglichkeiten und die Disziplin? Ist Ihr Problembewusstsein so ausgeprägt, dass Sie um der Zukunft willen in der Gegenwart Verzicht üben? Wenn Sie jetzt den Kopf schütteln – obwohl Ihre Lebensumstände eigentlich nach Vorsorge für das Alter rufen –, dann bekommen Sie den belehrenden Zeigefinger zu sehen: Die leichtlebige Grille muss von der fleißigen Ameise lernen, dass ein Winter ohne Vorräte hart ist. Und Hans leidet darunter, dass er als Hänschen manches nicht gelernt hat.

Sprichwörter und Fabeln betonen, wie wichtig es ist, vorzusorgen und früh zu einem nachhaltigen Lebensstil zu finden. Und selbst Revolutionäre und Fußballer stoßen in dieses Horn: „Wie wir heute arbeiten, so werden wir morgen leben", lautet eine Einsicht von Karl Marx. „Qualität kommt von quälen", ergänzt Felix Magath. Verantwortung für die Zukunft zu übernehmen ist ein sehr deutscher Zug. Wir kleben heute für viel Geld Styroporplatten an unsere Häuser, um dann in den nächsten Jahrzehnten weniger Heizöl zu verfeuern. Wir verzichten heute auf Lohnerhöhungen, damit unsere Firmen auch in Zukunft konkurrenzfähig sind. Wir begeistern uns für Schuldenbremsen. Wir haben von der Atomkraft bis zur Inflation jedes Risiko im Blick. Und dann ärgert sich die solide deutsche Ameise, wenn die unseriöse ägäische Grille durch den EU-Eingang in ihren Vorratsbau einzudringen vermag und sich dort im Winter satt isst.

Risikobewusstsein, Vorsicht und die Sehnsucht nach Stabilität zeichnen unsere gesellschaftliche Kultur aus. Das ist für eine alternde Gesellschaft nicht unbedingt schlecht. Der Begriff „Vorsorge" mag zwar inzwischen einen etwas spießigen Klang haben, das Wort „Nachhaltigkeit" jedoch klingt auch in den Ohren der Deutschen gut, die keinen silbernen Opel Vectra mit Wackeldackel auf der Hutablage fahren.

Derart auf Zukunftsverantwortung fixiert müssten beim Durchschnittsdeutschen die Weichen für das Alter doch eigentlich gut gestellt sein? Ob dem aber wirklich so ist, zeigt nicht allein der Blick auf Ihr Rentenkonto. Nachhaltigkeit und Zukunftsverantwortung sind nämlich nicht nur in finanzieller Hinsicht geboten. In der Politik ist uns inzwischen bewusst, dass auch der Umgang mit der Umwelt und den natürlichen Ressourcen sowie das Bildungsniveau und die Sozialstruktur einer Gesellschaft Anstrengungen in Richtung Nachhaltigkeit erfordern. Übertragen gilt dies auch für Ihr persönliches Alterskonzept: Geld ist keineswegs das einzige Thema, bei dem Sie selbst in der Verantwortung für Ihr eigenes Alter stehen.

Am besten ist es, wenn Sie in *Bildung* investiert haben. Am Ende sind es nämlich nicht die Reichen, die überdurchschnittlich lange etwas vom Leben haben. Nein, tatsächlich sind es die *Gebildeten.* Bildung ist *der* Schlüssel zu einem Leben, das nicht nur lange währt, sondern auch lange lebenswert bleibt. Nicht die den Reichen zugängliche bessere medizinische Versorgung, sondern ein reflektierter, verantwortungsbereiter und von Selbstdisziplin geprägter Lebensstil ist die beste Voraussetzung für viele glückliche Seniorenjahre. Dies ist die Quintessenz der „Humankapitalhypothese": Gebildete Menschen verfügen über Einstellungsmuster, Fähigkeiten und Gewohnheiten, die es ihnen ermöglichen, ihre persönlichen Ziele zu erreichen. Dies gilt gerade auch für das Ziel, selbstbestimmt, in Würde und mit möglichst viel Lebensqualität zu altern. Der Trugschluss, Lebensdauer und Lebensqualität im Alter seien käuflich, entsteht nur dadurch, dass Bildung und Wohlstand meistens Hand in Hand daherkommen.

Wenn Sie zu den Menschen mit hohem Bildungsniveau gehören, haben Sie unabhängig von Ihrem Geld gute Karten für das Alter:

Gebildete leiden seltener – und wenn, dann erst in höherem Alter – an kardiovaskulären Erkrankungen, Schlaganfällen, Arthritis, Demenz und Parkinson. Ihr Zigaretten- und Alkoholkonsum ist geringer; sie essen gesünder, treiben häufiger Sport und bringen weniger Kilo auf die Waage. Gebildete reagieren konsequenter auf Erkrankungen und bekämpfen Defizite disziplinierter.

Abi & mehr: Warum begünstig dies ein gesundheitsförderliches Verhalten? Die Antwort führt uns zur Tiefengrammatik der Bildung: Gebildete Menschen betrachten das Leben als Gestaltungsaufgabe und gehen reflektiert mit Chancen und Risiken um. Sie laufen seltener Gefahr, sich als Spielball schicksalhafter Kräfte zu verstehen und angesichts von Herausforderungen zu resignieren. Dadurch sind sie für ein selbstbestimmtes und vitales Leben im Alter besonders gut aufgestellt.

Dies zeigt auch der Blick auf das Renteneintrittsalter: Wenn es Ihr Ziel ist, im Berufsleben lange gut mitzuhalten, dann steigen Ihre Chancen dazu mit dem Bildungsniveau. Der Wert gut qualifizierter Mitarbeiter besteht nämlich in ihrem Strategie- und Erfahrungswissen. Dieses nimmt im Lauf der Lebensgeschichte zu. Eine gut gefüllte Erfahrungsschatzkammer sowie gewachsenes Expertenwissen können mit zunehmendem Alter Leistungseinbußen bei der physischen Belastbarkeit und der Schnelligkeit kompensieren. Ärzte, Ingenieure, Journalisten, Pfarrer, Künstler und Therapeuten sind Beispiele für Berufsgruppen, bei denen lebensgeschichtlich erworbenes Wissen der Berufsausübung zugutekommt. Sie haben entsprechend gute Aussichten, bis zum offiziellen Ruhestandsalter – und auf Wunsch oft sogar darüber hinaus – arbeiten zu können. Wenn Sie indessen Dachdecker oder Akkordarbeiter sind, sieht es schlechter aus: Bereits mit Beginn des fünften Lebensjahrzehnts lassen Tempo, Kraft, Körperbeherrschung und Belastbarkeit spürbar nach. In Berufsgruppen, bei denen physische Leistung und Motorik den Wert der Arbeit bestimmen, geraten ältere Arbeitnehmer deshalb unter Druck. Die in den letzten Jahren erfolgte Anhebung des Renteneintrittsalters stellt somit für geringer Qualifizierte ein größeres Problem dar als für Akademiker.

Aber unabhängig von Ihrem Schulabschluss dürfen Sie damit rechnen, dass ältere Menschen in Zukunft auf dem Arbeitsmarkt gute Chancen haben werden: Die Beschäftigungsquote bei den über

55-Jährigen ist in den letzten Jahren deutlich gestiegen. Während im Jahr 2000 nur 37,6 Prozent in dieser Altersgruppe noch im Berufsleben standen, waren es sieben Jahre später bereits 51,5 Prozent. Der Rückgang der Arbeitslosigkeit wird zu einem ganz erheblichen Teil durch die Verbesserung der Berufschancen älterer Arbeitnehmer verursacht oder anders gesagt: Zunehmend mehr Menschen sind in der Lage, sich auch jenseits des 55. Geburtstages auf dem Arbeitsmarkt zu behaupten.

Aber ist das wirklich eine gute Nachricht? Ist nicht zu befürchten, dass eine Verlängerung der Berufsbiografie zulasten des „wohlverdienten Ruhestands" gehen wird? Nein, eher nicht. Die Lebenszufriedenheit von Senioren, die lange gearbeitet haben, ist im Durchschnitt höher als die von Frührentnern. Wenn Sie sich über viele Jahre als Meister Ihres Lebens bewährt haben, sind die Voraussetzungen gut, dass Sie auch nach dem Berufsleben Ihr Leben gut meistern. Die in der Berufswelt erworbenen Fertigkeiten, Strategien und Prägungen können Sie langfristig dafür stark machen.

Noch im Alter von 80 Jahren füllte der Pianist **Arthur Rubinstein** Konzertsäle. Dabei beeindruckte er auch durch seine Fähigkeit, altersbedingte Defizite zu überspielen. Obwohl er nicht mehr die gleiche Fingerfertigkeit hatte wie in jungen Jahren, waren Musikexperten von den Darbietungen des Hochbetagten begeistert. Wie hat er das gemacht?

Rubinstein berichtete von drei Rezepten, die ihm halfen, so zu spielen, dass sein Alter nicht zu hören war: Erstens hatte er sein Repertoire bewusst auf solche Stücke begrenzt, die er sich mit Blick auf die Fingermotorik noch zutraute. Zweitens übte er diese Stücke intensiver als früher. Und drittens griff er noch auf einen ganz speziellen Trick zurück: Vor besonders schnellen Passagen verlangsamte er das Tempo, sodass diese dann im Kontrast wieder ausreichend schnell erschienen.

Die Kniffe des alten Pianisten lassen sich auf das Leben außerhalb des Konzertsaals übertragen. Was Rubinstein am Flügel half, wird von Gerontologen als „SOK-Methode" bezeichnet: Selektion, Optimierung und Kompensation. Dieser Dreisatz gilt den Forschern als Schlüssel zum selbstbewussten Umgang mit altersbedingten Defiziten.

Was können Sie von Rubinstein und der von ihm so vorbildlich angewandten SOK-Methode für Ihr eigenes Alter lernen? Selektion bedeutet, dass Sie sich Aufgaben und Ziele setzen, die mit den Möglichkeiten Ihres Lebensalters konform gehen (Rubinstein beschränkte sich auf das Spielen von für seine Fingermotorik geeigneten Stücken). Optimierung heißt, dass Sie weniger Ziele verfolgen als früher, in diese dann aber bei Bedarf mehr Kraft stecken (Rubinstein übte seine Stücke länger als früher). Kompensation geschieht dadurch, dass Sie die Ressourcen, die Sie im Alter haben, bewusst einsetzten, um die Defizite zu kaschieren (Rubinstein spielte vor schnellen Passagen besonders langsam). Um die Quintessenz der SOK-Methode zu erläutern, führt der Lebenslaufforscher Paul Baltes eben jenen Rubinstein als Beispiel ins Feld: „Sich auf wenige Ziele beschränken, diese aber sehr energisch zu verfolgen und dabei nach geeigneten inneren und äußeren Ressourcen der Kompensation zu suchen – das ist die Kunst des guten Älterwerdens."

Mit bewusster Selbstorganisation können Sie altersbedingte Defizite ausgleichen und Ihre Lebensqualität im Alter erheblich steigern. Dann sind die Aussichten gut, dass Sie noch viele gute Jahre vor sich haben. Altern ist eben in erster Linie eine Gestaltungsaufgabe. Dies gilt sogar mit Blick auf die unvermeidlichen gesundheitlichen Einschränkungen. Ein bewusst konstruktiver Umgang mit chronischen Krankheiten wird als „Disease-Management" bezeichnet. Wenn Sie auch manche Ihrer „diseases" – zu Deutsch: Krankheiten – im Alter leider nicht mehr loswerden, dann lassen sich diese doch ein Stück weit „managen". Wenn Sie gesundheitliche Probleme so in Ihr Leben integrieren, dass es zu möglichst wenigen Einschränkungen kommt, können Sie weiterhin viel Schönes erleben.

Dazu ein Beispiel zur Veranschaulichung: Altersbedingte Makuladegeneration (AMD) zählt zu den Krankheiten mit irreversibelen Symptomen. Das Sehvermögen lässt unwiederbringlich nach. Ungefähr jeder dritte Mensch im Alter von über 80 Jahren leidet unter AMD. „Da kann man nichts machen ..." wenn ein Arzt Ihnen das nach einer AMD-Diagnose sagen würde, läge er allerdings falsch. Patienten, die eine Selbsthilfegruppe besuchen und mit bewusstem Training auf das Nachlassen der Sehstärke reagieren, machen nämlich genau das Richtige: Sie erschließen sich Strategien und Techniken, um trotz ihrer Krankheit den Alltag gut zu bewältigen und sich möglichst viel Mobilität zu bewahren. Sie lernen voneinander, was in der neuen Situation guttun kann und wie man sich positive Erlebnisse verschafft. Wenn Sie also im Café einen gut gelaunten AMD-Patienten treffen – der ohne fremde Hilfe gekommen ist und Ihnen begeistert von einem Hörbuch erzählt –, dann haben Sie mit großer Wahrscheinlichkeit einen Menschen mit (Disease-) Managementqualitäten vor sich.

„Es gibt künstliche Knie, neue Hüftgelenke, andere
freuen sich des Lebens mit ’nem Herzschrittmacher,
aber der Kopf, die Birne. Schlimmer geht’s nicht.“

RUDI ASSAUER

7.7 Damoklesschwert Demenz

Angst rufen besonders solche Erkrankungen hervor, die im Alter unsere Selbstbestimmung – und damit potenziell auch unsere Würde –
gefährden. Als Hochbetagter unter Demenz zu leiden – lateinisch „de
mens" heißt auf Deutsch „ohne Geist" – ist für viele Menschen ein
Horrorszenario. Nicht wenige sprechen davon, einem derart über-
schatteten Lebensabend ein selbstbestimmtes Lebensende vorzuzie-
hen. Fragen wir deshalb zunächst: Wie groß ist das Risiko, dass Sie
Opfer dieser Erkrankung werden?

Lediglich 1 Prozent der Deutschen, die 65 bis 75 Jahre alt sind,
leidet unter Demenz. Doch danach steigt das Erkrankungsrisiko mit
jedem Lebensjahr: Bei den 75-Jährigen sind 5 Prozent betroffen, bei
den 80-Jährigen 10 Prozent und bei den 90-Jährigen sogar 35 Prozent. In den letzten Monaten vor ihrem Tod sind 47 Prozent der
hochbetagten Frauen und 29 Prozent der Männer demenzkrank.

Aus diesen Zahlen dürfen Sie nicht schließen, dass Frauen anfälliger wären. Frauen haben schlichtweg eine höhere Lebenserwartung.
Nur deshalb sind sie statistisch betrachtet einem höheren Demenz-
risiko ausgesetzt. Der Anstieg der Lebenserwartung ist nämlich der
einzige Grund, warum die Zahl der Dementen steigt. Während andere Krankheiten sich als behandel- und heilbar erwiesen haben, gibt es
gegen die Demenz noch keine wirksame Therapie. Mit Blick auf die
zu erwartende Verlängerung der Lebenserwartung rechnen Experten
mit einem Anstieg der Demenz von heute 1,3 Millionen Betroffenen
auf voraussichtlich 2,6 Millionen im Jahr 2050.

Als ein schicksalhaftes, unausweichliches und sich jeder bewussten Steuerung entziehendes Widerfahrnis dürfen Sie sich die Demenz trotzdem nicht vorstellen. Das Risiko einer Erkrankung verringert sich nämlich, wenn Sie gesund leben. Menschen, die sich viel bewegen, auf ihr Gewicht achten, fettarm essen, nicht rauchen, geistig aktiv sind und sich in sozialen Beziehungen engagieren, sind deutlich seltener betroffen. Wenn eine beginnende Demenz in einer frühen Phase diagnostiziert wird, kann durch einen gesunden Lebenswandel das Fortschreiten der Krankheit zumindest verlangsamt werden.

Sehen wir uns den typischen Krankheitsverlauf näher an: Als erste Anzeichen einer Demenzerkrankung gelten Störungen im Kurzzeitgedächtnis und ein Nachlassen der Merkfähigkeit. Im Anfangsstadium reagieren die Betroffenen sehr unterschiedlich: Manche Patienten wollen und können diese Symptome zunächst noch kaschieren. Andere verfallen in eine Depression, weil sie ihren beginnenden geistigen Verfall bewusst erleben.

Im weiteren Verlauf kommen häufig Wortfindungsstörungen und Orientierungsprobleme dazu. Der Patient verliert Fähigkeiten und Problemlösungstechniken, die er im Laufe des Lebens erworben hat und die zur Alltagsmeisterung unerlässlich sind. Die Initiative zum Ausüben von Hobbys, zur Pflege von Sozialkontakten, für Haushaltsarbeit und Körperhygiene lässt deutlich nach und kommt am Ende oft ganz zum Erliegen. Starke Müdigkeit, Resignation und in manchen Fällen auch verängstigende Halluzinationen beeinträchtigen die Patienten. Im fortgeschrittenen Stadium können sie nicht einmal mehr ihre vertrautesten Bezugspersonen erkennen.

Sich in seinem sozialen Beziehungsgefüge angemessen zu verhalten fällt dem Erkrankten immer schwerer. Der Tag-Nacht-Rhythmus ist häufig gestört. Darunter leiden die Pflege und das Zusammenleben mit Gesunden. Selbst geringe Veränderungen in der Umwelt werden mit angsterfüllter Hilflosigkeit – bei manchen Patienten auch mit aggressiven Reaktionen – quittiert. In einigen Fällen treten Wahnvorstellungen auf. Diese manifestieren sich zum Beispiel in der Angst, entführt zu werden, oder in dem Eindruck, gegen seinen Willen an einem Ort festgehalten zu werden. Die Patienten erkennen mitunter Angehörige und Pflegende nicht mehr, sondern bauen sie als bedrohliche Fremde in ihr Wahnsystem ein. Je weiter die Demenz fortschreitet, desto mehr verflacht die Gefühlswelt. Die Fähigkeit, Emotionen auszudrücken, und das Interesse an der Umwelt schwinden. Für viele Patienten wird Apathie zum Normalzustand.

Diese Antriebslosigkeit erstreckt sich oft auch auf lebenswichtige Körperfunktionen: Das Hungergefühl bleibt aus; die Initiative, Nahrung zu kauen und herunterzuschlucken, fehlt. Viele Patienten müssen im Spätstadium regelmäßig und mit großer Geduld gefüttert werden – und magern oft trotzdem weiter ab und werden dadurch für andere Krankheiten anfälliger.

Die Demenz selbst ist keine Todesursache. Doch obwohl niemand „an Demenz stirbt", schränkt sie die Lebenserwartung erheblich ein. Durch die oben geschilderten Symptome sinkt nämlich die Widerstandkraft gegen andere Erkrankungen, wie zum Beispiel die Lungenentzündung.

Ungefähr die Hälfte der Demenzpatienten leidet unter der Alzheimer-Krankheit. Einer davon ist **Rudi Assauer**, ehemaliger Fußballprofi und langjähriger Manager des FC Schalke 04.

„Wie ausgewechselt – verblassende Erinnerungen an mein Leben", so lautet der Titel des Buches, mit dem er im Februar 2012 seine Situation öffentlich gemacht hat. Zu diesem Zeitpunkt war er im Anfangsstadium an Alzheimer erkrankt: Die geistige Präsenz des „wilden Rudi" hatte so nachgelassen, dass ihm öffentliche Auftritte zunehmend schwerfielen. Er konnte nicht mehr selbst Auto fahren und war in der Alltagsgestaltung auf Hilfe angewiesen. Seine Ehe mit einer 21 Jahre jüngeren Frau hat diesen Belastungen nicht standgehalten. Assauer zog zu seiner Tochter; seine langjährige Sekretärin unterstützte sie täglich bei der Pflege.

Ein Mann, der sich stets durch seine Stärken und Siege definiert hat und durch seine Machosprüche zu einer Ikone der Bierwerbung wurde, ist jetzt ein Pflegefall. Ein Mann, der immer als auf bodenständige Weise hilfsbereit galt, aber Hilfe für sich selbst stets als Zeichen von Schwäche abgelehnt hat, ist jetzt auf Hilfe angewiesen. Unter diesen Umständen wollte Assauer sich nicht verstecken, sondern in die Offensive gehen. Dass er auf dem Buchcover mit Zigarre abgebildet ist – Rauchen erhöht das Risiko, an Alzheimer zu erkranken –, dürfen wir als ironische Reminiszenz an seinen alten Lebensentwurf verstehen.

Ein publizistisch versierter Sportjournalist war bei Assauers Buchveröffentlichung – im wahrsten Sinne des Wortes – federführend. Das ZDF hat über den prominenten Demenzpatienten in einer ausführlichen Dokumentation berichtet. Ein Thema, das bewegt. Doch wie würden Sie dieses öffentliche Interesse erklären? Ist Sensationslust die Triebfeder? Oder Mitgefühl?

Wenn wir von Letzterem ausgehen, liegt in der Berichterstattung über Assauers Demenz eine Chance: Wir erfahren etwas darüber, wie ein Betroffener seine Situation erlebt. Und wenn sich uns die Innen- und Gefühlswelt eines Dementen erschließt, fällt es uns leichter, einfühlsam und menschlich mit ihm umzugehen.

Merkwürdig und unverständlich – so sieht die Welt aus der Perspektive eines Demenzkranken aus. An die Menschen, die ihm begegnen, kann er sich ab einem bestimmten Zeitpunkt nicht mehr erinnern. Das Wissen, wie man sich in bestimmten Situationen angemessen verhält, ist ihm abhandengekommen. Er hat die Kontrolle über die Wirklichkeit verloren, wird aber dabei laufend mit Anforderungen konfrontiert, die ihm als bedrohlich erscheinen: Menschen, die er nicht kennt, wollen Dinge von ihm, deren Sinn sich ihm nicht erschließt. Deshalb fühlt er sich herumkommandiert, bevormundet und unverstanden.

Im Anfangsstadium realisieren Patienten oft noch, dass sie die Kontrolle über ihr Leben verlieren. Hilflos zu ein und von anderen Menschen als peinlich oder störrisch wahrgenommen zu werden schmerzt sie. Manche begehren dagegen auf, wenn man sie für Dinge verantwortlich macht, die sie längst wieder vergessen haben. Wenn der gesunde Gesprächspartner sie auf ihr Fehlverhalten hinweist oder auf Verhaltensänderung insistiert, fühlen sie sich in die Enge getrieben. Aus ihrer Perspektive werden ihnen ihre Defizite – nämlich dass sie in bestimmten Situationen hilflos sind – unter die Nase gerieben. Es ist nicht möglich, sie aus „ihrer" Realität in die „richtige" Realität zurückzuholen. Je mehr dies versucht wird, desto deutlicher verweigern sie sich ihren Gesprächspartnern.

Zu wissen, wie die Welt aus Sicht der Betroffenen aussieht, erleichtert es, angemessen und liebevoll mit ihnen umzugehen. Da die Zahl der Dementen steigt, nimmt auch die Wahrscheinlichkeit zu, dass Sie vor der Herausforderung stehen, den Kontakt zu einem Betroffenen zu gestalten. Im Folgenden deshalb ein kurzer „Knigge für den Umgang mit Demenzkranken":

- Stellen Sie eine reizarme Kommunikationssituation her, in der nichts ablenkt oder verunsichert: Wenn zum Beispiel im Hintergrund eine starke Lichtquelle ist, ein Radio läuft oder häufig Menschen vorbeigehen, belastet dies den Demenzpatienten.
- Viele Demenzkranke reagieren beunruhigt auf verschlossene Schubladen oder Schränke.
- Vermeiden Sie große, laute Personengruppen. Reden Sie in Gegenwart des Patienten nicht mit anderen Menschen über ihn.
- Versuchen Sie „sinnlich" zu kommunizieren, das heißt, das, was Sie mit Worten sagen wollen, durch Mimik, Klangfärbung der Stimme und Berührungen zu verstärken.
- Bemühen Sie sich um eine einfache Sprache. Verwenden Sie kurze Sätze, die nur eine Information enthalten. Nicht „Zieh deine Jacke an und komm mit!", sondern zunächst: „Ziehe bitte deine Jacke an!" und erst wenn dies geschehen ist: „Komm mit!" Vermeiden Sie „Wenn-dann"-Sätze und fragen Sie lieber „was" oder „wo" statt „warum".
- Stellen Sie keine Fragen zur jüngeren Vergangenheit. Versuchen Sie nicht, Erinnerungen zu erzwingen. Der Patient weigert sich ja nicht, sich zu erinnern, sondern er kann es schlichtweg nicht. Wenn Sie ihn auf seine Defizite hinweisen, fühlt er sich als Versager.
- Gehen Sie mit Verboten sparsam um. Wenn möglich, zeigen Sie lieber Alternativen auf.
- Vielen Dementen tut es gut, wenn Lieder oder Gedichte, die sie aus ihrer Lebensgeschichte kennen, zur Sprache kommen. Suchen Sie deshalb nach Texten, die dem Patienten noch aus der Kindheit vertraut sind.
- Bemühen Sie sich, die hinter dem Verhalten stehenden Gefühle wahrzunehmen und aufzugreifen. Man kann demenzerkrankten Menschen eher auf einer emotionalen Ebene gerecht werden als durch Worte.

- Zeigen Sie keine Ungeduld. Lassen Sie sich und dem Kranken Zeit.
- Erzählen Sie ruhig auch von sich selbst. Und, wenn Sie Lust haben, lachen Sie – Humor tut gut!

Immer mehr Menschen stehen vor der Herausforderung, sich um Eltern, Partner oder andere enge Bezugspersonen zu kümmern, die unter Demenz leiden. In der Regel wird diese Herausforderung auch angenommen: Derzeit können sich neun von zehn Demenzerkrankten über Angehörige freuen, die sie auch dann nicht vergessen, wenn die eigene Erinnerung nachlässt. Die Zuwendung zu einem Menschen, der sich abgewendet zu haben scheint, wird für immer mehr Menschen zu einem Teil ihres Alltags: Von häufigen Besuchen in einer Pflegeeinrichtung bis hin zu pflegerischem Einsatz zu Hause reicht das Engagement. Dabei fällt auf, dass Frauen sich weit überdurchschnittlich oft um ihre Angehörigen kümmern.

Die Angehörigen eines Demenzerkrankten leiden auf ihre Weise ebenso unter der Situation. Dies wird derzeit noch nicht ausreichend thematisiert. Während es für Eltern mit Blick auf die Erziehung ihrer Kinder viele Beratungsangebote gibt, erfahren erwachsene Kinder, die sich um ihre pflegebedürftigen Eltern kümmern, vergleichsweise wenig Begleitung. Dabei ist gerade die Begleitung eines Demenzerkrankten eine Aufgabe, die hohe Risiken für die eigene seelische Gesundheit birgt: Bei vielen Betroffenen wird die Fürsorge für den erkrankten Angehörigen zum einzigen Lebensinhalt. Die Aufgabe, für den Patienten da zu sein, absorbiert ihre persönlichen Kräfte. Sie vernachlässigen alle anderen Sozialkontakte und leben nur noch für den Dementen, mit dem sie jedoch kaum kommunizieren können. In dieser Lage entstehen oft Aggressionen gegenüber dem zu Pflegenden. Eine emotionale Achterbahn kann die Folge sein: Die latent vorhandenen Aggressionen wecken Schuldgefühle. Dazu kommt die Angst, selbst in absehbarer Zeit an einer ähnlichen Erkrankung zu leiden. Dies alles mündet in vielen Fällen in eine handfeste Depression oder in psychosomatische Beschwerden. Nicht selten treten diese Symptome erst nach dem Tod des Demenzerkrankten auf: Der pflegende Angehörige will jetzt eigentlich das Leben wieder genießen, gerät aber – vom Druck des Funktionierenmüssens befreit – in eine tiefe Krise.

Deswegen sollten die Angehörigen möglichst gleichzeitig mit dem Betroffenen Hilfe suchen. Das Gespräch in einer Angehörigengruppe, professionelle Hilfe oder die Begleitung durch eine Demenzberatungsstelle sind zu empfehlen.

„Ich bin Optimist. Sogar meine Blutgruppe
ist positiv."

TONI POLSTER

7.8 Freuen Sie sich auf Ihren 90. Geburtstag!

Dass auch Ihr eigenes Alter am Ende von Demenz überschattet wird,
ist nicht auszuschließen. Aber Sie können auch Glück haben: Über 60
Prozent der Hochbetagten sind bis zu ihrem Tod geistig präsent und
klar im Kopf. Bei vielen Menschen ist die Leidens- und Sterbephase
am Ende des Lebens nur sehr kurz. Sie können ihr Leben sehr lange
genießen.

Vier der auf dem Foto abgebildeten Damen haben ihren 90. Geburtstag bereits hinter sich.
Der Autor trifft sie alle zwei Wochen bei einem
Seniorengesprächskreis. Bereits an der Tür ist zu
ahnen, dass diese alten Menschen gerne leben:
Es wird viel gelacht und angeregt miteinander
gesprochen. Auch die Über-90-Jährigen bringen
sich lebhaft und humorvoll ein.

Viele Menschen sind heute auch im zehnten Lebensjahrzehnt noch vital und
geistig rege. Sie haben gelernt, mit den altersbedingten Defiziten so umzugehen, dass ihr Leben unterm Strich trotzdem schön geblieben ist. Sie freuen sich
auf jeden neuen Tag und haben keine Lust zu sterben.

Der Besuch in diesem Seniorenkreis wäre eine von vielen Gelegenheiten,
sich von den heutigen Alten die Angst vor dem zukünftigen eigenen Altern nehmen zu lassen. Viele Über-90-Jährige widerlegen die resignativen Stereotype,
die das Alter vor allem mit Siechtum und Einsamkeit verbinden.

Es gibt erfreulich viele Menschen, deren Leben auch im neunten Lebensjahrzehnt noch lebenswert und schön ist. Und es wird zukünftig noch mehr von diesen Menschen geben. Die Chancen, selbstbestimmt und mit viel Lebensqualität alt zu werden, sind heute besser als früher. Und aller Wahrscheinlichkeit nach werden sie in Zukunft noch besser sein als in der Gegenwart.

Also: Freuen Sie sich ruhig auf Ihren 90. Geburtstag, denn es ist nicht unwahrscheinlich, dass Ihr Leben dann noch erfüllt und lebenswert ist!

8. Ein Ausblick in Richtung Abpfiff

Auch wenn Sie lange leben und noch im hohen Alter das Leben genießen, ist dann eines Tages trotzdem Schluss. Das Ende im Spiel Ihres Lebens ist zwar nicht in der Weise vorhersehbar wie bei einem 90-minütigen Fußballspiel. Aber irgendwann kommt der Abpfiff. Und dann? Glauben Sie an eine Verlängerung ins Jenseits der Unendlichkeit? Unabhängig davon ist die Aussicht, sterben zu müssen, nicht schön.

Und bevor der Tod selbst kommt, schickt er auch noch seine Vorboten: Sie müssen mit zunehmendem Lebensalter immer häufiger Abschied von anderen Menschen nehmen, die mit Ihnen zusammen älter geworden sind. Ihr steigendes Alter zwingt Sie, sich von Fähigkeiten und sozialen Rollen zu verabschieden. Die Herausforderung, sich diesen Verlusten zu stellen, nennen Altersforscher „Disengagement". Dies könnte man flapsig mit „sich sinnvoll runterfahren" übersetzen.

In dem Maße, in dem Lebenszeit vergangen ist, wird die Vergänglichkeit immer mehr zum Thema, mit dem Sie sich auseinandersetzen müssen. Deshalb wollen wir die Vergänglichkeit auf den folgenden Seiten bewusst in den Blick nehmen. Nicht um Ihnen Angst zu machen. Im Gegenteil! Vielmehr, um Sie einzuladen, ein möglichst entspanntes Verhältnis zur Vergänglichkeit zu entwickeln.

Dass Ihnen eine Fee erscheint, deren Zauberstab Sie vom Altern abhält und ewig leben lässt, ist unwahrscheinlich. Sollte dieser unwahrscheinliche Fall aber eintreten, lesen Sie bitte das folgende Kapitel, bevor Sie die Fee um ihren Dienst bitten.

Es könnte sonst sein, dass Sie Ihrer Sterblichkeit beraubt auf einmal entdecken, dass Sie

- selbst die Karibik nur mit großen Mengen Cocktails ertragen könnten,
- die Inspiration für himmlische Gesänge verlieren,
- als Unsterblicher nicht einen Moment Ihres Lebens von sich sagen könnten, dass Sie jetzt wirklich ganz und gar „da" sind.

Entdecken Sie auf den folgenden Seiten, dass Sie nur deshalb einmalig sind, weil Sie vergänglich sind!

„Das macht uns so unberechenbar. Keiner weiß,
wann er ausgewechselt wird."

Thomas Helmer

8.1 Der Abpfiff kommt näher: Gedanken zum Spielende

Zu den Herausforderungen der zweiten Lebenshälfte gehört, sich mit
dem Sterben auseinanderzusetzen. Oft erfolgt diese Auseinandersetzung zunächst nicht „am eigenen Leib". Es können stattdessen zum
Beispiel die hochbetagten Eltern sein, die uns mit dem Sterben kon-
frontieren. Dass vertraute Menschen „hinfällig" werden, immer mehr
„abbauen", am Ende oft auf Pflege angewiesen sind und irgendwann
„dahingehen", macht traurig und hilflos. Bewusst oder unbewusst
bedrückt uns dabei wohl auch, dass die „Puffergeneration", die bislang noch zwischen uns und dem Tod stand, wegstirbt. Also sind wir
die Nächsten ...

Insgesamt müssen Sie sich drauf einstellen, dass Sie – je älter Sie
werden, desto häufiger – Abschiede erleben, und zwar Abschiede ver-
schiedener Art: der endgültige Auszug der eigenen Kinder, das Ende
der Berufsbiografie. Sie verabschieden sich von Wanderzielen oder
Hobbys, die Ihren alternden Körper irgendwann überfordern. Wer
umzieht, fragt sich bereits, ob die neue Wohnung „altersgerecht" ist.
Stärker als in jüngeren Jahren werden Verlustängste und Abschiedsschmerz spürbar zum Thema. Der Tod – auch wenn er hoffentlich
noch weit weg ist – wirft jetzt manchmal einen zumindest für Momente zu erahnenden Schatten.

Immerhin können Sie diesem Schatten eine erhellende Einsicht
entgegenstellen: „Gäbe es den Tod nicht, man müsste ihn erfin-
den. Ein ewiges Leben wäre zum Sterben langweilig. Ohne irgend-
ein Ende gäbe es keinen Anfang und keine Mitte", so Eckart von

Hirschhausen, Arzt und Kabarettist. Jemand, der als Arzt Ihr Leben verlängern will und als Kabarettist Sie zum Lachen bringen will – und jetzt lobt er allen Ernstes den Tod? Warum? Die Antwort ist so philosophisch wie wahr: Ohne Vergänglichkeit gäbe es keine Einmaligkeit. Jeder Augenblick lebt davon, dass er vergeht. Einen Höhepunkt erfahren Sie nur deshalb als solchen, weil Sie wissen, dass die Euphorie dieses Moments zeitlich begrenzt ist. Etwas unbegrenzt genießen zu können würde den Genuss daran nicht mehr steigern, sondern vermindern.

Stellen Sie sich vor, Sie warten hungrig an einem gedeckten Tisch auf ein gutes Essen. Der Duft steigt Ihnen bereits verführerisch in die Nase. Oh ja, jetzt endlich wird aufgetragen! Der erste Bissen ist ein ganz besonderes Vergnügen. Stopp! Und jetzt stellen Sie sich alternativ Folgendes vor: Sie würden jeden Schritt Ihres Lebens von einem Butler begleitet, der stets in Warmhaltegefäßen das allerleckerste Essen für Sie bereithält. Jeden Moment können Sie problemlos und ohne zu warten die besten kulinarischen Köstlichkeiten genießen. Glauben Sie, dass die Gaumenfreuden dann noch so intensiv wären?

Wenn Sie alles haben, was Sie brauchen, haben Sie gute Chancen, *zufrieden* zu sein. Wenn Sie permanent mehr haben, als sie brauchen, laufen sie Gefahr, *saturiert* zu werden. Saturiert ist sozusagen die Steigerungsform von satt: übersättigt. Wenn etwas in unbegrenzter Menge und völlig selbstverständlich vorhanden ist, geht der bewusste Genuss dadurch verloren.

Das gilt auch für die Lebenszeit: Wenn Sie endlos und selbstverständlich über Lebenszeit verfügen könnten, würden Sie verlernen, die Höhepunkte als einmalig zu genießen. Es wäre auch nicht mehr wichtig, sich mit Anstrengung und Einsatz aus den Tiefpunkten herauszuarbeiten. Wenn stets noch unendlich viel Zukunft vor Ihnen läge, wäre die Gegenwart auf einmal irgendwie beliebig. Was Ihnen heute nicht gelingt, das gelingt Ihnen vielleicht in zwei Jahren oder in zwanzig Jahren oder in zweitausend Jahren.

Captain Barbossa ist der Anführer eines Schiffes von Piraten, die durch einen Fluch unsterblich geworden sind. Aber diese Unsterblichkeit erweist sich nicht als Segen, sondern als Fluch. Dies wird in der Kinotrilogie „Fluch der Karibik" schnell deutlich.

Die unsterblichen Freibeuter leiden nämlich darunter, dass ihnen alle Kontraste verloren gegangen sind. Jede Verletzung heilt zwar umgehend, aber dadurch werden sie innerlich unberührbar. Sie müssen zwar vor nichts mehr Angst haben, aber dadurch gehen ihnen auch die Herausforderungen verloren, durch Mut und Hoffnung zum Charakter zu werden.

In der durch nichts zu unterbrechenden Endlosschleife ihres Lebens erkalten alle Emotionen. Das Essen schmeckt fad, Tag und Nacht verschwimmen in einem diffusen Dämmerlicht. Die durch ihre Unendlichkeit wertlos gewordene Zeit lässt sich nur mit regelmäßigen Besäufnissen totschlagen.

Gott sei Dank sind wir als Sterbliche in einer anderen Situation! Wir setzen uns dem Leben aus, sind bereit, uns von ihm verschlingen und verbrauchen zu lassen. Am Ende bezahlen wir mit dem Leben. Wenn wir immer in allem versuchen würden, dem Tod zu entgehen und alles zu vermeiden, was uns altern lässt, würden wir dadurch schon hier und jetzt unsere Lebensfreude verlieren.

Es gibt aber nicht nur den einen großen Tod am Ende des Lebens, sondern der Mensch stirbt bereits davor viele kleine Tode. „Le petit mort", der kleine Tod – so umschreiben Franzosen charmant den Orgasmus. Etwas zipfelmütziger bezeichnen wir Deutschen den Schlaf als „kleinen Bruder des Todes". In beiden Situationen kommt es darauf an, sich gehen zu lassen. Bei der sexuellen Ekstase und – etwas weniger wild – beim Einschlafen gibt der Mensch sich hin und verliert die Kontrolle über sich.

Alle Abschiede haben etwas mit der Erfahrung von Kontrollverlust zu tun. Einen geliebten Menschen aufzugeben führt Ihnen vor Augen, dass Sie das Leben nicht gänzlich unter Kontrolle haben. Die damit verbundenen Trauerprozesse können ebenfalls unkontrolliert ablaufen. Der Schmerz über den erfahrenen Verlust lässt sich nicht immer pragmatisch verarbeiten und in die gewünschten Bahnen lenken. Vielleicht können Sie sich an entsprechende Situationen erinnern, in denen Sie Ihre Gefühle nicht beherrschen konnten und Ihre Stimmungen und Gedanken zeitweise nicht in den Griff bekamen?

Trauerwege sind immer auch Lernwege. Sie lernen, sich einer Wirklichkeit zu stellen, die Sie nicht komplett kontrollieren können.

Trauer und Abschiedsschmerz krampfhaft zu unterdrücken wäre deshalb falsch. Wenn Sie Zeit brauchen, um den Tod eines nahestehenden Menschen zu verarbeiten, nehmen Sie sich diese Zeit – ohne daran zu zweifeln, dass das Leben irgendwann auch wieder lebenswert wird. Wenn Ihnen ein Einschnitt in Ihrer Lebensgeschichte Probleme bereitet, ist das keineswegs immer ein Hinweis, dass mit Ihnen etwas nicht stimmt. Psychische Stabilität und emotionale Vitalität bekommt ein Mensch nicht dadurch, dass er über Krisen hinweggeht, sondern indem er sie durchsteht und an ihnen reift.

Bewusst von Personen, Rollen oder Lebensphasen Abschied zu nehmen kann emotional sehr aufreibend sein. Einen Verlust einfach nicht wahrhaben zu wollen scheint da vielen der bequemere Weg zu sein. Auf längere Sicht wäre das aber ein Verlust für Ihre persönliche Entwicklung. Sie verlieren die Chance, ein entspanntes Verhältnis zur Vergänglichkeit zu gewinnen. Deshalb sind Sie jetzt eingeladen, über das unwiederbringlich Vergangene nachzudenken:

Welche Abschiede und Verluste haben Sie in Ihrer Lebensgeschichte und Persönlichkeit geprägt? Welche Menschen, Fähigkeiten, Projekte und Lebensphasen mussten Sie zu Grabe tragen? Schreiben Sie jeweils Namen oder Stichworte auf die folgenden drei Grabsteine!

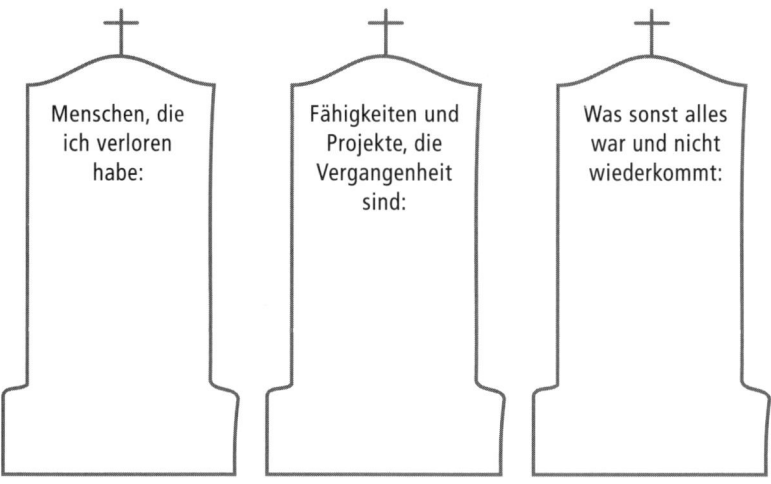

Menschen, die ich verloren habe:

Fähigkeiten und Projekte, die Vergangenheit sind:

Was sonst alles war und nicht wiederkommt:

 „Wir sind an ein Limit gekommen, wo es im Moment nicht drüber geht."

ANDREAS MÖLLER

8.2 Wie Sie das Spiel bis zur letzten Minute bejahen

Die Deutschen Ihres Alters haben Glück. Historisch betrachtet kann man sagen, dass Ihre Generation im Schongang gewaschen wurde. Friede, Wohlstand und Demokratie haben ihr Leben geprägt, zumindest das Leben derer, die in der Bundesrepublik aufgewachsen sind. Von den Umständen derart verwöhnt zu werden war angenehm. Dies könnte aber auch mit einer bedenkenswerten Nebenwirkung verbunden sein: Durch das gesellschaftliche Wohlfühlklima haben wir unsere psychischen Immunkräfte gegen Schicksalsschläge eingebüßt – so lautet zumindest der Verdacht von Sven Kuntze, Journalist im (Un-)Ruhestand. Er schreibt: „Unsere Eltern haben Schicksal noch im Übermaß ertragen müssen, wir hingegen haben es, von Ausnahmen abgesehen, zeit unseres Lebens stillgelegt. Wir waren überzeugt, jederzeit die Herren unserer Gegenwart und Zukunft zu sein."
Die schöne Fiktion eines rundumversorgten, risikoarmen Lebens lässt sich aber laut Kunze im Alter nicht aufrechterhalten. „Jetzt meldet sich das Schicksal zurück, und zwar nicht als äußeres Ereignis, sondern aus uns selbst heraus, als Rebellion unseres Körpers, gegen die wir wenig ausrichten können." Dies wird gerade einer von den gesellschaftlichen Rahmenbedingungen verwöhnten Generation zur Herausforderung. Denn das Altern ist mit Abschieden und Verlusten verbunden, die auch kein noch so gut funktionierender Sozialstaat irgendjemandem abnehmen kann. „Das ist den Generationen vor uns nicht anders gegangen, aber die waren schicksalserfahren", stellt Kunze dazu fest.

Auch wenn wir von vielen Problemen verschont bleiben, mit denen frühere Generationen konfrontiert waren – das Alter bleibt uns nicht erspart. Irgendwann ist das Spiel zu Ende. Seelsorger und Psychologen raten deshalb dazu, rechtzeitig damit zu beginnen, „abschiedlich zu leben". Das bedeutet, dass Sie sich die Verlusterfahrungen auf Ihrem Lebensweg bewusst machen. Dadurch lernen Sie, die Vergänglichkeit innerlich zu bejahen. Und wenn Sie ein entspanntes Verhältnis dazu haben, nicht alles festhalten zu können, gehen Sie Ihren Weg unbeschwerter und freier.

In Ihrem Alter haben Sie vermutlich bereits mehr Lebensjahre hinter sich, als noch vor Ihnen liegen. Wenn es im Leben nur darauf ankäme Fantasien und Kräfte auf *zukünftige* Vorhaben zu richten, müssten Sie sich selbst als Auslaufmodell verstehen. Dazu besteht aber kein Anlass. Das Leben besteht nämlich auch darin, aus Erfahrungen klug zu werden und in der Erinnerung Freude, Halt und Identität zu finden. Verstehen Sie Ihre Vergangenheit als biografischen Humus, auf dem Sie sich heute zur Blüte bringen können!

Das gilt auch für die Vergangenheit, die unwiederbringlich vergangen ist. Ein Mensch, der heute tot ist, hat Ihnen gutgetan und Sie geprägt? Sie können ihn nicht wieder lebendig machen. Aber Sie können bewusst etwas von dem leben, was er in Ihnen angestoßen hat! Eine familiäre oder berufliche Rolle geht zu Ende? Irgendwann müssen Sie Ihre Kinder freigeben und den Arbeitsplatz in Richtung Ruhestand räumen. Aber Sie können aus dieser Lebensphase viel Sozialkompetenz, Reife und Selbstbewusstsein in eine von anderen Rollen geprägte Zukunft mitnehmen! Was Ihnen in der Vergangenheit gutgetan hat, hört nicht auf, Ihnen gutzutun, nur weil es jetzt vergangen ist.

„Ich bin ein Gast auf Erden" lautet der Titel eines Kirchenliedes von **Paul Gerhardt** (gest. 1676). Zwölf Strophen lang besingt es die Abschiede und Verluste im Lauf einer Lebensgeschichte.

Verlust- und Abschiedserfahrungen hatte er selbst in großer Zahl zu erleiden: Bereits mit 16 Jahren war er Vollwaise; seine Heimatstadt wurde im 30-jährigen Krieg völlig zerstört; vier seiner fünf Kinder sind vor ihm gestorben. Vor diesem

Hintergrund dichtet er: „Mich hat auf meinen Wegen/manch harter Sturm erschreckt;/Blitz, Donner, Wind und Regen/hat mir manch Angst erweckt;/Verfolgung, Hass und Neiden,/ob ich's gleich nicht verschuld't,/hab ich doch müssen leiden/und tragen mit Geduld."

Durch sein Gottvertrauen kann Gerhardt diese Erfahrungen aber ohne Bitterkeit annehmen. Mit zunehmendem Alter werden die Jammertäler des Diesseits dann von einer lebendigen Jenseitshoffnung überstrahlt. So endet das oben zitierte Lied mit folgender Strophe: „Du aber, meine Freude,/du meines Lebens Licht,/du ziehst mich, wenn ich scheide,/hin vor dein Angesicht/ins Haus der ewgen Wonne,/da ich stets freudenvoll/gleich wie die helle Sonne/mit andern leuchten soll."

Weil Gerhardt ein bejahendes Verhältnis zur Vergänglichkeit hat, sind die von ihm gedichteten Lieder keineswegs hoffnungslos oder resignativ. Im Gegenteil: Dass sein von schmerzhaften Verlusten geprägtes Leben trotzdem lebenswert blieb und er stets Hoffnung hatte, zieht sich wie ein roter Faden durch seine Liedtexte. In ihnen schwingen eine emotionale Tiefe, ein Optimismus und eine Glaubenskraft mit, die seitdem Generationen von Menschen geholfen haben, in Verlust- und Abschiedssituationen wieder Kraft zu finden. Um die Vergänglichkeit unseres Lebens zu akzeptieren, bringt der Kirchenlieddichter einen jenseitigen Himmel ins Spiel.

Wie ein weniger religiöser Mensch sich einer Verlusterfahrung stellen kann, lässt sich ebenfalls an einem Lied veranschaulichen. Nach dem Tod seiner Frau singt Herbert Grönemeyer ebenfalls vom Himmel. Aber der Himmel ist bei ihm nicht das Jenseits, sondern die Erfahrungen, die ihn mit seiner Frau verbinden: „Es war ein Stück vom Himmel, dass es dich gibt."

Nachdem **Herbert Grönemeyer** im November 1998 innerhalb von nur drei Tagen seinen Bruder Wilhelm und seine Frau Anna verloren hatte, legte er zunächst eine Schaffenspause ein. Doch danach kehrte er auf die Bühne zurück – mit dem Album „Mensch", dessen Lieder hörbar von seinen persönlichen Verlusterfahrungen geprägt sind.

Dass das, was ein Mensch verloren hat, ihn oft weitergebracht hat und somit ein bleibender Teil seines Lebens ist, klingt in dem Lied „Der Weg" an. Es ist Grönemeyers verstorbener Frau gewidmet „Dein sicherer Gang, deine wahren Gedichte,/deine heitere Würde, dein unerschütterliches Geschick./Du hast der Fügung deine Stirn geboten./Hast ihn nie verraten deinen Plan vom Glück,/deinen Plan vom Glück./Ich gehe nicht weg,/hab meine Frist verlängert./Neue Zeitreise, offene Welt./Habe dich sicher in meiner Seele./Ich trag dich bei mir, bis der Vorhang fällt./Ich trag dich bei mir, bis der Vorhang fällt ..."

Wenn Sie sich der Herausforderung, „abschiedlich zu leben", stellen, werden Sie dadurch an emotionaler Tiefe gewinnen. Die Abschiede Ihrer Lebensgeschichte auszublenden würde Sie indessen zu einem oberflächlichen Menschen machen. Die tiefen Gefühle und oft unaussprechlichen Gedanken, die sich mit Abschieden verbinden, lassen sich aber schwer in klare Worte fassen. Deshalb ist Musik an dieser Stelle so wichtig.

Gibt es Lieder, die in Ihnen intensive Erinnerungen an Vergangenes wecken? Gibt es Lieder, die Ihnen beim Loslassen guttun? Wenn ja, dann schreiben Sie die Titel dieser Lieder in den folgenden Kasten:

Wenn Sie wollen, summen Sie jetzt eines oder mehrere dieser Lieder!

 „Der Ball ist rund und das Spiel dauert 90 Minuten. "

SEPP HERBERGER

8.3 Wie Sie im Einklang mit dem Spielverlauf mitlaufen

Einige Profifußballer beschäftigen heute einen Mentaltrainer. Diese Spieler haben für sich entdeckt, dass sie erst dann zur größten Form auflaufen, wenn sie auf dem Spielfeld wirklich präsent sind. Und mit Präsenz ist viel mehr gemeint als die bloß körperliche Anwesenheit. Präsenz bedeutet, den Kopf frei zu haben, um jeden Moment wach und konzentriert am Spiel teilzunehmen. Dies fällt Spielern schwer, die in Gedanken immer noch auf einen Fehlpass oder ein Eigentor aus den vorherigen Spielminuten fixiert sind. Auch wer schon von Spielzügen träumt, die sich durch den derzeitigen Spielverlauf noch gar nicht anbahnen, kommt aus dem Tritt.

Auf das Spiel Ihres Lebens übertragen folgt daraus ein Rat: Kriegen Sie den Kopf für die Gegenwart frei! Fixieren Sie sich nicht auf Aufgaben, Fähigkeiten, Erfolge oder Misserfolg, die unwiederbringlich Vergangenheit sind. Und genauso wenig sollten Sie Ihre Präsenz zugunsten zukünftiger Ziele und Wünsche aufgeben. Machen Sie sich vielmehr immer wieder bewusst, was gerade jetzt in diesem Moment ansteht!

Eines der ältesten Drehbücher für eine von immer wieder wechselnden Herausforderungen erfüllte Lebensgeschichte finden Sie im Alten Testament, im Buch Prediger (Kohelet), Kapitel 3:

Ein jegliches hat seine Zeit und alles Vorhaben unter dem Himmel hat seine Stunde:

Geboren werden hat seine Zeit; sterben hat seine Zeit; pflanzen hat seine Zeit; ausreißen, was gepflanzt ist, hat seine Zeit.

Töten hat seine Zeit; heilen hat seine Zeit, abbrechen hat seine Zeit; bauen hat seine Zeit.

Weinen hat seine Zeit, lachen hat seine Zeit; klagen hat seine Zeit, tanzen hat seine Zeit.

Steine wegwerfen hat seine Zeit. Steine sammeln hat seine Zeit. Herzen hat seine Zeit, aufhören zu herzen hat seine Zeit.

Suchen hat seine Zeit; verlieren hat seine Zeit. Behalten hat seine Zeit; wegwerfen hat seine Zeit. Schweigen hat seine Zeit; reden hat seine Zeit.

Lieben hat seine Zeit, hassen hat seine Zeit; Streit hat seine Zeit, Friede hat seine Zeit.

Alles hat seine Zeit, aber wir haben die Zeit nicht in der Hand. Doch immerhin haben wir es in der Hand, präsent zu leben. Dahin zu gelangen ist allerdings ein Lernweg. Sich ständig auf Abschiede und Veränderungen einzulassen erfordert ein innerlich bejahendes Verhältnis zur Vergänglichkeit.

Davon erzählt auch der Prediger Kohelet, dessen Gedanken Eingang ins Alte Testament gefunden haben. Auf die Einsicht, dass sich alles im Leben immer wieder ändert, reagierte Kohelet zunächst mit Resignation: „Man mühe sich ab, wie man will, und doch hat man keinen Gewinn davon." Doch später gelingt es ihm, diese Resignation in bejahende Akzeptanz zu überführen: „Gott hat alles schön gemacht zu seiner Zeit und der Mensch kann nicht ergründen das Werk, das Gott tut, weder Anfang noch Ende." Abschließend landet Kohelet bei der lebenspraktischen Klugheit: „Da merkte ich, dass es nichts Besseres dabei gibt, als fröhlich zu sein und sich gütlich zu tun in seinem Leben. Denn ein Mensch, der da isst und trinkt und hat guten Mut bei all seinem Mühen, das ist eine Gabe Gottes.

Wenn Sie jetzt über sich selbst nachdenken, was hatte in Ihrem Leben seine Zeit? Was ist gerade jetzt an der Zeit? Was wird in Zukunft seine Zeit haben?

_____ hatte seine Zeit:

_____ hatte seine Zeit:

_____ hatte seine Zeit:

_____ hatte seine Zeit:

_____ hat seine Zeit

_____ hat seine Zeit

_____ hat seine Zeit

_____ hat seine Zeit

_____ wird seine Zeit haben

_____ wird seine Zeit haben

_____ wird seine Zeit haben

_____ wird seine Zeit haben

Und das, was jetzt seine Zeit hat – darauf sollten Sie sich konzentrieren!

9. Finden Sie Ihren ganz persönlichen Weg!

Dieses Buch lädt Sie ein, über Ihr Leben nachzudenken. Dabei sind Sie immer wieder auf „Übungen" gestoßen, die den Lesestoff mit Ihren persönlichen Erfahrungen in Verbindung bringen sollen. Insofern ist dieses Buch ein „Arbeitsbuch". Was Sie bislang gelesen haben, hat Sie zur „Biografiearbeit" eingeladen.

Biografiearbeit? Was ist das? Das klingt ja fast ein wenig anstrengend ...? Biografiearbeit bedeutet, bewusst über die eigene Lebensgeschichte nachzudenken. Sie „erarbeiten" sich Einsichten zu Ihrem persönlichen Werdegang. Doch diese Anstrengung lohnt sich: Etwas über sich zu wissen trägt zur Selbstvergewisserung bei. Aus diesem Grund wurden Sie auf den vorherigen Seiten immer wieder dazu angeregt, in Gedanken Ihre Lebensgeschichte durchzugehen.

Durchgehen? Wenn Sie Lust haben, dann können Sie diese Aufforderung im wörtlichen Sinne verstehen: Zu einer Wanderung will dieses Buch Sie abschließend auffordern. Vertiefen Sie das bisher Gelesene draußen in der Natur. Und überlegen Sie sich dabei einen Weg – einen Wanderweg –, der Sie zu sich selbst führt!

In den vorherigen Kapiteln konnten Sie den Weg, auf dem Sie sich selbst ein bisschen besser auf die Spur kommen können, bequem vom heimischen Sofa aus beschreiten. Warum also sollten Sie jetzt darüber hinaus noch die Mühe und den Zeitaufwand einer Wanderung auf sich nehmen? „Alles würde besser gehen, wenn man mehr ginge", so lautet die wegweisende Einsicht! Sie stammt von Gottfried Seume, der vor 200 Jahren als Reiseschriftsteller bekannt wurde. Er unternahm von 1801 an zwei große Reisen, die ihn nach Italien, Russland, Finnland und Schweden führten. Das Bemerkenswerte: Seume war ausschließlich zu Fuß unterwegs. Sein Wanderbericht, „Spaziergang nach Syrakus", ist so eindrucksvoll, weil er als überzeugter Fußgänger die Zeit hatte, sich ausführlich mit sich selbst und seiner Umwelt zu beschäftigen. 200 Jahre später wurde Seumes Buch neu aufgelegt – und es reiht sich vorzüglich ein in die modernen Reiseberichte von Autoren, die prinzipiell nur zu Fuß unterwegs waren.

Im folgenden Kapitel werden Sie ein paar Ausschnitte zu lesen bekommen und dabei entdecken, dass

* Wandern die revolutionäre und freiheitsliebende Seite in Ihnen wecken kann,

* Wanderer, gerade weil sie „landläufig" sind, oft auf Gedanken stoßen, die alles andere als gewöhnlich sind,

* es Menschen beim Wandern schwerfällt, vor sich selbst davonzulaufen,

* manche Einsichten und Erkenntnisse am besten Schritt für Schritt kommen.

Wenn Sie nach der Lektüre dieses Kapitels wirklich losgehen, um etwas über sich selbst zu erfahren, dann haben Sie übrigens berühmte Vorgänger: Jesus, Buddha und Hape Kerkeling.

„Das habe ich ihm dann auch verbal gesagt."

MARIO BASLER

9.1 Das Leben als erzählter Weg:
Legen Sie den roten Faden Ihrer Lebensgeschichte

Stellen Sie sich jemanden vor, der immer nur im Sessel sitzt und von dort aus erklärt, wie die Welt ist. Ohne selbst viel erlebt oder bewegt zu haben, wartet er mit Tipps und Mahnungen auf. Aus der Sesselfurzerperspektive doziert er, was andere besser tun oder lassen sollten. Fürchterlich! Denn erst durch die Erfahrungen, die wir auf dem Lebensweg gemachten haben, werden wir kompetent, interessant und einmalig.

Ein Odysseus ohne Odyssee? Ein Josef, der nicht nach Ägypten verschleppt wird, sondern als Papas Lieblingssohn den väterlichen Hof übernimmt? Ein Gilgamesch, der sich nicht auf die Suche nach der Unsterblichkeit macht, weil er lieber im heimischen Palast Kakteen züchtet? Zum Gähnen! Die Heldengeschichten, Dramen und Epen aller Zeiten leben vom Erlebten.

Doch jetzt kommt eine Einschränkung: Dass Menschen etwas Spannendes erlebt haben, bedeutet keineswegs automatisch, dass sie eine Lebensgeschichte haben, die sie zur Persönlichkeit macht. Ihr Pauschalreiseveranstalter hat Sie in Griechenland sitzen lassen? Ihre Brüder haben Sie ums Erbe betrogen? Das mag etwas ungewöhnlich sein – aber dies macht Sie noch lange nicht zu einer Persönlichkeit, die so interessant ist wie Odysseus oder Josef.

Das Erlebte wird erst dadurch greifbar, dass es zur erzählten Lebensgeschichte wird. Für das Erzählen der Lebensgeschichte wählen Sie Erfahrungen aus. Sie gewichten und deuten diese so, dass sie sich zu einem stimmigen Ganzen verbinden. Jede Lebensgeschichte ist konstruiert. Alles zu erzählen, was Sie in den letzten zehn Jahren erlebt haben, würde ja zehn Jahre dauern – und Ihr Gedächtnis (und die Geduld der Zuhörer) massiv überfordern. Also wählen Sie aus. Sie beschränken sich auf das, was Sie „ausmacht", auf das, was Sie für den „roten Faden" Ihrer Lebensgeschichte halten. Gerade das macht die Auseinandersetzung mit der eigenen Biografie ja so interessant: Wir beantworten damit eine Frage, für die wir jeweils selbst der größte Experte sind, nämlich die Frage: Wer bin ich?

„Wir alle sind, die wir sind, weil wir unser Leben wie eine Erzählung erleben, mit Anfang und Ende, Höhen und Tiefen, Deutungen und Erwartungen; und wir sind dauernd damit beschäftigt, den Text unseres Lebens umzuschreiben." So beschreibt Frank Schirrmacher, was passiert, wenn wir uns bewusst selbst zum Thema machen.

Sich als Autor der eigenen Lebensgeschichte zu erleben ist für den Aufbau des Selbstbewusstseins übrigens sehr wichtig: Gerade darin spüren wir, dass wir handlungsfähige Subjekte sind und nicht von anderen dirigierte Nebendarsteller in Dramen, auf deren Verlauf wir keinen Einfluss haben.

Eine lebenslustige, etwas chaotische junge Frau verliebt sich in den 50er-Jahren in einen angehenden jungen Pfarrer. Als dieser auf einem abgelegenen Dorf seine erste Stelle antritt, muss sie sich dort in die Rolle der Pfarrfrau fügen. Doch die Menschen in der konservativen Landgemeinde entdecken schnell, dass die Dame nicht so ganz dem entspricht, was man sich von einer braven Pfarrfrau traditionell erwartet.

Das gerade geschilderte Setting hat durchaus das Zeug zur Tragödie. Eine im Schatten ihres Mannes verkümmernde Pfarrfrau? Sie könnte den roten Faden ihrer Lebensgeschichte darin finden, sich ausgebrannt und verbittert über mangelnde Wertschätzung zu ärgern. Aber nein! Die von **Amei-Angelika Müller** verfassten „Memoiren einer unvollkommenen Pfarrfrau" erzählen eine ganz andere Geschichte! Mit Witz, Ironie, aber auch Empathie und Herzlichkeit beschreibt sie ihr Leben im Landpastorat als ein großes Abenteuer. Den an sie herangetragenen Aufgaben stellt sie sich, ohne dabei ihre Persönlichkeit zu verleugnen. Das tut ihr – und den Menschen in der Kirchengemeinde – so richtig gut!

Der Gewinn dieser Biografie liegt nicht in erster Linie darin, dass Müller durch ihre Bücher viel bekannter wurde als ihr Ehemann. Die Leser spüren vielmehr, dass sie sich als Regisseurin ihrer Lebensgeschichte erlebt. Dadurch stellt sie sich den Chancen und Zumutungen ihres Lebens entspannt und energiegeladen. In ihrer Kirchengemeinde ist sie nicht eine von Erwartungen und Ansprüchen Getriebene, sondern kann über die Zumutungen und ihre eigene Unerfahrenheit lachen.

Sich mit der eigenen Lebensgeschichte auseinanderzusetzen hat Einfluss auf das Lebensgefühl. Ja, mehr noch: Identität – das gute Gefühl, einmalig und Herr über das eigene Leben zu sein – entsteht überhaupt erst dadurch, dass Menschen sich selbst zum Thema machen. Die bewusste Auseinandersetzung mit der eigenen Lebensgeschichte ist gesund. Dies zeigt sich im Alter ganz besonders deutlich. Studien zufolge erkranken Menschen, die viel über sich und ihren Werdegang nachdenken, deutlich seltener an Demenz als der Durchschnitt. Salopp gesagt: Wer immer wieder neu danach fragt, wer er ist, vergisst es am Ende nicht so schnell!

„Pflege deine Erinnerungen, aber wühle nicht in der Vergangenheit", rät Wolf Schneider, der mit über 80 Jahren ein Buch über das Glück verfasst hat. Nicht gegen sich selbst und das Leben misstrauisch nach Fehlern und Mängeln suchen, sondern die Geschichten des Gelungenen, Überraschenden und Erheiternden erzählen – das ist ein Rezept, mit dem man gut leben kann.

Was eine bewegte Lebensgeschichte eindrucksvoll macht, ist aber nicht in erster Linie das Vergangene, sondern dessen Ertrag für die Gegenwart. Wenn Sie über Ihren Werdegang nachdenken, stoßen Sie immer wieder auf Geschichten, mit denen sich Reifungs- und Lernprozesse verbinden. Dadurch erkennen Sie, dass der Lebensweg, gerade weil er verschlungen war, zur Stärkung Ihrer Persönlichkeit geführt hat!

Odysseus kam nicht nur mit guten Geschichten für lange Kaminabende nach Hause. Er brachte von seiner Reise auch die List, die Stärke und Selbstbeherrschung mit, um der unverschämten Freier Herr zu werden. Als Josef in Ägypten wieder auf seine Brüder stieß, hatte er nicht nur etwas zu erzählen. Er hatte es auch zu Ansehen, Reichtum und einer guten Position am Hof des Pharao gebracht.

„Ich bin körperlich und physisch topfit."

THOMAS HÄSSLER

9.2 Warum Wandern Sie weiterführen kann

Wer auf einen interessanten Lebensweg zurückblickt, hat etwas zu erzählen. Dies trifft besonders auf solche Menschen zu, die wirklich „unterwegs" waren. Wer sich zu Fuß fortbewegen musste oder wollte, hatte Zeit, besonders intensive Erfahrungen zu machen.

„Eines nachts, als der Sommer am tiefsten war, zog ich die Tür hinter mir zu und ging los, so geradeaus wie möglich nach Osten." Mit diesen Worten beginnt das Buch „Berlin – Moskau, eine Reise zu Fuß". Wolfgang Büscher beschreibt darin, wie er den Weg, den sein Großvater als Soldat gen Osten zog, als touristisch interessierter Wanderer zurücklegt. Jeden Meter zu Fuß. Denn er will nicht von vorgefertigten Meinungen getrieben werden, sondern den Menschen und Landschaften unterwegs liebevoll und aufmerksam begegnen. Als schnell die Höhepunkte abklappernder Autoreisender wäre ihm dies kaum möglich – wohl aber als Wanderer. Schritt für Schritt. Jeden Tag ein paar Kilometer. So erkundet er das ganz normale Leben zwischen Berlin und Moskau. Die dem Wandern innenwohnende Langsamkeit macht das Erleben intensiver und schafft den Freiraum, das Beobachtete zu reflektieren.

Ebenfalls nur auf Schusters Rappen unterwegs war der Kabarettist Hape Kerkeling. „Ich bin dann mal weg" – so lautet der Titel seines Reiseberichts, mit dem er sich 2006 an die Spitze der Bestsellerliste schrieb. Knapp zwei Monate war er auf dem Jakobsweg gepilgert, von den Pyrenäen bis nach Santiago de Compostela. Heilsame Wirkung versprach Kerkeling sich dabei weniger von den besuchten heiligen

Orten als vielmehr vom körpereigenen Fortbewegungsmittel: „Das Entscheidende ist: Ich werde laufen! Die ganze Strecke. Ich laufe! Zu Hause benutze ich nicht mal die Treppe, um in den ersten Stock zu kommen." Der Gewinn des Zufußgehens liegt für den rastlos kreativen, stets unter Termindruck lebenden, extrovertierten Fernsehstar in der Entschleunigung. „Wenn wir nicht aufpassen, fliegt unser Hans Peter eines Tages noch weg", pflegte bereits die Großmutter über den schon als Kind von innerer Rastlosigkeit bewegten Kerkeling zu sagen. Ein elf Kilo schwerer Rucksack und ein Tagesradius von 20 bis 30 Kilometern verhalfen ihm dann zu einer Erdung und Entschleunigung, die es ihm ermöglichten, sich selbst wieder zu spüren.

Dass Wandern Sie weiterführen kann, ist im Zeitalter der Hochgeschwindigkeit eine wegweisende Einsicht: Sie kommen in Bewegung – aber in einem Tempo, das Ihrem Körper entspricht und dadurch eine intensive Verarbeitung des Erfahrenen zulässt. Sie suchen das Weite, um sich selbst zu finden. Dies kann Ihnen wanderbar guttun!

Wenn Sie nicht glauben, körperliche Bewegung könnte dazu führen, dass auch Ihre Gedanken in Bewegung geraten, können Sie es sich anhand folgender Übung verdeutlichen:

Bleiben Sie an dem Ort sitzen, wo Sie gerade dieses Buch lesen. Legen Sie das Buch aber jetzt aus der Hand und denken Sie fünf Minuten über folgende Frage nach: Was haben Sie in dem Jahr gemacht, als Sie 40 wurden? Wie waren Sie damals? Was hat Sie zu Beginn des neuen Lebensjahrzehnts bewegt?

Nach Ablauf dieser fünf Minuten stehen Sie auf und machen Sie einen Spaziergang zum nächstgelegenen Kirchturm. Denken Sie dabei weiter über die gleiche Frage nach!
Sie werden mit hoher Wahrscheinlichkeit merken, dass beim Gehen auch Ihre Erinnerungen und Gedanken in Gang kommen!

Übrigens scheint bereits eine Art innerer Wanderstock im Gencode der deutschen Seele angelegt zu sein. Goethes Osterspaziergang, Spitzwegs Gemälde von einem Familienausflug, die vielen romantischen Volkslieder – Wandern wird in unserer Kultur mit innerer und äußerer Harmonie, mit Freiheit und Erfüllung in Verbindung gebracht.

„Das Wandern ist des Müllers Lust" lautet der Refrain eines 1818 von dem Dessauer Gymnasiallehrer **Wilhelm Müller** geschriebenen Liedes. Er hat damit wohl das bekannteste volkstümliche Wanderlied geschaffen.

„Vom Wasser haben wir's gelernt,/vom Wasser haben wir's gelernt, vom Wasser;/das hat nicht Ruh bei Tag und Nacht,/ist stets auf Wanderschaft bedacht,/ist stets auf Wanderschaft bedacht, das Wasser." Diese scheinbar so harmlos dahinplätschernden Verse werden heute mit schunkelnden Biedermännern in karierten Hemden in Verbindung gebracht.

Das hat Müller nicht verdient! Der dichterisch begabte junge Mann war nämlich alles andere als bieder. Obwohl er aus einfachen Verhältnissen stammte, führte er mutig ein unkonventionelles Leben: Er nahm als Freiwilliger am Befreiungskrieg gegen Napoleon teil, verkehrte in den literarischen Salons von Berlin, verliebte sich unglücklich in eine Dichterin und begeisterte sich für die damals überall in Europa entstehenden nationalen Unabhängigkeitsbewegungen.

Wenn Sie diesen biografischen Hintergrund kennen, hören Sie aus Müllers Wanderlied den Wunsch nach Veränderung und Aufbruch. Stillstand und muffige Heimeligkeit hat er verachtet. Jede Wanderung war für ihn ein Aufbruch, Neues zu entdecken, und ein Ausbruch aus der Enge seiner Zeit.

Die Enge der industrialisierten Städte hinter sich zu lassen, das Korsett gesellschaftlicher Konventionen abzustreifen und aus den autoritär geführten Lehranstalten auszubrechen – diese freiheitsliebenden Ziele verbanden sich auch Ende des 19. Jahrhunderts mit der Gründung der Wandervogelbewegung: „Ein brauner dreckiger Kerl mit einem Schlapphut, den Rucksack auf dem Buckel, draußen einen rußigen Kochtopf und auf der Schulter eine Gitarre – dieses Bild ging nie verloren, wenn so ein Bengel des Mittags am See stand, das ausgebrannte Feuer hinter sich, die krumme Tabakspfeife zwischen den Zähnen und trotzig die Schultern emporgereckt", so erinnert sich einer, der damals dabei war. Hören Sie es heraus? Es ging den Wandervögeln nicht nur um Bewegung in der freien Natur, sie waren auch eine Befreiungsbewegung gegen die Konventionen und Zwänge ihrer Zeit.

Das grobe karierte Hemd, die Kniebundhose und der löchrige Hut wurden damals zur offiziellen deutschen Wanderuniform. Erst die teure, superleichte, atmungsaktive Multifunktionskleidung unserer Tage hat den bürgerlichen Freizeitwanderer wieder vom Landstreicher unterscheidbar gemacht. Doch wie die Werbung von Outdoor-Ausstattern zeigt, bemühen sich diese nicht nur um wasserfeste Beschichtung, sondern versuchen bis heute, ihre Produkte mit dem urwüchsigen Geruch des Abenteuers zu imprägnieren.

Doch ganz gleich, in welcher Wanderhose Sie losziehen, nehmen Sie die alte Einsicht der deutschen Romantik mit: Wenn Sie etwas über sich selbst erfahren wollen, sich selbst und das Leben intensiv spüren wollen, dann stehen die Chancen beim Wandern dafür nicht schlecht.

„Die Spieler haben einen Blick für Spielübersicht."

WILFRIED MOHREN

9.3 Sinnerfülltes Wandern: Wie ein Weg zu Ihnen selbst führt

Im Laufe einer Wanderung können wir nicht nur schöne Orte entdecken, sondern vielleicht sogar zu uns selbst finden. Dieses Ziel haben zum Beispiel die Menschen vor Augen, die zu einer Pilgerreise aufbrechen. Pilgern ist heute zum Inbegriff des sinnerfüllten Wanderns geworden. Eine Pilgerreise soll ein Weg sein, auf dem der Wandernde etwas über den Sinn seines Lebens, über sich selbst und über Gott erfährt.

Können Sie sich an die folgenden Zeitungsmeldungen erinnern? Die Krankenkasse „Pollonia direkt" setzt auf die heilsame Wirkung geistlicher Reisen. Sie wirbt bei ihren Mitgliedern für die Aktion „Pilgern statt Pillen". Wenn Sie sich bereit erklären, im Falle einer chronischen Erkrankung zugunsten einer Wallfahrt auf medizinische Intensivbehandlung zu verzichten, wird Ihnen lebenslang ein Sondertarif mit 12,5 Prozent Beitragsnachlass eingeräumt.

Und noch eine zweite Meldung: Von einer ganz besonderen Selbstfindungsreise nach Santiago de Compostela wurde berichtet. 200 arbeitslose Jugendliche aus Vorpommern wurden vom Arbeitsamt mit einem Handgeld von nur 50 Euro in Richtung Nordspanien geschickt. Frühestens in acht Monaten sei mit ihrer Rückkehr zu rechnen, erklärte der zuständige Amtssprecher. Das Projekt „Pilgern statt Picheln" trage dazu bei, die Anzahl problematischer Jugendlicher im öffentlichen Raum zu reduzieren. Außerdem würden in erheblichem Umfang öffentliche Sozialleistungen gespart.

Und eine letzte – selbstverständlich ebenfalls frei erfundene – Meldung: Die Schweiz beschloss kürzlich ein Einreiseverbot für Pilger. Weil innerhalb eines Jahres 12.600 Pilger angelockt von den hohen Verdienstmöglichkeiten bei den Eidgenossen geblieben sind, ohne die heiligen Städten in Nordspanien je zu erreichen, wird Pilgern zukünftig die Durchreise untersagt. Als „sich hinter der Jakobsmuschel versteckende Wirtschaftsflüchtlinge" bezeichnete Innenministerin Helvetia Blasse-Bonz die unerwünschten Arbeitsimmigranten.

Nein, liebe Leserinnen und Leser, auch wenn in den vergangenen Jahren viel über das Pilgern zu lesen war, auf diese Meldungen können Sie nicht gestoßen sein. Die boomende Begeisterung für das Pilgern ist heute völlig frei von materiellen Motiven. Ganz anders war dies im Mittelalter. Damals hätten Berichte dieser Art keineswegs für Erstaunen gesorgt. Es war durchaus üblich, Bevölkerungsgruppen, die als Gefahr für den sozialen Frieden empfunden wurden, zu einer angeordneten Buß- oder Strafpilgerfahrt zu schicken. Und Handwerker oder Handelsreisende brachen nicht selten deshalb zu heiligen Orten auf, weil sie hofften, unterwegs auf gute Verdienstmöglichkeiten zu stoßen. Heute pilgern Menschen aus anderen Gründen:

„Da ich gerade einen Hörsturz und die Entfernung meiner Gallenblase hinter mir habe, zwei Krankheiten, die meiner Einschätzung nach großartig zu einem Komiker passen, ist es für mich allerhöchste Zeit zum Umdenken – Zeit für eine Pilgerreise." So begründete der Kabarettist **Hape Kerkeling** seine Entscheidung, nach Santiago de Compostela zu pilgern.

Kerkeling war im Sommer 2001 knapp zwei Monate als Pilger unterwegs. Danach hat er mit „Ich bin dann mal weg" einen Bestseller geschrieben. Er beschreibt darin, wie er auf dem Jakobsweg zu sich selbst gefunden hat: „Mein Pilgerweg lässt sich wie eine Parabel meines Lebensweges deuten. Es war eine schwierige Geburt, was bei mir tatsächlich zutrifft. Am Anfang des Weges und in meiner Kindheit finde ich schwer zu meinem Tempo. Bis zur Mitte des Lebensweges begleiten mich, bei aller dazugewonnenen positiven Erfahrung, Irrungen und Wirrungen und ich gerate ab und zu aus dem Tritt. Aber etwa ab der Hälfte des Weges marschiere ich frohgemut dem Ziel entgegen. Fast scheint es so, als würde der Pilgerweg mir gnädigerweise sogar einen vorsichtigen Blick in meine Zukunft gewähren. Heitere Gelassenheit könnte doch ein echtes Ziel sein!"

Nicht unbedingt ein medizinisches Heilungswunder, sondern eher eine Art inneres Heilwerden erhoffen sich die Pilger unserer Tage. Durch Selbstüberwindung Erfahrungen mit sich selbst zu machen, durch Verzicht, einfaches Leben und Freude am Elementaren sich zu reinigen, innerlich zur Ruhe zu kommen – mit Erwartungen dieser Art brechen sie auf. Ihre Reise soll sie aus den Sackgassen eines durch Stress, Hektik und Leistungsdruck geprägten Lebens führen.

Mehr noch als beim „profanen" Wandern geht es beim Pilgern darum, sich selbst bewusst zum Thema zu machen. Und in einer Gesellschaft, in der es unendlich viele Wege gibt, scheint es reizvoll zu sein, einen festen Weg vorgegeben zu bekommen: einen alten Weg, einen Weg, den alle gehen müssen, um zum heiligen Ziel zu kommen.

 „Wenn ich übers Wasser laufe, sagen meine Kritiker:
Nicht mal schwimmen kann er.“

BERTI VOGTS

9.4 Der Weg, die Wahrheit und das Leben

Hape Kerkeling war nicht aus traditionell religiösen Motiven unterwegs. Aber er machte dann auf seinem Pilgerweg doch eine spirituelle Erfahrung: „Der Schöpfer wirft uns in die Luft, um uns am Ende überraschenderweise wieder aufzufangen. Es ist wie in dem ausgelassenen Spiel, das Eltern mit ihren Kindern spielen. Und die Botschaft lautet: Hab Vertrauen in den, der dich wirft, denn er liebt dich und wird vollkommen unerwartet auch der Fänger sein. Wenn ich es Revue passieren lasse, hat Gott mich auf dem Weg andauernd in die Luft geworfen und wieder aufgefangen.“

Unterwegs, beim Wandern, machen Menschen Erfahrungen, die sie in den heimischen Wänden nicht gemacht hätten. Deshalb verwundert es nicht, dass große Religionsstifter selten Schreibtischmenschen waren. Ihre Sicht der Welt haben sie sich auf Schusters Rappen erlaufen. Sowohl Siddharta Gautama als auch Jesus von Nazareth verließen ihr Zuhause, um auf abenteuerlichen Wegen Erlösung und Erfüllung zu suchen.

Der erste, der historische Buddha, entstammt einer privilegierten Oberschichtfamilie. Er wuchs in einem prunkvollen Palast auf. Alles Leidvolle und Beschwerliche wurde von ihm ferngehalten. Aber kurz nach der Geburt seines einzigen Sohnes verließ er seine Familie und gab das wohlgeordnete Luxusleben auf. Als wandernder Asket folgte der dem Flussverlauf des Ganges. Auf seinem Weg stieß er auf berühmte Weisheitslehrer und ließ sich auf die verschiedensten religiösen Übungen und Gedanken ein. Zur angestrebten inneren

Harmonie fand er aber zunächst nicht. Die Lehren und Techniken der überlieferten Glaubensrichtungen brachten ihn nicht weiter. Erst nach sechs Jahren Reise stellte sich beim Meditieren unter einer großen, alten Pappelfeige ein Gefühl vollkommenen Erwachens ein.

A magic place: Kennen Sie derartige besondere Orte aus Ihrer Lebensgeschichte? Gibt es irgendwo auf der Welt so etwas wie Ihre ganz persönliche Pappelfeige – also einen Ort, wo Sie eine Offenbarung hatten?

_____

_____

_____

Dass sich die Wahrheit auf dem Weg erschließt, können Sie auch im Neuen Testament lesen: „Ich bin der Weg, die Wahrheit und das Leben" (Johannes 14,6). Diese Worte sagte Jesus zu seinen Wanderbegleitern, als sie zusammen durch das Stadttor von Jerusalem gingen. Dieser Moment war die letzte Station ihres ungefähr drei Jahre dauernden gemeinsamen Weges. Zum Leidwesen seiner Eltern, die wohl einen braven, sesshaften Handwerker als Sohn vorgezogen hätten, hatte sich der junge Mann aus Nazareth auf einen Selbst- und Gottfindungstrip begeben. Er suchte die Einsamkeit in der Wüste. Er stieg auf Berge, um Gott näher zu sein. Er ging keiner Diskussion aus dem Weg und war rastlos darin, hilfsbedürftigen Menschen Gott nahe zu bringen. Wer sich ihm anschließen wollte, musste ihm im wahrsten Sinne des Wortes nachfolgen, also sein etabliertes Leben hinter sich lassen und das Wagnis einer existenziellen Wanderung eingehen: „Die Füchse haben ihre Gruben, die Vögel ihre Nester, aber der Menschensohn hat keinen Ort, wo er sein Haupt hinlegen kann" (Matthäus 8,20).

Ein Weg, der dabei hilft, die Wahrheit zu erkennen und das Leben zu finden? Buddha und Jesus waren Vorbilder – oder sagen wir besser

Vorläufer – für viele Menschen, die das Leben insgesamt als Weg verstehen und sich vom Wandern existenzielle Erfahrungen versprechen, die auf dem heimischen Sofa nicht gemacht werden können.

„Du bist 57 Jahre alt und wenn nicht jetzt, wann willst du deine Träume dann verwirklichen? Ich raffte allen Mut zusammen und meldete mich an." So beginnt ein Erfahrungsbericht von **Karla S.**, die im Sommer 2010 an einer Frauenpilgerreise des Bistums Aachen teilnahm.

In ihrem Bericht schreibt sie: „Es war nicht einfach, den zehn Kilo schweren Rucksack über steinige Wege, durch große Hitze und steile Anstiege zu tragen. Das spürte ich immer deutlicher. Was trag ich denn da für eine Last mit mir herum ...? Es wurde immer wichtiger, darüber nachzudenken und das Gepäck meines Lebens in den Blick zu nehmen. Irgendwann dachte ich, ich schaffe es nicht weiter. Doch genau da war der Psalm 18 das Thema des Tages: ‚Du schaffst meinen Schritten weiten Raum' und je länger ich darüber nachdachte, desto leichter wurde die Last. Gott ist es, der mich ins Weite führt, der mit mir über Mauern springt, der auf mich achtet und mich begleitet und an mich denkt. Ich staunte über mich selbst, hatte plötzlich mehr Kraft, als ich dachte, und ging leichter weiter."

Am Anfang stand die Reise. Über viele Jahrtausende lebte der Mensch als Nomade. Er war „homo viator", permanenter Migrant, immer auf der Suche nach neuen Orten, die vorübergehend Lebensmöglichkeiten erschlossen. Wer den Bausparvertrag für den Höhepunkt aller evolutionären Entwicklung hält, vergisst, dass das Wandern uns im Blut liegt. Auch in Zeiten längst etablierter Sesshaftigkeit muss der Mensch immer wieder neu aufbrechen, wenn er seinen Weg finden will.

„Wichtig ist, dass er nun eine klare Linie in sein Leben bringt."

9.5 Legen Sie Ihren ganz persönlichen Lebensweg an

Religionsstifter waren fleißige Wanderer. Doch wenn dieses Buch jetzt Sie zu einer Wanderung auffordert, dann nicht, um eine neue Religion zu stiften. Unser Ziel ist bescheidener: Erwandern Sie sich selbst! Nehmen Sie sich einen Tag lang Zeit, einen Wanderweg zu finden, der Ihre persönliche Lebensgeschichte abbildet. Wenn Sie Sybille Kunze heißen, dann legen Sie den Sybille-Kunze-Weg an. Wer immer dann diesen Weg geht – und die Gedanken kennt, die Sie mit ihm verbinden –, kann etwas über Sie erfahren. Und das Wichtigste: Sie selbst haben etwas über sich erfahren, während Sie diesen Weg angelegt haben!

Wie kann das gehen? Stellen Sie bewusst zwischen dem Verlauf der Wanderroute und Ihrem Lebensweg Verbindungen her. Beispielsweise können Sie die Landschaftsformen, die Sehenswürdigkeiten unterwegs, die Weggabelungen, die Ausblicke und Rückblicke nutzen, um anhand des Routenverlaufes die Geschichte Ihres Lebens zu erzählen. Dazu gehen Sie in fünf Schritten vor:

1. Wählen Sie möglichst eine Route, deren Verlauf geeignet ist, Ihren Lebensweg abzubilden.

2. Nutzen Sie die Topografie der Landschaft, um Verbindungen zu den Höhe- und Tiefpunkten Ihrer Lebensgeschichte herzustellen.

3. Verweilen Sie unterwegs an „magic places", an Orten, die Sie zu Einsichten über sich selbst inspirieren, und halten Sie diese Einsichten fest.

4. Machen Sie sich an Weggabelungen die Entscheidungssituationen bewusst, die Ihren Lebensweg geprägt haben.

5. Nehmen Sie sich Zeit sowohl für Rückblicke als auch für Ausblicke. Blicken Sie dabei auch in Ihrer Lebensgeschichte zurück – und nach vorne in die Zukunft.

Zunächst gilt es, zu Hause die Vorentscheidungen für eine passende Route zu treffen. Diese wählen Sie sinnvollerweise aus dem Fundus der Ihnen bereits bekannten Wanderwege. Fragen Sie sich dazu, in welche Landschaft sich Ihr Lebensweg besonders gut einbetten lässt. Wenn Sie Spuren legen wollen, die am Ende zu Ihnen führen, welches Terrain bietet sich dafür an? Erschließt sich Ihr Lebensweg eher in Stadt- bzw. Kulturlandschaften oder in urwüchsiger Natur? Was sind Ihre persönlichen „Lieblingswege"?

Sie haben jetzt mehrere Touren vor Augen, die zu Ihnen passen könnten? Überlegen Sie nun: Welche dieser Routen lässt sich am ehesten so strukturieren, dass es Analogien zu Ihrer Lebensgeschichte gibt? Versuchen Sie dazu, die Touren jeweils in verschiedene Streckenabschnitte zu unterteilen. Anstiege, Abstiege, Höhepunkte, Wendungen, Veränderungen der Landschaft – lassen sich diese Wegabschnitte verschiedenen Phasen auf Ihrem Lebensweg zuordnen? Kann eine dieser Routen so verlängert oder modifiziert werden, dass sich zwischen dem Routenverlauf und Ihrer Lebensgeschichte noch mehr Analogien ergeben? Als Ergebnis dieser Kopfarbeit sollten Sie eine Tagestour vor Augen haben, die in der Draufsicht geeignet ist, Anknüpfungspunkte zu Ihrem persönlichen Lebensweg herzustellen.

Ihr Wanderweg wird Sie beispielsweise an Aussichtspunkte, Wegkreuzungen, Brücken, Talpassagen, Rastplätze und manchmal auch an Hindernisse führen. Vor allem an solchen markanten Orten sollten Sie stehen bleiben – und über sich nachdenken. Diese Orte nennen wir im Folgenden „refleXpunkte". Sie laden ein, bewusst zu entdecken – und wenn Sie wollen, auch schriftlich festzuhalten –, inwiefern Ihr Wanderweg mit Ihrem Lebensweg korrespondiert.

Was ist mit „refleXpunkten" gemeint? Diesen Begriff und die damit verbundene Grundidee habe ich mir aus der traditionellen chinesischen Medizin geliehen. Vor über 2000 Jahren hat der Arzt **Hua Tuo** entdeckt, dass es bestimmte Punkte auf unserem Körper gibt, die mit Organen oder Organfunktionen korrespondieren. In dem Moment, in dem diese Punkte stimuliert werden, stimuliert man auch die mit ihnen korrespondierenden Organe. Auf dieser Grunderkenntnis basiert die Akupunktur.

Die „refleXpunkte" bei Ihrer Wanderung werden allerdings nicht durch Nadelstiche angeregt, sondern durch exponierte Orte auf Ihrem Wanderweg. Unter „refleXpunkten" verstehe ich die Wegstationen, die sich besonders gut eignen, etwas in uns in Bewegung zu bringen.

Welche Querverbindungen zu den Höhe-, Tief- und Wendepunkten Ihres Lebensweges werden Ihnen an diesen „refleXpunkten" bewusst? Stellen Sie sich vor, Sie würden von einem aufmerksamen Freund begleitet: Was würden Sie an diesen Orten über sich erzählen wollen? Wenn Sie beim Anlegen „Ihres" Wanderweges alleine unterwegs sind, können Sie Ihre Gedanken zumindest stichpunktartig festhalten und ein Foto von dem Ort machen. Am Ende der Tageswanderung sollten Sie auf möglichst viele Orte gestoßen sein, die dazu einladen, über die Einsichten, Ausblicke und Rückblicke Ihres Lebensweges nachzudenken.

Der Weg ist das Ziel. Wenn Sie während der Wanderung einfach einen Tag ganz und gar Sie selbst sind, lohnt sich der Tag. Laufen Sie einmal bewusst nicht vorgegebenen Zielen nach, sondern gehen Sie Ihren eigenen Gedanken nach!

Das ist Ihnen zu zweckfrei? Sie gehören zu den Menschen, bei denen immer „etwas herauskommen muss"? Dann legen Sie nach der Tour ein Wegtagebuch an, in dem Sie alle wichtigen Einsichten der Wanderung in Text und Foto festhalten. Vielleicht hat später einmal ein anderer Mensch Lust, dem nachzugehen, was Ihr Lebensweg ist?

„Kompliment an meine Mannschaft.
Sie haben Unmenschliches geleistet."

BERTI VOGTS

10. Selbstkritisches, Credo, Danksagungen und Weiterführendes

In manchen kleinen italienischen Dörfern gibt es bis heute noch einen Krämerladen. Dort werden auf engstem Raum Obst, Brot, Waschmittel, Gemüse, Wein, Werkzeug, Windeln und Lottolose angeboten. Ein oft charmant chaotisch präsentiertes Sortiment dessen, was man im Alltag am nötigsten braucht, natürlich ohne in irgendeinem Bereich mit einem gut sortierten Fachgeschäft konkurrieren zu können!

So ähnlich ist dieses Buch gedacht. Die darin enthaltenen Denkanstöße und Anregungen sind ganz verschiedenen humanwissenschaftlichen Disziplinen und Theoriemodellen entnommen. Nicht alles ist zu Ende gedacht. Nicht alles passt zusammen. Der Inhalt kann auch nur in den Normalfällen des Lebens weiterhelfen. Die vorgeschlagenen Wanderrouten mögen lebensbejahenden Menschen zu einem bewussten Blick auf sich selbst verhelfen – ein Ausweg aus traumatischen Situationen oder Depressionen sind sie natürlich nicht. Verstehen Sie den Inhalt deshalb bitte als eine Art nichtverschreibungspflichtiges Wellnesspräparat.

Ich bin evangelischer Pfarrer von Beruf. Als solcher bin ich mit einem kräftigen Schuss religiös inspirierter, aber undogmatischer Lebenslust und -klugheit gesegnet. Diese speist sich aus meinem christlichen Glauben: Ich glaube, dass Jesus ein Mensch war, aber doch so auftreten konnte, dass spürbar Gott durch ihn gegenwärtig wurde. Er hat gefeiert, geheilt, viel Wein getrunken, leidenschaftlich diskutiert.

Er hat Angst und Zweifel in sich gespürt und er konnte aufmerksam zuhören. Unterm Strich hat Jesus auf mitreißende Weise den Traum von einer befreienden Gerechtigkeit vorgelebt. Ich glaube, dass durch ihn viele Menschen aus ihren persönlichen Sackgassen herausgefunden haben. Ich glaube, dass dies durch einen verletzlichen und schwachen Menschen geschehen ist, damit wir erkennen, dass auch wir, so verletzlich und schwach wir auch sind, etwas zum Guten bewegen können.

Ich arbeite in einer Kirchengemeinde in einem der weniger privilegierten Randgebiete von München. Mein Beruf bringt es mit sich, dass ich viele Menschen ein Stück auf ihrem Lebensweg begleiten darf. Von der Taufe bis zur Beerdigung erlebe ich aus nächster Nähe, wie Menschen die Wende-, Höhe- und Tiefpunkte ihres Lebenswegs bewusst begehen. In den begleitenden Gesprächen erfahre ich viel Bewegendes, Interessantes, Überraschendes, Beeindruckendes – und manchmal auch Seltsames oder Trauriges.

Ich kann ehrlich von mir sagen, dass ich ein aufmerksamer, wohlwollender und hellwacher Zuhörer bin. Genauso ehrlich muss ich auch zugeben: Hirnforscher, Psychologe, Soziologe oder Historiker bin ich nicht. Wenn Sie einen dieser Berufe ausüben, verzeihen Sie mir bitte, dass ich auf Erkenntnisse aus Ihrem Fachbereich zurückgreife, die Sie selbst natürlich viel detaillierter und differenzierter darstellen könnten.

Wer eine Patentlösung, eine Glücksformel, die alles auf den Punkt bringt, gesucht hat, wird jetzt enttäuscht sein. Am Anfang stand für mich nicht die Begeisterung für einen bislang unbekannten, aber zu 100 Prozent sicher funktionierenden Weg zum Glück. Ich glaube nicht, dass es so etwas gibt. Am Anfang standen viele Begegnungen mit Menschen, die es je auf ihre Weise geschafft haben, etwas aus ihrem Leben zu machen. Und ich habe Bücher gelesen, um diese Menschen besser zu verstehen und ihnen besser gerecht werden zu können.

Sie ist gebildet: nicht nur intellektuell, sondern auch emotional hellwach. Sie kann sich aus innerster Seele für Menschen und Ideen begeistern – so sehr, dass sie sich oft zu viel vornimmt. Sie hat beflügelnde Höhenflüge und Tiefs, aus denen sie gelernt hat. Sie erwartet viel von sich, kann dabei aber sehr sinnenfreudig das Leben genießen. Sie kocht gerne italienisch und sie ist eine gute Gastgeberin. Als Alleinerziehende hat sie sowohl die Mutter- als auch die Berufsrolle engagiert wahrgenommen. Jetzt hat sie Grund, stolz auf ihren Sohn zu sein. Eigentlich ist sie das auch, doch manchmal fällt es ihr schwer zu verstehen, dass er längst auf eigenen Beinen steht. Sie kriegt manches nicht auf die Reihe. Darunter leidet sie; aber sie kann auch darüber lachen.

Ich habe von ihr gelernt, dass emotionale Achterbahnfahrten beschwingter sind als das wohldosierte Mittelmaß. Ich durfte durch sie erleben, dass Lebenskrisen oft auch wieder vergehen oder sich lösen lassen. Sie hat mir vor Augen geführt, dass Hilfe anzunehmen und anderen Menschen helfen zu können zwei Seiten der gleichen Medaille sind. Sie ist ein ganz besonderer Mensch. Andere sind auf andere Weise ganz besondere Menschen.

Diese Frau ist einer von den vielen Menschen, die mich inspiriert haben. Zu besonderem Dank verpflichtet bin ich auch meinem Kollegen, Pfarrer Norbert Ellinger, den ich beim Gedankenaustausch und in der gemeinsamen Arbeit immer wieder als kongeniales Gegenüber erleben durfte. Die Pfarramtssekretärin Edith Benicke musste sich viele meiner Gedanken anhören, bevor sie zu Papier gebracht wurden. Mit ihrem unverwechselbaren Witz und ihrer weitherzigen, aber doch immer auf den Punkt kommenden Klarheit hat sie mir sehr geholfen. Meine kluge Frau hat mich mit der ihr eigenen Gelassenheit machen lassen – und am Ende mit analytischer Prägnanz geholfen, den Sack gut zuzubinden. Mein Chef hat sich dafür eingesetzt, dass ich zwei Monate Bildungsurlaub bekam, um den Kopf für dieses Buch freizuhaben. Danke! Wirklich von Herzen: Danke!

Liebe Leserinnen, wenn Sie sich darüber geärgert haben, dass in diesem Buch bei Gruppen- und Berufsbezeichnungen häufig die maskuline Form verwendet wurde, verzeihen Sie mir bitte. Der Grund dafür ist wirklich ausschließlich sprachlicher Natur! Ich weiß, dass es auch Politikerinnen, Ingenieurinnen und Forscherinnen gibt. Ich hoffe, dass es bald auch Erzbischöfinnen geben wird. Dass interessante, geistreiche, wichtige und seltsame Persönlichkeiten in beiden Geschlechtern ungefähr gleich oft anzutreffen sind, zeigt die Auswahl der Kurzporträts.

Weiterführende Bücher und Filme

Profitiert habe ich von vielen guten Büchern mit vielen guten Gedanken, auf die ich unmöglich alleine hätte kommen können. Hier finden Sie eine Zusammenstellung. Jedes dieser Bücher kann ich Ihnen nur wärmstens ans Herz legen!

Wissenschaftler, Glückskekse, Weise und Verrückte

Eckart von Hirschhausen, Glück kommt selten alleine, Reinbek 2010
Ein Feuerwerk an Pointen und Einsichten! Schon das Blättern in diesem Buch jagt dem Trübsinn Schrecken ein. Eine beglückende Doktorarbeit von einem Mediziner mit Humor.

Stefan Klein, Die Glücksformel. Wie die guten Gefühle entstehen, Reinbek 2010
Ein Wissenschaftsjournalist, der Wissen über das Glück schafft: Was wir von Hirn- und Verhaltensforschern Interessantes über uns selbst lernen können. Fundiert recherchiert und voller praktisch-praktikabler Tipps!

Andreas Kruse und Hans-Werner Wahl, Zukunft Altern. Individuelle und gesellschaftliche Weichenstellungen, Heidelberg 2010
Warum Altern eine aktive Gestaltungsaufgabe ist: Forschungsergebnisse, die Sie ganz persönlich für die Zukunft fit machen können.

Manfred Lütz, Irre!, Gütersloh 2009
Nicht nur mit dem Mittelmaß zu messen lehrt der Psychiater. Ein ermutigendes Plädoyer, nicht ganz normal zu sein. Nebenbei eine Einführung in die Symptomatik psychischer Erkrankungen und ein Kurzüberblick über die Therapiemöglichkeiten.

Kirstin Raabe, Oma Hilde, Sokrates und der Dalai Lama, Hamburg 2010
Der Untertitel sagt alles: Was wir von weisen Menschen lernen können.

Eric-Emmanuel Schmitt, Oskar und die Dame in Rosa, Frankfurt 2005
Oskar ist 10 Jahre alt, an Krebs erkrankt und er weiß, dass er sterben muss. Oma Rosa ist sieben Mal älter und quicklebendig. Aber ihre Weisheit, ihr Witz und ihre Lebensklugheit sind der Schlüssel, mit dem sich Oskar das Leben neu erschließt – und vielleicht sogar den Himmel.

Wolf Schneider, Glück. Eine etwas andere Gebrauchsanweisung, Reinbek 2007
Einer der großen Journalisten der Bundesrepublik hat im Alter von 82 Jahren ein Buch über das Glück geschrieben. Abgeklärt, scharfsichtig, mild – und manchmal wild. Ein Buch mit Altersautorität, aber ohne belehrenden Zeigefinger.

Filme, in denen das Alter(n) gut wegkommt

Brot und Tulpen, mit Bruno Ganz, 2002
Eingeengt von Zwängen aus der Vergangenheit, festgelegt durch die Lebensgeschichte – ist das echte Leben vorbei, lange bevor es biologisch endet? Von wegen! Ein Kellner und eine Hausfrau brechen aus. Sie entdecken die Freiheit, sie selbst zu sein, neu.

Kalendergirls. Für einen guten Zweck lassen sie alle Hüllen fallen, England 2004
Sweet sixteen? Nein, eher Richtung Sechzig ... Aber Sie werden sehen: Attraktivität ist nicht auf ein bestimmtes Lebensalter beschränkt! In diesem Film werden englische Damen porträtiert, deren Spannkraft sich vom Bindegewebe emanzipiert hat.

Gran Torino, von und mit Clint Eastwood, USA, 2009
Dem Korea-Kriegsveteran und pensionierten Automechaniker Walt Kowalski gefällt nicht, wie „sein" Amerika sich verändert hat. Noch einmal greift er zu Waffe – allerdings in einer ganz anderen Weise als von seinem Lebensweg vorgezeichnet! Ein so harter wie bewegender Film über einen Menschen, der sich selbst treu bleibt, indem er im Alter seine Umwelt noch einmal völlig neu entdeckt.

Was das Herz begehrt, mit Diane Keaton und Jack Nicholson, USA 2004
Herzinfarkt mit Viagra im Blut – so endet das Rendezvous eines 60-Jährigen mit einer 20-Jährigen. Als sein Herz dann wieder schlägt, schlägt es auf einmal für eine gleichaltrige Frau. Eine berührend und nachvollziehbar erzählte Reife-Geschichte.

Das Beste kommt zum Schluss, mit Jack Nicholson und Morgan Freeman, USA 2007
Das Leben ist endlich. Als ihnen dies in der onkologischen Abteilung eines Krankenhauses bewusst wird, fangen zwei ältere Herren endlich an zu leben.

Biographisches & Wanderbares

Hape Kerkeling, Ich bin dann mal weg. Meine Reise auf dem Jakobsweg, München 2006
Ein TV-Entertainer besinnt sich: Wer hätte gedacht, dass 750 Kilometer Pilgerreise so bewegend und weiterführend sein können? Übrigens: Auch für die Leser!

Sven Kuntze, Altern wie ein Gentleman, München 2011
Was macht das Alter mit uns? Frisch im Ruhestand geht der Journalist auf Erkundungstour. Bewusst kein Ratgeber und ohne rosa Brille. Gerade dadurch so erhellend!

Francois Lelord, Hectors Reise. Oder die Suche nach dem Glück, München 2004
Märchenhaft geschrieben: Ein von Wohlstandpatienten genervter Psychiater macht sich ganz naiv auf die Suche nach dem Glück. Manche mögen das kindisch finden.

Frank Schirrmacher, Das Methusalem-Komplott, München 2004
Im Alter von 35 Jahren bereits Mitherausgeber der „Frankfurter Allgemeinen". Aber auch junge Überflieger werden irgendwann mal älter. Mit diesem Buch verschwört er sich mit seinen Lesern dazu, dann nicht brav und zahnlos auf der Ofenbank Platz zu nehmen.

Christian Sprang und Matthias Nöllke, Aus die Maus. Ungewöhnliche Todesanzeigen, Köln 2009
Irgendwann ist Schluss. Am besten mit lustig! Eine Sammlung komischer, bewegender und misslungener Todesanzeigen. Das wirft die Frage auf: Wie wird man mal Ihrer gedenken?

Detlef Wendler, Vom Glück des Gehens. Ein Weg zur Lebenskunst, München 2010
Gehen verändert – nicht nur den Standort, sondern auch den Standpunkt. Und von neuen Standpunkten aus betrachtet sieht die Welt oft anders aus.

Wegweisend Spirituelles

Susanne Breit-Keßler, Lustvoll leben. Ein Glaubensbuch für Höhen und Tiefen des Alltags, München 2004
Früher Journalistin, heute Oberbayerns evangelische Bischöfin: Die Verfasserin hat es sich zum Programm gemacht, Wege aus dem geistlosen Flachland zu finden. Halleluja!

Michael Schibilsky, Trauerwege, Düsseldorf 1989
Gerade weil man nicht alles festhalten kann, tut innehalten gut. Ein nachdenkliches, ehrliches Buch über den Umgang mit Verlusten und Abschieden.

Ulrich Schnabel, Die Vermessung des Glaubens, München 2008
Spirituelles – aber nach strikt wissenschaftlicher Methode destilliert. Der Autor führt vor: Vieles kann man glauben oder nicht – aber interessant ist es in jedem Fall!

„Ich habe fertig."

GIOVANNI TRAPPATONI

Quellenverzeichnis

Cover
Rasen: © Petair/Fotolia.com
Ball: © Jan Matoska/Fotolia.com

S. 10, S. 27 Helmut Schmidt
picture alliance/dpa/Angelika
Warmuth

S. 10, S. 16 Hugh Hefner
Glenn Francis/Wikipedia

S. 10, S. 31 Ursula von der Leyen
Laurence Chaperon/Wikimedia

S. 10, S. 20 Axolotl
Henry Mühlpfordt/Wikimedia

S. 11, S. 41 Eipo
© Wulf Schievenhövel

S. 44, S. 54, S. 58 Zsa Zsa Gabor
© Süddeutsche Zeitung
Photo/Teutopress

S. 19
© Andrea Wilmore/Dreamstime.
com

S. 36
Courtesy of Olive Villaluna

S. 44, S. 48 Epikur
Eric Gaba/Wikimedia

S. 44, S. 67 Ingvar Kamprad
Karlsson Hasse/Wikimedia

S. 45, S. 89 Dalai Lama
Welt Atlas/Wikimedia

S. 45, S. 71 Jean Pierre Bély
© ddp images/SAURA PASCAL/
SIPA

S. 62
© Cepixx/Dreamstime.com

S. 83
© Steffen Jähde, GRAFIK
ILLUSTRATION DESIGN,
Sundhagen

S. 91
Saven Teschke/Wikimedia

S. 96, S. 106 Mutter Teresa
Manfred Ferrari

S. 96, S. 98 Flugzeug
Hullie/nl.wikipedia

S. 110, S. 128 Brigitte Bardot
Michel Bernanau/Wikimedia

S. 110, S. 114 George Bonanno
Dustynyfeathers/Wikipedia

S. 110, S. 128 Virginia Woolf
George Charles Beresford/
Wikimedia

S. 110, S. 120, S. 121 Hund
© Reddogs|Dreamstime.com

S. 111, S. 113 Blitz
© Happyfoto/Dreamstime.com

S. 111, S. 117 Victor Frankl
© ddp images